Lothar von Seltmann

WENN GOTT DAS LEBEN MALT

Lothar von Seltmann

Wenn Gott das Leben malt

Die bewegende Geschichte
der Eva-Maria Mönnig

francke

Über den Autor:
Lothar von Seltmann, geboren 1943 in Krakau, nach dem Tod seiner Eltern nach 1945 als Vollwaise bei Pflegeeltern in Müsen im Siegerland aufgewachsen. Studium der Pädagogik mit Wahlfach Theologie, danach Lehrer, Lehrerausbilder in Seminar und Hochschule und zuletzt Rektor einer Hauptschule. 1993 vorzeitig pensioniert. Seit 1999 widmet er sich ganz dem Schreiben von Gedichten und Romanbiografien.

Er ist verheiratet mit Ulla. Die beiden haben zwei Söhne, eine Tochter und sechs Enkel und wohnen in Hilchenbach im Siegerland.

Bibliografische Information Der Deutschen Bibliothek
Die Deutsche Bibliothek verzeichnet diese Publikation in der Deutschen Nationalbibliografie; detaillierte bibliografische Daten sind im Internet
über http://dnb.ddb.de abrufbar.

ISBN 978-3-86827-409-7
Alle Rechte vorbehalten
© 2013 by Verlag der Francke-Buchhandlung GmbH
35037 Marburg an der Lahn
Umschlagbilder: iStockphoto.com / sorendls, samxmeg,
Ralf Hettler, Bart Sadowski
Umschlaggestaltung: Verlag der Francke-Buchhandlung GmbH /
Sven Gerhardt
Satz: Verlag der Francke-Buchhandlung GmbH
Druck und Bindung: CPI Moravia Books, Korneuburg

www.francke-buch.de

Inhaltsverzeichnis

Vorbemerkung des Autors

Eine Romanbiografie über einen lebenden Menschen zu schreiben ist ein gleichermaßen gewagtes wie schwieriges Unterfangen. Die Hauptperson der Erzählung und ihr Leben sind „überprüfbar". Das erfordert einen sensiblen Umgang mit der Person und ihrer Zeit. Das erzwingt die Rücksichtnahme auf ebenfalls noch lebende Menschen an der Seite und im näheren und weiteren Umfeld des Protagonisten, das drängt zu einer Auswahl der Beziehungen und Ereignisse und ihren jeweiligen Verknüpfungen, in die der Mensch im Mittelpunkt des Geschehens verwoben war und ist. Dazu braucht es ebenfalls höchste Sensibilität. Nicht jeder Mensch und jeder Ort möchte in die Erzählung aufgenommen werden. Genauso wenig kann jedes wesentliche Geschehen berücksichtigt werden, so wichtig, spannend und interessant das auch gewesen wäre. Verfremdungen, die dem Romanbiografen erlaubt wären, sind keine Lösung des Problems, zumal sie für Menschen aus dem direkten Umfeld der Hauptperson immer noch deutbar wären.

Aus diesen Gründen habe ich mich in meiner Erzählung des Lebens der Diakonisse Sr. Eva-Maria Mönnig dazu entschlos-

sen, ihren Kampf um den eigenen Glauben und seine Be-
währung im persönlichen und dienstlichen Bereich als roten
Faden der Erzählung aufzunehmen. Dass die Ursachen und
der Hintergrund dieses Kampfes zunächst dargestellt werden
mussten, versteht sich. Deshalb der „frühe" Einstieg in die Geschichte.

Die eigentliche Arbeit der Diakonisse an ihren einzelnen in
sich sehr verschiedenen Einsatzorten in seinem möglichen
Umfang zu erzählen, hätte den Rahmen dieser Romanbiografie bei Weitem gesprengt. Zudem hätte die Gefahr bestanden,
die handelnde Person und ihre „Arbeits-Erfolge" zu glorifizie-
ren und damit letztlich Menschen die Ehre zu geben, steht sie
doch selbst in der Gefahr, im Rückblick auf Erlebtes und Ge-
tanes durch eine getönte Brille zu schauen. Das darf und soll
aber nicht die Absicht dieser Romanbiografie sein. Die Ehre
gehört allein Gott!

Originales kann man übrigens von Sr. Eva-Maria Mönnig
selbst nachlesen in Hermann Findeisen / Gisela Staib (Hg.):
„Leben ungeschminkt – Diakonissen erzählen", Verlag der
Francke-Buchhandlung GmbH, Marburg / 2. Auflage 2009,
Seiten 25ff.

Prolog

Dieses Buch erzählt eine erstaunliche Geschichte. Da ist eine junge Frau, Gisela Mallin, im Jahr 1922 hineingeboren in eine tief anthroposophisch geprägte Berliner Familie, die mitten im Zweiten Weltkrieg mit vielen anderen jungen Frauen von der Führung des RAD, des nationalsozialistischen Reichsarbeitsdienstes, ins Umland von Vandsburg in Westpreußen geschickt wird. Dort leistet sie mit großer Begeisterung ihren Beitrag zur „Unterstützung bei der Resozialisation" neu angesiedelter volksdeutscher Bauern, indem sie ihre ganze Persönlichkeit als junge deutsche Frau mit begonnener Ausbildung zur Krankenschwester einbringt in die Aufgaben einer tüchtigen Landhelferin. Das Ganze allerdings durchaus im Widerspruch zu den Lebenspositionen, die ihre Eltern vertreten und die sie selbst bereits ein Stück weit verinnerlicht hat.

Über eine ihrer „volksdeutschen Arbeitgeber-Familien" – fromme Bauersleute aus Wolhynien – bekommt sie Kontakt zum Gemeinschafts-Schwesternhaus in der Stadt Vandsburg, das zum pietistisch ausgerichteten Deutschen Gemeinschafts-Diakonieverband, dem DGD, mit Sitz in Marburg gehört.

Fortan besucht sie die frommen Veranstaltungen dieses Hauses, wann immer sie die Gelegenheit dazu hat. Dabei spürt sie die besondere Atmosphäre dieser Einrichtung, die so ganz anders ist, als ihr eigener anthroposophischer Hintergrund sie hergibt, und noch einmal anders, als die nationalsozialistische Ideologie sie ermöglicht. Die junge Frau hört aus den Bibelarbeiten und Predigten im Schwesternhaus je länger desto nachdrücklicher die Stimme des allmächtigen Gottes und des Gottessohnes Jesus, die sie zum Glauben und in die Nachfolge ruft. Gisela Mallin folgt dieser Stimme, bekehrt sich und knüpft fortan enge Bande an und in die Vandsburger Schwesternschaft. Tief in ihrem Inneren entwickelt sie dabei den intensiven Wunsch, eines Tages selbst Diakonisse zu werden, um wie diese Vandsburger Frauen in einem Leben im schlichten Diakonissenkleid und unter der weißen Haube ihrem neuen Herrn zu dienen.

Mit ihrer Hinwendung zum christlichen Glauben verliert für Gisela Mallin alles anthroposophische Denken und alles Nationalsozialistische seine bisherige Bedeutung. Von Christus ergriffen ist – wie es dem Zeugnis des Neuen Testaments entspricht – Neues in ihr geworden, das sich seinen Weg sucht.

Als sie nach ihrer freiwillig verlängerten Dienstzeit als gläubiger Christenmensch im Herbst 1944 ins umkämpfte Berlin zurückkehrt und sich ihren Eltern entsprechend offenbart, trifft sie – wie erwartet – auf heftigsten Widerspruch. Ihre Eltern setzen Gisela Mallin unter starken Druck: Dass sie dem Nazi-Denken abgeschworen habe, sei in Ordnung. Das werde sich ohnehin demnächst in Rauch und Asche und in größtem Leid und vielen Tränen auflösen. Ihr neuer christlicher Glaube aber sei schlimmster Verrat an der anthroposophischen Sache, und die Vorstellung, einmal die Tracht einer Diakonisse zu tragen, solle sie sich schnellstens aus dem Kopf schlagen, wenn sie denn die Tochter ihrer Eltern bleiben wolle.

Die häufigen heftigen Diskussionen um dieses Thema und die Kontakte der jungen Frau zum Berliner Diakonissen-Mutterhaus Salem führen schließlich zum Zerwürfnis zwischen Gisela Mallin und ihren Eltern. Diese untersagen ihrer Tochter die Verbindung zu den Salem-Schwestern und schicken sie nach Wittenberg, damit sie dort ihre unterbrochene Ausbildung zur Krankenschwester wieder aufnimmt. Die junge Frau fügt sich nur widerstrebend. Aber sie tut es um ihres eigenen inneren Friedens willen und auch deshalb, weil sie damit den ständigen heftigen Rückholversuchen der Eltern in den Schoß der Lehre Rudolf Steiners entgehen kann. Den völligen Bruch mit den Eltern will Gisela Mallin aber doch nicht riskieren. Das konnte wohl auch nicht Gottes Wille sein. Deshalb vergräbt sie den Wunsch, Diakonisse zu werden, in die tiefsten Tiefen ihres Gemüts. Dort mochte er ruhen, bis vielleicht irgendwann ...

Als der jungen Frau in Wittenberg nach Ende des Krieges der junge Ingenieur Oskar Mönnig begegnet – russischen Häschern entkommen –, die beiden sich ineinander verlieben und bald ihre Bestimmung füreinander erkennen, bekommt der Wunsch, „unter die Haube" zu kommen, für Gisela Mallin plötzlich ein neues Gesicht. Diese ganz andere „Haube" auf dem ondulierten dunklen Haar der Berlinerin verdrängt die weiße gestärkte unter dem Kinn mit einer großen Schleife gebundene Diakonissenhaube mehr und mehr aus dem Bewusstsein. Schließlich bleibt sie nicht einmal mehr als Wunschbild vor Augen.

Gisela Mallin zieht wieder zurück nach Berlin, weil dort ihr künftiger Ehemann eine Arbeitsstelle gefunden hat. Die anthroposophischen Eltern reichen ihrer christlichen Tochter die Hand zur Versöhnung und bieten den jungen Leuten, die im Sommer 1945 heiraten, eine Etage ihres von den Bomben des Krieges verschonten Hauses in Alt-Reinickendorf zur Wohnung an.

Als Gisela Mönnig ein Jahr später in einer Berliner Entbindungsklinik einer Miechowitzer Diakonisse begegnet, kommen alte Erinnerungen in ihr hoch ...

Eintritt ins Leben

„Oskar! – Oskar!" Laut und dringend schallte der Ruf der jungen Frau nach ihrem Mann durch die Nachmittagsstille im Haus Hinter der Dorfaue 18 im ländlichen Berliner Stadtteil Reinickendorf. Keine Reaktion von irgendwoher.

„Oskaaar!" Was machte der Mann nur wieder, dass er den Ruf seiner Liebsten nicht beantwortete? Er hatte sich wohl auch an diesem heißen Sommersonntag wie so häufig in den vergangenen Tagen in irgendwelche elektrotechnischen Papiere vertieft, sodass er seine Umwelt schier nicht mehr wahrnahm. Das passierte immer wieder, seit der junge Ehemann eine Anstellung bei der Firma Siemens gefunden hatte. Dieses weltweit bekannte Traditionsunternehmen hatte einige Monate nach Kriegsende in einem maroden Ruinengebäude in Siemensstadt im Osten des Bezirks Spandau die Arbeit wieder aufgenommen und hatte dort in einer neu formierten Arbeitsgruppe mehrere junge Elektroingenieure mit der kniffligen Aufgabe des Baus von Gasgeneratoren betraut. Diese Materie war Oskar Mönnig neu, und er musste sich intensiv in sie hineinarbeiten, damit er den Aufgaben seines Arbeitsplatzes gerecht werden konnte. Aus solchen Vertiefungen in

13

seine Unterlagen war der fünfundzwanzigjährige Elektroingenieur nur schwer herauszuholen. Er schien dann immer wie
versunken in einer fernen Welt.

Gisela Mönnig, ein Jahr jünger als ihr Liebster und seit einem guten Jahr mit Oskar verheiratet, versuchte es auf die
energische Art: „Oskar August Wilhelm Mönnig!", rief sie, so
laut sie konnte. Auf diesen besonderen Anruf reagierte der
junge Mann dann auch sofort. Er hatte inzwischen nämlich
gelernt: Wenn seine Frau in der Anrede alle seine Vornamen
verwendete, dann hatte das besondere Bedeutung, und der
Anlass war dringend.

„Ich komme ja schon, Liebes!", kam es sofort aus dem Ar-
beitszimmer vom anderen Ende der Wohnung zurück. „Ich
muss nur noch erst ..."

„Du musst nichts mehr erst, Oskar. Du musst nur einfach
kommen! Ich brauche dich unbedingt!" Die Stimme der jungen Frau klang jetzt weniger energisch, dafür aber umso
dringlicher.

Momente später stand Oskar seiner Frau gegenüber: „Was
ist los ...? Geht es los? Ist es so weit?"

Seine Gisela hielt sich mit beiden Händen ihren Bauch und
verzog ihr hübsches Gesicht, wie man das bei einem intensiven Schmerz tut. „Ich glaube, Oskar, du musst mich ins Stift
bringen. Ich will das Kind nicht hier zu Hause kriegen."

„Du glaubst wirklich ...?", äußerte der werdende Vater einen vorsichtigen Zweifel.

„Ich bin mir sicher, mein Lieber", bestätigte Gisela ihren Eindruck. „Die Wehen kommen schon alle zehn Minuten. Und bis
zum Stift brauchen wir eine Weile."

„Und wie kommen wir drei dahin, ich meine, wir zwei mit
dem Kind? Soll ich ein Taxi oder eine Droschke besorgen?"

„Wie denn, Oskar, und woher denn?", wies die Frau diesen

Gedanken zurück. „Hierher hinter die Dorfaue verirrt sich kein Taxi und keine Droschke, die du einfach anhalten könntest. Und telefonieren geht ja wohl nicht ohne einen solchen Apparat."

„Also, was dann?" Oskar schien die Situation stark zu überfordern.

Gisela fasste sich wieder an den Bauch und hielt für ein paar Momente die Luft an. Dann atmete sie deutlich hörbar aus. „Ich glaube, es ist wieder vorbei. Aber wir sollten uns trotzdem auf den Weg machen. Wir müssen die paar Kilometer bis zum Stift wohl laufen."

„Und wenn unterwegs ... oder wenn du mir schlapp machst?", sorgte sich Oskar.

„Nehmen wir doch den Handwagen mit, mein Lieber. Wenn es mit dem Laufen nicht mehr geht, setz ich mich rein, und dann ziehst du mich."

„... und mache mich vor den Leuten zum Affen, meine liebe Gisela", wehrte sich der Mann gegen diesen Vorschlag.

„Doch nicht zum Affen, Oskar August Wilhelm, aber zum Zugtier. Du sollst mich doch nicht lausen", korrigierte die junge Frau ihren Mann, lächelte für einen Moment dabei und setzte dann rasch wieder ein ernstes Gesicht auf.

Sofort wusste Oskar, dass er nicht weiter reden durfte, sondern handeln musste. „Gut", willigte er ein, „für meine geliebte Ehegattin und für mein kommendes Kind tue ich alles. Da spiele ich auch den Ochsen oder den Esel."

„Ochse oder Esel? Nicht schlecht", bemerkte Gisela und lächelte dabei bedeutungsvoll. „Da haben schon mal ein Ochse und ein Esel eine Rolle gespielt bei der Geburt eines Kindes."

„Aber nicht mitten im Jahr, meine Liebe", gab Oskar ebenfalls lächelnd zurück. „Und wahrscheinlich auch nicht an einem sommerlichen Sonntagnachmittag. Außerdem waren das zwei Viecher, die der Legende nach im kalten Winter still staunend in ihrem warmen Stall standen; und ich bin nur einer, der das Zugtier für einen Handwagen geben soll."

„Hast recht, du werdender Vater", gestand Gisela. „Also weder Ochs noch Esel. Sag ich dafür: edles starkes Pferd. Von mir aus Hannoveraner oder Lipizzaner oder so ähnlich. Und jetzt mach dich fertig für unseren Weg. Wir brauchen fast eine Stunde bis zum Paul-Gerhardt-Stift."

„Und schaffen wir das noch?", sorgte sich Oskar.

Seine Gisela beruhigte ihn: „Nur wenn wir uns endlich auf den Weg machen. Hilf mir bitte aus dem Sessel."

Oskar Mönnig half seiner Frau aufzustehen und gab ihr dabei einen Kuss auf die Stirn. Dann ging Gisela hinüber ins Schlafzimmer, griff nach ihrem leichten Sommermantel und dem kleinen Hut, die schon bereitlagen, während ihr Mann sich sein Jackett anzog und ebenfalls nach seinem Hut griff. „Ich nehme schon die Tasche", sagte er und hängte im Hinausgehen noch an: „Sei vorsichtig auf der Treppe. Ein Ausrutscher könnte böse Folgen haben."

„Ich pass schon auf, mein Lieber", beruhigte Gisela. „Das Kind soll sich schon seine nötige Zeit lassen. Es braucht nicht auf der Haustreppe geboren zu werden, um vorzeitig die Alt-Reinickendorfer Nachkriegsluft zu atmen. Übrigens, ich finde es gut, dass die Eltern ihre Christengemeinschaft heimsuchen und nicht im Haus sind. Wilmersdorf, Ruhrstraße 10, der geistliche Nabel ihrer Welt. Die beiden würden sich jetzt furchtbar aufregen …"

„… und Gräfin Berta Luise, verzeih, Liebes, deine Mutter würde vielleicht noch Verhaltensratgeber spielen wollen oder gar vornehme Begleitung in Hut und Handschuhen. Nein, das muss nicht sein", stellte Oskar fest und begab sich nach unten und hinters Haus, um den Handwagen aus dem Schuppen zu holen.

* * *

Wenige Minuten später sah man die werdenden Eltern mit zügigen Schritten die Lindauer Allee überqueren und in die Aroser Allee einbiegen. Dass da ein Mann mit seiner hochschwangeren Frau unterwegs war, war nicht zu übersehen. Weshalb die beiden am Sonntag einen leeren Handwagen hinter sich herzogen, mochte sich allerdings mancher Passant fragen. Dass die grauen Sommermäntel im Wagenkasten eine Tasche, gefüllt mit Utensilien für eine Wöchnerin, unter sich verbargen und die beiden jungen Menschen sich auf dem Weg zur Entbindung befanden, war nicht erkennbar.

Wer die beiden Leute eine knappe Stunde später aus der Barfußstraße in die Edinburger Straße einbiegen sah, der konnte schon eher ahnen, worum es ging. Saß doch die junge Frau inzwischen im Fahrzeug und ließ sich von ihrem „edlen starken Pferd" in leichtem Trab auf das Haus zufahren, in dem wohl bald ein neuer Erdenbürger zur Welt kommen würde.

Dabei gingen Gisela Mönnig in ihrem unbequemen Gefährt die merkwürdigsten Gedanken durch den Kopf: Es war ihre erste Geburt, und auf die freute sie sich schon lange. Aber ging das alles gut? Konnte es nicht auch Komplikationen geben? Hatte das Kind die richtige Lage? War der kleine Körper richtig proportioniert, dass das Köpfchen auch ...? Hatte der Junge oder das Mädchen sich vielleicht in die eigene Nabelschnur verwickelt? Man hörte so manches, was einem als Frau Angst machen konnte. Man hörte auch davon, dass es dem Kind nach der Geburt gut ging, die Mutter aber mit Kindbettfieber, Wochenbettpsychose und Wundsepsis zu kämpfen hatte. All das kam ihr plötzlich in den Sinn und ließ sie innerlich ein wenig erschrecken, während Oskar bemüht war, den

Handwagen möglichst erschütterungsarm seinen Weg zu ziehen und dabei noch rasch vorwärts zu kommen.

„Geht es dir noch gut hinter mir?", fragte er ein ums andere Mal.

„Sei unbesorgt, mein Lieber", gab Gisela auf eine der Fragen mit einem Seufzer zurück. „Ich sage mir gerade von dem Paul-Gerhardt-Lied ‚Befiel du deine Wege' eine Strophe nach der anderen vor. Das nimmt mir meine Bangigkeit."

„Sing doch das Lied, dann geht's dir vielleicht noch besser", schlug Oskar vor.

„Wie soll ich denn bei dieser holprigen Fahrt singen? Ich kriege bei der Hitze ja so kaum Luft. Und es rumpelt und pumpelt in meinem Bauch, dass es kaum zu ertragen ist. Was mag der kleine Mensch da drin nur empfinden?"

„Entschuldige, Gisela. Die Fahrbahn ist halt so wie sie ist. Aber bald geht es dir besser, meine Liebe, wirst sehen. Nur noch wenige Meter, und wir sind da", versuchte Oskar sie zu trösten und bog auch schon in die Zufahrt zu dem Gebäude des Paul-Gerhardt-Stifts ein, in dem die Geburtsklinik notdürftig untergebracht war, seitdem die große Gesamtanlage bei einer der vielen Bombardierungen Berlins erhebliche Kriegsschäden erlitten hatte.

„Lass mich die letzten Schritte gehen, Oskar Mönnig", bat die junge Frau. „Man muss nicht sehen, dass du mich ..."

„Wie die werdende Mutter wünschen", gestand der Mann ihr zu, hielt den Handwagen an und half seiner Frau auf die Beine. „War es schlimm, so transportiert und gerumpelt zu werden?"

„Nein, war es nicht, mein edles starkes Pferd vor dem Wagen", antwortete die junge Frau, blieb stehen, schloss in einem plötzlichen Wehenschmerz die Augen und hielt sich wieder ihren Bauch. „Auch wenn manche Leute sehr merkwürdig geschaut haben. Wenn das Kind bei der holprigen Fahrt nur keinen Schaden genommen hat." Gisela Mönnig stand für ein paar Momente auf der Stelle. „Es dauert wohl nicht mehr lange", hauchte sie mit schmerzverzerrtem Gesicht, um dann plötzlich doch ein leichtes Lachen hören zu lassen.

Oskar bemerkte es sofort. „Warum lachst du plötzlich mitten in der Wehe?"

Gisela Mönnig streckte ihren Körper, holte tief Luft und antwortete, wobei sie sich wieder in Bewegung setzte: „Mir ist gerade die zehnte Strophe des schönen Paul-Gerhardt-Liedes eingefallen. Die passt so gut in den Augenblick."

„Sag sie mir", forderte der Mann, weil er wohl nicht wusste, welche Strophe seine Gisela denn meinte. So gut kannte er das Lied des berühmten Kirchenlieddichters aus der Zeit des Dreißigjährigen Krieges dann doch nicht.

Die junge Frau zitierte: „Wird's aber sich befinden, dass du ihm treu verbleibst, so wird er dich entbinden, da du's am mindsten gläubst; er wird dein Herze lösen von der so schweren Last, die du zu keinem Bösen bisher getragen hast."

Jetzt musste auch Oskar ein wenig lachen. „Passt wirklich, Gisela, auch wenn Paul Gerhardt bei seinen Gedanken sicher nicht an die Entbindung einer Frau von ihrem Kind gedacht hat. Wie schwer die Last dann war, werden wir bald sehen. Drei Kilo, vier Kilo? Dick genug ist dein Bauch. Aber jetzt rein ins Haus ..."

„... und ran an die Arbeit. Hoffentlich holt uns jemand an der Pforte ab. Es ist Sonntag, bald Abend und wahrscheinlich gar keiner da." Diese Bemerkung war wieder unter einem deutlichen Seufzer gemacht. Dabei war die enthaltene Sorge unbegründet. Den beiden Menschen kam bereits am Eingang des roten Backsteingebäudes eine Frau entgegen, die sich als Schwester Agatha und diensthabende Hebamme vorstellte. Zu welchem Mutterhaus mochte die wohl gehören, schoss es Gisela Mönnig für einen Moment durch den Kopf. Die Frau mittleren Alters trug nämlich keine Haube, wie das bei Schwestern eigentlich die Regel war. Nein, diese freundliche Hebamme trug ein weißes Tuch, das die Schultern eines ebenso weißen Diakonissenkleides bedeckte. Oder war das nur ihr Arbeitskleid? Eine Paul-Gerhardt-Schwester war sie jedenfalls nicht. Sie würde sonst – wie die Diakonissen, die sie aus ihrer Vandsburger Zeit kannte – eine gestärkte steife Haube tragen mit fünf oder sieben Falten und einer großen Schleife unter dem Kinn. Aber ein Tuch als Schwesternhaube ...?

Gisela konnte nicht weiter darüber nachdenken, denn schon kam eine neue und sehr heftige Wehe, die die Hebamme natürlich sofort bemerkte. „Es drängt wohl, junge Frau", meinte sie und ließ dabei deutlich einen schlesischen Akzent hören. Nach einem kurzen, eher formalen und doch sehr freundlichen Austausch über das Wer?, Woher?, Wie geht's?, Die wievielte Geburt?, Haben Sie alles dabei?, verschwand die Hebamme mit der Tasche in der einen Hand und der jungen Frau an der anderen dann auch bereits am Ende des tristen Ganges hinter einer Flügeltür mit angebrachtem Hinweis:

„Entbindungs- und Säuglings-Station
Medizinischer Bereich
Für Zivilpersonen verboten!"

Dem werdenden Vater hatte sie gerade noch den Hinweis gegeben: „Für Sie gilt's zu warten, Herr Mönnig. Im Raum neben dem Eingang gibt es Sitzgelegenheit. Machen Sie es sich bequem. Es kann dauern."

Oskar Mönnig blickte den beiden Frauen noch ein paar Momente nachdenklich hinterher. Dann betrat er den schlichten Warteraum und machte es sich so bequem, wie es das spärliche Mobiliar zuließ. Nun musste der Mann lange warten. Angekommen war er mit seiner Frau um fünf. Aber es wurde sechs und es wurde sieben, und es tat sich nichts in den Räumen hinter jener Flügeltüre. Da war auch niemand, mit dem er sich zum Zeitvertreib hätte unterhalten können. Kein Mensch bevölkerte diesen Teil des Hauses. Der Abend dieses Sonntags blieb einfach menschenleer.

Inzwischen begann Oskar Mönnig unruhig und ungeduldig zu werden und sich zu ärgern. Hätte er doch seine technischen Papiere dabei! Dann hätte er während der Wartezeit wenigstens eine sinnvolle Beschäftigung gehabt. Sollte er seine Unterlagen holen und dabei schon einmal den Handwagen nach Hause bringen? Mit dem leeren Gefährt würde er schnell unterwegs sein und sicher in anderthalb Stunden, also bis um neun, wieder hier sein können. Und wenn in der Zwischenzeit der kleine Mensch ...? Und wenn es Komplikationen gäbe und er gebraucht würde? Nein, Oskar war sich sicher, dass es keine Komplikationen geben würde. „Dem Herren musst du trauen ...", schoss es ihm durch den Kopf, und er beschloss, den Weg nach Hause unter die Füße zu nehmen. Den Rückweg nach hier konnte er auf dem Fahrrad machen, dann war er längst vor neun wieder hier.

Gedacht, getan. Oskar Mönnig verließ das Haus, belud draußen seinen Handwagen mit Hut und Mantel seiner Frau und machte sich auf den Weg. Die beiden Kleidungsstücke brauchte Gisela ja jetzt nicht und in den kommenden Tagen im Wochenbett auch nicht.

Zu Hause angekommen, stellte er das hölzerne Fahrzeug an seinen Platz hinter dem Haus, holte sich seine Elektrotechnikunterlagen aus der Wohnung, packte sie in eine Tasche und machte sich mit dem Fahrrad auf den Rückweg. Erneut war er dankbar dafür, dass die Gräfin, wie er seine Schwiegermutter zuweilen nannte, und ihr Mann, der Herr Oberlehrer, nicht im Haus waren. Auf irgendwelche kluge Konversation hätte er jetzt nämlich keine Lust gehabt.

* * *

Unterwegs zurück zum Paul-Gerhardt-Stift ließ Oskar Mönnig in seinem Kopf dann schon einmal Namen rotieren, vor allem Jungennamen. Wenn das Kind ein Mädchen würde, gab es für ihn nur die Eleonore. Warum dieser Name sein absoluter Favorit war, wusste er selbst nicht zu erklären. Aber es war nun einmal so. Irgendjemand in der Mönnig-Instrumentenbauer-verwandtschaft im Erzgebirge trug diesen Namen. Der Name hatte Klang. Ein Mädchen musste also Eleonore heißen. Aber ein Junge? Wie sollte der heißen? Oskar wusste nur so viel, dass ein Junge keinen Namen haben sollte, wie sie in der zum Glück beendeten Zeit des sogenannten Tausendjährigen Reiches üblich gewesen waren und wie sie unzählige Jungen ihr Leben lang zu tragen hatten. Nur keinen Siegfried oder Hagen oder Hartmut oder gar Adolf. Johannes, Markus, Michael, Matthias oder Thomas? Die Namen könnten ihm gefallen, die waren nicht vorbelastet durch arische Herkunft, sondern hatten biblischen Hintergrund. Joachim wäre übrigens auch nicht schlecht. Na ja, erst musste das Kind ja einmal auf der Welt und seine Mutter ansprechbar sein.

Warum hatten sie als künftige Eltern sich eigentlich nicht bereits auf einen bestimmten Namen für einen Jungen oder für ein Mädchen festgelegt? Oskar wunderte sich selbst darüber, dass sie beide diese wichtige Frage offengelassen hatten. Nun gut, bald würde sie sich klären, dachte er, als er wieder in seinem Warteraum Platz genommen hatte, jetzt freilich mit einer sinnvollen Beschäftigung für die kommenden Stunden.

Es wurden wirklich noch Stunden. Es dauerte schier unendliche Zeit, bis in den nächsten Tag hinein, bis der neue Mensch schließlich den ersten Schrei von sich gab. Oskar Mönnig brauchte endlos viel Geduld. Dass die wohl größere Geduld seine Frau aufbringen musste, war ihm nicht bewusst. Bei Gisela Mönnig hatten die Wehen einfach noch einmal ausgesetzt, sodass die Hebamme alle möglichen Tricks anwenden musste, um sie wieder in Gang zu kriegen: leichte Gymnastik, ein heißes Bad, ein paar Sprünge auf und ab, ein Medikament zur Steigerung der Wehen ...

Es wurde schließlich früher Montagmorgen, 22. Juli 1946. Endlich war es so weit, dass der kleine Mensch nun wirklich zur Welt drängte. Dabei verlief die Geburt ohne jegliche Komplikation und ein kleines süß-verschrumpeltes Mädchen konnte seiner zwar erschöpften, aber sehr glücklichen Mutter bald auf den Leib gelegt werden. Herrlich, dieses winzige rosig-faltige Wesen mit seinem schwarzen Lockenköpfchen und seinen kleinen zarten Fingerchen und Füßchen zu fühlen, zu riechen, zu hören, zu empfinden – einfach herrlich und zum Freuen und zum Danken!

„Ein Gotteswunder, Frau Mönnig", strahlte auch die Hebamme, als sie nach getaner Arbeit am Bett von Mutter und Tochter stand.

„Sie haben recht, Schwester Agatha", bestätigte die junge Mutter. „Ich bin ja so dankbar, Schwester. Unser Wunschkind, eine Gabe Gottes."

„Das Letzte steht im Psalm 127 als Weisheit des Königs Salomo", ergänzte die Diakonisse, um dann zu fragen: „Und wie soll die kleine Prinzessin heißen? Sie ist doch eine Prinzessin bei ihrer großmütterlichen Verwandtschaft, von der Sie mir erzählt haben, oder nicht?"

Gisela Mönnig hatte die Antwort parat, überhörte dabei allerdings die fragende Bemerkung: „Sie soll Eva heißen nach der Gründerin Ihrer Schwesternschaft, Schwester Agatha. Das war doch Mutter Eva von Tiele-Winckler, diese Frau, die die Kinder so sehr geliebt hat, wie Sie mir erzählt haben."

„Das ist schön, Frau Mönnig", freute sich die Hebamme. „Mutter Eva würde sich über die Namensgebung freuen. Gibt es einen zweiten Namen?"

„Ich würde gern Maria anhängen, auch wenn mir der Name katholisch erscheint. Also Eva-Maria als Doppelname, wenn mein Mann damit einverstanden ist."

„Das ist ebenso schön und klingt auch gut, Frau Mönnig", bestätigte die Hebamme, „Maria – nach der Mutter Jesu. Man muss sie achten und ehren. Aber man muss sie nicht anbeten. Sie selbst verweist ja die Leute auf ihren Sohn: ‚Was er euch sagt, das tut.' Eva-Maria Mönnig, schön! Der junge Papa wird sicher einverstanden sein. Ich denke, wir sollten ihn jetzt endlich aus seiner Unruhe befreien. Sind Sie einverstanden, dass ich Ihren Mann hole?"

„Gerne, Schwester Agatha", freute sich die glückliche Mutter, „holen Sie ihn. Aber Vorsicht: Er könnte eingeschlafen sein und gar nicht wissen, wo er jetzt geweckt wird. Und dann möchte ich bald auch schlafen. Ich bin sehr müde."

„Das kann ich gut verstehen, junge Mutter", bestätigte Sr. Agatha. „Sie haben ja auch Großes vollbracht, und der kleine Mensch braucht auch seine Ruhe." Den letzten Satz sprach die Diakonisse bereits im Hinausgehen.

Nur wenige Momente später kam sie bereits zurück und schob den jungen Vater vor sich her in den Raum. Sie hatte ihn tatsächlich wecken müssen und er wirkte noch ein wenig verschlafen. „Ich lasse Sie beide für einen Moment allein", befand die Hebamme und zog sich wieder aus dem Raum zurück. Ihr erstes Elternglück sollten die beiden Eheleute Mönnig dann doch zunächst einmal für eine Weile allein genießen. Das taten die dann auch für einige Momente schweigend und staunend und in stiller Freude.

Schließlich brach Gisela Mönnig das Schweigen: „Ein Mädchen, Oskar! Hat Gott nicht alles wohlgemacht, mein lieber Mann, du junger Vater?" Dabei streichelte sie ihrem Kind mit dem Rücken ihres rechten Zeigefingers sanft über die Wangen. „Möchtest du sie nicht auch für einen Moment ...?"

Oskar wehrte ab: „Nein, meine Liebe, das ist mir zu gefährlich. Ich bin dafür zu ungeschickt. Für heute gebe ich mich gerne mit dem dankbaren Schauen und Staunen zufrieden. Wunderbar, dieses winzige Geschöpf unseres Gottes!" Nach einem langen Blick auf das Kind, einer vorsichtigen Berührung der kleinen Händchen des Säuglings und einem folgenden Kuss auf die Stirn der Mutter fragte er: „Wie heißt denn nun unsere kleine Prinzessin?" Weil da nicht sofort eine Antwort kam, schlug er vor: „Ich möchte, dass sie Eleonore heißt."

Bei diesem Namen ging ein deutlicher Ruck durch die junge Mutter: „Nein, Oskar! Doch nicht Eleonore wie deine musikalische Verwandte! Bitte nicht, Oskar! Eleonore ist kein Name für unsere kleine Mönnig."

„Und was schlägst du vor?" Oskar Mönnig war ein wenig irritiert.

„Ich möchte", antwortete seine Frau und gab ihrem Wunsch Nachdruck durch eine kleine Pause in ihrem Satz, „ich möchte, dass unser Töchterlein als eine Enkelin der gräflichen Familie von Trichinsky und als Urenkelin der fürstlichen Familie Koscheba Eva-Maria heißt. Eva-Maria Mönnig! Das klingt doch gut, ein wenig rest-adelig oder nicht, Oskar?"

„Und warum Eva-Maria, und nicht Eleonore?", fragte der junge Vater, immer noch verunsichert. „Eleonore klingt doch auch vornehm."

„Das erklär ich dir später, mein Lieber, lass sie uns bitte Eva-Maria nennen", gab Gisela müde und mit einem deutlich flehenden Blick in die Augen ihres Mannes zurück. Dann vergrub sie ihren Kopf in ihrem Kissen, ließ die Augen einfach zufallen und war auch schon eingeschlafen – so als wollte sie dadurch jeglichen weiteren Widerspruch des jungen Vaters verhindern. Dabei hielt sie das kleine Menschenbündel fest in ihren Armen, als wollte sie es nie wieder loslassen.

Oskar Mönnig nahm die mütterliche Namensgebung hin, küsste seine Frau noch einmal sanft auf die Stirn und streichelte seinem Töchterchen vorsichtig eine Wange. Dabei flüsterte er: „Behüt euch Gott, Mutter Gisela und Prinzessin Eva-Maria. Ich liebe euch!" Dann rief er leise nach der Schwester, die auch sofort hereinkam. Sie hatte wohl vor der Tür gewartet.

„Und, wie soll sie nun heißen, Ihre kleine Prinzessin?", fragte sie leise, um die beiden Schläfer nicht zu wecken.

„Ich bin mit meinem Vorschlag durchgefallen, Schwester. Sie soll nicht Eleonore heißen!", antwortete der Vater ein wenig kleinlaut und mit einem leichten Seufzer. „Ich muss wohl mit der Eva-Maria einverstanden sein."

„Ihre Frau hat ihre Begründung dafür, Herr Mönnig", wusste die Hebamme mit dem weißen Kopftuch. „Sie wird sie Ihnen bald sagen, und Sie werden sie dann sicher akzeptieren. Und jetzt ist die Besuchszeit für Sie leider zu Ende, junger Vater. Die junge Mutter bleibt zunächst einmal für zwei Wochen hier. Wir verlegen sie nachher auf die Wöchnerinnenstation. Prinzessin Eva-Maria kommt ins Säuglingszimmer. Und immer dann, wenn es dran ist, kommt sie zu ihrer Mama, so etwa alle vier Stunden. Und Sie als der Papa dürfen die beiden jeden

Tag zwischen 17.00 und 18.00 Uhr besuchen. Aber bitte nur Sie. Die Verwandtschaft muss sich derweil gedulden. Weiterer Besuch kann leider nicht sein. Das Zimmer der Wöchnerinnen ist ein Sechs-Bett-Zimmer, und Ihre Frau bekommt das fünfte Bett. Da ist kein Platz für große Besucherscharen. Gut so?"

„Gut so!", bestätigte Oskar Mönnig die Hinweise der Diakonisse. „Ich freu mich schon auf die täglichen Besuche. Und vielen Dank für alle Mühe und Hilfe!"

„Den jung-väterlichen Dank nehme ich gerne an, Herr Mönnig", freute sich Sr. Agatha und hängte ein wenig ernster an: „Sie sollten nicht vergessen, vor allem Gott zu danken, dem Schöpfer allen Lebens. Er hat auch hier wieder alles wohlgemacht."

„Ich werde es bedenken, Schwester, und Sie jetzt Ihrer Arbeit überlassen. Nochmals vielen Dank für alles und gute Ruhe, falls Sie noch irgendwann zum Schlafen kommen."

Der Mann sprach's und war dann auch bereits auf dem Weg aus dem Haus und im lauen sommerlichen frühen Morgengrauen mit wehendem Mantel und bester Laune auf dem Fahrrad zurück hinter die Dorfaue. Zwei Stunden Schlaf würde er sich noch gönnen, ehe er sich bereits auf den neun Kilometer langen Weg zur Arbeit machen musste. Bei den Kollegen würde es dann sicher ein großes Hallo geben, und eine Runde Berliner Weiße und ein paar belegte Schrippen waren wohl mindestens fällig. Da gab es einen Laden am Weg zur Arbeit, wo er solche Dinge bekommen konnte. Die Großeltern Mallin – das waren die Frau Gräfin und der Herr Oberlehrer in der unteren Etage des Hauses – und die Großeltern Mönnig – also seine eigenen Eltern aus der Familie der musikalischen und handwerklich begabten Instrumentenbauer im Erzgebirge – würde er nach Feierabend über die Geburt ihrer süßen Enkelin Eva-Maria informieren. Das war immer noch früh genug ...

Lebensgrundlagen

Die folgenden beiden Wochen verbrachten die jungen Eltern an getrennten Orten, wie es freilich ja auch sein musste und wie sie es gerne hinnahmen. Dabei wollte die Zeit schier nicht vergehen. Mutter und Kind ging es dabei erstaunlich gut. Gisela Mönnig erholte sich rasch von den Strapazen der Geburt. Sie fühlte sich nach wenigen Tagen bereits pudelwohl, und auch ihrem Säugling ging es gut, sodass die beiden eigentlich nach Hause hätten entlassen werden können. So meinten das zumindest die jungen Leute. Aber die üblichen vierzehn Tage der Wochenbettzeit mussten nun einmal eingehalten und ertragen werden. Das Risiko einer Infektion mit irgendwelchen Krankheitserregern sei in den ersten Wochen nach der Entbindung zu groß, machte die Hebamme nach jeder Rückfrage erneut deutlich, und die Säuglingsschwestern auf der Station bestätigten diese Aussage. So mochte es ja auch tatsächlich sein, und das Ende der zwei Wochen war ja nun doch absehbar.

Oskar Mönnig, der stolze Vater, machte täglich auf dem Heimweg von seiner Arbeit einen Umweg über das Paul-Gerhardt-Stift, um seine beiden Lieben zu besuchen. Wie freute er sich, für eine Stunde am Bett seiner Gisela sitzen und mit ihr reden zu können und dabei sein Kind wenigstens für ein paar Minuten in den Armen halten und vorsichtig streicheln zu dürfen. Welch ein großartiges Geschenk des göttlichen Schöpfers war doch solch ein kleines Wesen! Kam das nicht einem richtigen Wunder gleich? Das Staunen und die Freude waren jedenfalls jeden Tag neu. Bei den anderen Vätern, die ihre Frauen und Kinder besuchten, war das Empfinden offenbar ähnlich. Der ganze Raum schien mit Freude und Dankbarkeit gefüllt.

Die Frage, die sich für die Eltern Mönnig anschloss, war in den Besuchsstunden auch häufig dieselbe: Was würde wohl eines Tages aus dem Mädchen Eva-Maria Mönnig werden? Wie würde es sich entwickeln? Wie würde es sich entwickeln können in der schwierigen Nachkriegszeit, in die es hineingeboren war? Welche Wege würden sie als Eltern ihrem Kind bieten und ebnen können in einer Stadt, die vom verloren gegangenen Krieg schwer gezeichnet war und wohl auch noch lange gezeichnet bleiben würde. Die vier Siegermächte – USA, Frankreich, Großbritannien und UDSSR – in ihren jeweiligen städtischen Sektoren bestimmten die große und kleine Politik in der Stadt und hatten damit Einfluss auf die Geschicke ihrer Bewohner. – Im Bezirk Reinickendorf hatten übrigens die Franzosen die Besatzungsmacht.

Dabei entwickelte sich die Rückkehr der Menschen in den westlichen drei Sektoren in einen normalen Alltag offenbar leichter und besser als im östlichen Sektor. Dort hatten die Russen und die SED, die erst kürzlich aus der Kommunistischen und der Sozialdemokratischen Partei gebildete Sozialistische Einheitspartei Deutschlands, das Sagen. Die neuen Herrscher blockierten jede Initiative, die nicht ihrem Programm der Sozialisierung des Volkes und des Gemeinwesens entsprach. Die

drei Westmächte dagegen förderten intensiv die Wiederauf-
baumaßnahmen des an vielen Orten stark zerstörten Berlin
und ermöglichten den Bürgern wesentlich mehr Freiheiten in
ihren Sektoren, als die Sowjets das in ihrem Sektor taten. Dabei war es nach wie vor in allen Sektoren schwierig, die Bevölkerung mit dem Nötigsten zu versorgen, was die Menschen
zur Bewältigung ihres Nachkriegs-Daseins bauchten.

Diese und ähnliche Fragen beschäftigten die jungen Eltern
beinahe täglich. Würde die jetzt kleine Eva-Maria als große
Eva-Maria vielleicht einmal eine Sängerin wie ihre Großmutter Berta Luise Mallin, geborene Gräfin von Trichinsky? Dazu
müsste sie musikalisches Talent in sich haben und eine gute
Stimme. Dabei kam die künstlerische Begabung allerdings
auch in der Familie ihres Großvaters Friedrich Mallin vor. Der
Mann selbst war zwar *nur* ein angesehener Pädagoge und
Lehrer für Mathematik und Biologie, aber seine Schwestern
waren künstlerisch sehr begabt und bekannt durch ihre Ma-
lerei, ihre musikalischen Aktivitäten und durch ihr Handar-
beits- und Modeschaffen. Und die Mönnigs hatten ja auch
seit Generationen durch den Instrumentenbau mit der Musik
zu tun. Vor allem Mönnig-Flöten waren weltbekannt. Nun ja,
Eva-Marias Talent würde sich schon zur rechten Zeit offenba-
ren. Und dann müsste man sehen, wie das Talent zu fördern
sei. Ihre normalen Säuglings-Schrei-Phasen ließen mal noch
keine Rückschlüsse auf den Grad ihrer Musikalität oder auf
sonstige künstlerische Begabung zu, auch wenn das Stimm-
chen bereits sehr kräftig und ihr Bewegungsdrang nicht zu
übersehen war.

In eins der Gespräche zwischen den Eltern warf Gisela Mönnig überraschend für sie selbst und noch mehr für ihren Mann
ein: „Und wenn unsere Tochter nun einmal Diakonisse wird?"

„Wie kommst du denn auf solch einen Gedanken, Gisela?",

reagierte Oskar deutlich erschrocken. „Unsere Eva-Maria eine Diakonisse mit einer weißen Haube?"

„Na ja, mein Lieber", gab Gisela zurück, „wie du weißt, wollte ich noch vor wenigen Jahren selbst ins Diakonissenmutterhaus Salem eintreten. Wenn mich meine Mutter nicht umgehend dort wieder abgemeldet hätte und wenn die Eltern mich nicht nach Wittenberg zur Ausbildung in der Krankenpflege geschickt hätten und wenn du mir nicht in der Luther-Stadt über den Weg gelaufen wärst ..."

„... dann wärst du's auch geworden?", hakte Oskar nach. „Wir haben darüber eigentlich nie so richtig gesprochen."

„Nein, das haben wir nicht, mein Lieber", bestätigte die Wöchnerin. „Ich habe den unerfüllten Wunsch dann aus meinem Kopf und meinem Herzen verdrängt. Mein Vater mit seinen anthroposophischen Überzeugungen wäre mit einer solchen Lebensentscheidung auch nie einverstanden gewesen. Seine Tochter unter der Haube einer christlichen Diakonisse?! Das wäre ihm nicht recht gewesen. Die kleine weiße Haube der freien Krankenschwester war für ihn dann kein Problem." Gisela Mönnig machte eine Pause in ihrer Rede, trank einen Schluck Wasser und fuhr fort: „Zugegeben, dass ich auf Salem und die Tracht verzichten musste, hat mich damals sehr bekümmert. Ich habe eine Weile echt gelitten und ein paar Monate gebraucht, bis ich die Sache unter den Füßen hatte. Aber dann kamst du, und ich war wirklich froh, dass du plötzlich vor mir aufgetaucht bist." Ein wenig verschmitzt hängte sie an: „Ich läge heute nicht hier im Stift im Wochenbett und hielte eine so süße kleine Prinzessin in den Armen."

„Da hast du recht", bestätigte ihr Mann und ergänzte mit besonderer Betonung: „Und wenn der Wehrmachts-Funker Oskar Mönnig den Russen nicht aus dem Gefangenentransport entkommen wäre oder wenn sie mich danach wieder erwischt hätten, du hättest nicht einen so lieben Mann auf deiner Bettkante sitzen, der stolz ist auf seine Ehefrau und seine Tochter."

„Du hast recht, mein Lieber", stimmte Gisela Mönnig zu, „auch wenn du das ein wenig kompliziert ausgedrückt hast."

„Geschenkt, meine Liebe", gestand Oskar Mönnig zu und kam dann auf die besondere Frage seiner Frau zurück: „Aber wie kamst du vorhin darauf, Eva-Maria könnte einmal Diakonisse werden? Wo kommt der Gedanke plötzlich her?"

„Durch Schwester Agatha kamen die Erinnerungen an meine Vandsburger Arbeitsdienstjahre wieder hoch", antwortete Gisela Mönnig und fuhr fort: „Du weißt ja, dass ich damals den frommen Diakonissen begegnet bin und auch ihrer überzeugenden Art, ihren christlichen Glauben zu leben. Dann habe ich in einer Advents-Bibelwoche Jesus kennengelernt und hatte nach meiner Bekehrung sofort den Wunsch, meinen neuen Glauben als Diakonisse zu leben und den Menschen zu dienen." Die Wöchnerin nahm wieder einen Schluck Wasser. Dann sprach sie weiter: „Ich mag Schwester Agatha. Sie ist eine Miechowitzer Friedensschwester der Mutter Eva von Tiele-Winckler aus dem oberschlesischen Mechtal. So hieß der Ort Miechowitz auf Deutsch. In ihrem früheren Leben trug Schwester Agatha den Namen Maria Braun. Warum sie hier im Stift bei den Paul-Gerhardt-Schwestern arbeitet, weiß ich nicht. Vielleicht haben die hier in ihrer Schwesternschaft ja keine Hebamme und deshalb ..."

„... und deshalb heißt unsere Prinzessin Eva-Maria?", wollte Oskar Mönnig nun doch noch einmal bestätigt wissen.

„Genau so, mein Lieber", gab die junge Mutter zu. „Eva-Maria – in diesem Namen steckt mein endgültiger Abschied von dem früheren Gedanken, selbst Diakonisse sein zu können, und zugleich ..."

„... legst du in den Namen deinen heimlichen Wunsch hinein, unsere Tochter könnte vielleicht eines Tages unter die
weiße Haube kommen."

„Richtig, mein lieber Oskar", bestätigte Gisela, „unter ir-
gendeine Haube wird sie schon kommen. Unter welche, das
wird Gott lenken. Er hat es ja auch gelenkt, dass du mich unter
die Haube der Ehefrau gebracht hast." Mit einem Blick auf die
Uhr, die auf ihrem Schränkchen stand, fügte sie an: „Und jetzt
musst du wohl gehen. Die Besuchszeit ist zu Ende!"

Just im selben Moment kam eine Säuglingsschwester herein, um genau darauf hinzuweisen und um die kleine Eva-
Maria und die anderen kleinen Menschlein abzuholen und in
ihr besonderes Zimmer zurückzubringen. „Kinder und Müt-
ter brauchen wieder Ruhe, meine Herren Väter", meinte sie.
„Morgen ist auch wieder Besuchszeit."

Gehorsam wie die anderen Väter verabschiedete sich auch
Oskar Mönnig von seinen beiden Frauen mit einem Kuss und
einem „Macht's gut, ihr zwei! Bis morgen!", und der nachge-
schobenen Bemerkung: „Morgen komme ich etwas später.
Ich muss noch den Kinderwagen abholen." Dann war er auch
schon draußen und bald auf seinem alten Fahrrad unterwegs
nach Hause.

„Und in drei Tagen dürfen wir beide auch nach Hause, meine kleine Prinzessin. Ob du dich wohl auch darauf freust?",
flüsterte die junge Mutter ihrem Kind noch zu, bevor sie es
der Schwester in die Arme legte und sich selbst glücklich in ihr
Kissen zurücklehnte.

* * *

Wie vorgesehen holte Oskar Mönnig seine Frau und das Kind
am Nachmittag des 8. August 1946 nach Hause. „Wir müssen

uns ein wenig beeilen, meine Liebe", mahnte er mit einem besorgten Blick gegen den Himmel über dem Schillerpark. „Es scheint ein Gewitter aufzuziehen. Eva-Maria muss nicht gleich bei ihrer ersten Ausfahrt Blitz und Donner ausgesetzt sein und auch noch nass werden."

„Dann will ich hoffen, dass uns die Franzosen-Streife da vorn nicht aufhält", bemerkte seine Frau mit einem Hinweis auf die beiden Uniformierten, die ihnen entgegenkamen.

„Die wollen jetzt bestimmt sehen, was wir in dem Wagen durch den Park schieben", vermutete ihr Mann. „Die beiden sind mir vorhin auch begegnet und haben sehr misstrauisch in den leeren Wagen geschaut. Jetzt können sie feststellen, dass ich sie nicht belogen habe. Sollen sie gerne schauen, was oder besser wen wir hier spazieren fahren."

Tatsächlich hielten die beiden Franzosen die Eltern mit ihrem Kinderwagen an und schauten interessiert in das Gefährt.

„Bonjour. Excusez-moi! Schönes Kind!", meinte der eine. Der andere wünschte: „Alles Gute! Au revoir!" Dann war die Begegnung auch schon vorbei. Auf das Kontrollieren der Personalpapiere, wie es immer wieder vorkam, verzichteten die beiden. Und so konnten die Eltern mit ihrer kostbaren Fracht ihren Weg rasch fortsetzen. Der Himmel hatte sich inzwischen tatsächlich vollständig zugezogen und es wurde immer dunkler. Von irgendwoher war auch bereits leichtes Donnergrollen zu hören, und als die drei eine halbe Stunde später in die Straße *Hinter der Dorfaue* einbogen, zuckten auch bereits die ersten Blitze.

Oskar und Gisela Mönnig erreichten gerade das Haus Nummer 18, als es zu regnen begann. „Das nenne ich Bewahrung", atmete die junge Mutter auf, als der hochrädrige Kinderwagen im Flur stand, Oskar die Haustür von innen zugezogen hatte und es draußen so richtig zu gießen begann.

„Sind Großmutter Berta und Großvater Friedrich nicht da?", wunderte sich Gisela Mönnig darüber, dass ihre Eltern sich zur Begrüßung der Tochter und der Enkelin nicht sehen und nicht hören ließen.

„Sie werden oben auf uns warten, meine Liebe", antwortete ihr Mann und nahm das Kind vorsichtig aus dem Wagen, um es in die Wohnung hinaufzutragen. „Die Frau Gräfin und der Herr Oberlehrer werden ihr Enkelkind schon gebührend in Empfang nehmen. Lass dich überraschen und bleib gelassen."

„Da bin ich jetzt aber gespannt", meinte Gisela dazu nur und folgte ihrem Mann mit dem Kind nach oben. „Wir sollten aber bitte nett zu den beiden sein."

„Selbstverständlich, Liebes", gab Oskar im Hinaufgehen zurück, „auch wenn es vielleicht schwerfällt."

An der Wohnungstür begrüßte die drei zunächst ein grüner Myrtenkranz, verziert mit einer leicht verblichenen, aber dennoch hübschen rosafarbenen Schärpe mit der Aufschrift: „Herzlich willkommen im Leben!"

„Da kommt dieses alte Familienstück aus dem gräflichen Haus tatsächlich wieder einmal zu Ehren", stellte die junge Mutter erfreut fest. „Rosa für Mädchen, blau für Jungen."

„Na ja, irgendwann werden wir auch die blaue Schärpe an der Tür vorfinden", bemerkte Oskar Mönnig und betrat mit seinem kleinen Bündel Mensch die gute Stube der Wohnung, die durch ein paar Kerzen in ein sanftes Licht getaucht war, denn wegen des Gewitters fiel von draußen zurzeit nicht viel Licht herein. Dort warteten schon Berta und Friedrich Mallin auf ihre Enkelin und deren Eltern. Die beiden Großeltern – die Frau jenseits der 65, ihr Mann zehn Jahre älter – standen festlich gekleidet hinter der Korbwiege im Raum vor dem gedeckten Tisch, als ginge es hier um eine besonders feierliche Sache. Großmutter Berta hielt ein gefülltes Glas in einer Hand;

die steckte wie meistens in einem seidenen Handschuh. Großvater Friedrich hielt mit etwas zittriger Hand ein kleines Tablett, auf dem drei ebenfalls gefüllte Gläser standen.

Berta Mallin ergriff das Wort in gräflich gesammelter Art und Weise: „Seid uns herzlich als Familie willkommen, ihr drei. Nicht mehr nur Ehemann und Ehefrau, sondern Vater, Mutter und Tochter. Wie ist das schön! Und es ist, wie es sein muss. Kinder gehören nun einmal dazu. Ich gratuliere euch zu eurem Kind, Oskar, mein geschätzter Schwiegersohn, und Gisela, meine liebe Tochter. Eva-Maria! Ein schöner Name! Eva, die das Leben gibt, und Maria, die Meeresperle. Seid uns herzlich willkommen, ihr drei!"

„Darf ich das Kind zunächst in sein Bettchen …?", fragte der junge Vater, ohne auf diese Begrüßung zu reagieren.

„Leg sie bitte hinein, Oskar", antwortete seine Frau. „Dann hast du auch die Hände frei für Vaters Glas."

Gesagt, getan, und dann standen sich die vier Erwachsenen auf beiden Seiten der Korbwiege lächelnd gegenüber und die Begrüßungszeremonie konnte weitergehen.

Jetzt ergriff Friedrich Mallin das Wort, allerdings ohne die Förmlichkeit seiner Frau aufzugreifen: „Ich freue mich mit euch, ihr beiden jungen Leute. Glückwunsch auch von mir. Und ein Toast auf Eva-Maria. Ich hätte ihn gerne mit einem Schluck echten Sekts ausgesprochen. Aber der war nirgendwo zu bekommen. Also stoßen wir an mit schlichtem Wasser, quasi Sekt aus der Leitung. Das sollte der Bedeutung meines Spruches und meines Wunsches keine Minderung schaffen. Bitte, nehmt eure Gläser."

Die jungen Eltern griffen ihre Gläser vom kleinen Tablett und schauten den Vater und Schwiegervater erwartungsvoll an. Welche Rede oder welchen Spruch würde der Anthroposoph jetzt wohl von sich geben?

Der alte Oberlehrer hob sein Glas, streckte seinen schlanken Körper, atmete tief ein und sagte dann: „In großer Mitfreude über die Geburt von Eva-Maria hebe ich dieses Glas, und ich spreche dem Säugling meinen Begrüßungswunsch zu: Mögen Wasser, Salz und Asche als geweihte Elemente dich eines Tages dazu befähigen, in dich einströmen zu lassen die Kraft des Christus, der die himmlischen Kräfte in die Erde trägt. Mögen Geisteslichtwellen dich hineinleiten in dein Erdendasein, und mögen sie deine unbewusste Kindesseele durchkraften. Unsere liebe Eva-Maria Mönnig, sei uns als Enkelin herzlich willkommen!"

Nach einem Moment der Stille im Raum, die nur durch einige heftige Donnerschläge und durch das Rauschen des Regens gestört wurde, stießen die vier Erwachsenen mit ihren Gläsern an und nahmen einen Schluck des besonderen „Sekts".

Gisela bedankte sich kurz für die besondere Begrüßung durch ihre Eltern und wandte sich dann dem Kind in der Wiege zu. Klein Eva-Maria gab ein paar Töne von sich, als wollte sie zu weinen beginnen. Dieser merkwürdige Spruch des Großvaters war ja auch wohl nur zum Weinen, ging es der jungen Frau dabei durch den Kopf, während sie sich bemühte, den Säugling zu beruhigen. Der väterliche Spruch hatte ihr überhaupt nicht gefallen. Später würde sie sicher darauf eingehen. Sie musste!

Oskar ergriff jetzt das Wort und bedankte sich ebenfalls für die Begrüßung und dafür, dass der Tisch bestens gedeckt war und dass es sogar einen kleinen Kuchen darauf gab. „Du musst weit gelaufen sein, um dieses Gebäck zu erstehen, Mutter", stellte er fest. Auf den Toast seines Schwiegervaters ging auch er nicht ein.

„Nicht zu viel der Ehre, mein Schwiegersohn", wies Berta Mallin zurück, „Friedrich war unterwegs und hatte mit seiner

Suche nach ein wenig Gebäck den Erfolg, der jetzt auf dem Tisch steht. Auch um die Blumen ist er gelaufen. Sie sind zwar nicht gerade dem Anlass angemessen, aber sie schaffen doch ein wenig Atmosphäre. Der Kaffee, wenn man das Getränk denn so nennen kann, wartet auch schon unter seiner Haube darauf, dass er ausgeschenkt wird."

„Das mache ich sofort", sprach Gisela dazwischen. „Nehmt schon einmal Platz. Das Kind ist ja wieder ruhig und kann mit der eigenen Mahlzeit noch ein wenig warten."

Während des Kaffeetrinkens ebbte das Gewitter ab und es wurde draußen wieder heller und damit auch in der Stube. Die Erwachsenen am Tisch unterhielten sich mit gedämpften Stimmen über dies und jenes aus den vergangenen Tagen im Paul-Gerhardt-Stift, im Stadtbezirk Reinickendorf, in Gesamt-Berlin, in Deutschland, Europa und der Welt. Der Säugling in seiner Wiege war noch einmal eingeschlafen und sollte nicht durch lautes Reden geweckt werden.

Mitten in das Gespräch hinein sprach Gisela Mönnig plötzlich ihren Vater an. „Dein Wunsch für unsere Tochter hat mir gar nicht gefallen, Papa."

„Was war daran falsch, mein Kind?", wollte der natürlich wissen und schaute seine Tochter mit großen Augen an.

Die junge Frau war um die Antwort nicht verlegen und sagte mutig: „Du weißt, dass ich deine anthroposophisch gefärbten Sprüche nicht mag, Papa, für mich selbst nicht und für unser Kind auch nicht. Diese Zeiten sind vorbei, Papa. Ich bin Christin, wie du weißt. Ich glaube an den Heiland und Erlöser Jesus Christus, den Sohn des allmächtigen und lebendigen Gottes, Papa. Wenn Eva-Maria demnächst getauft wird, dann sicher nicht mit Wasser, Salz und Asche nach der Weise der Christengemeinschaft."

„Sondern?", fragte der Angesprochene knapp zurück, sichtlich verärgert über den Widerspruch seiner Tochter.

„Nach der Art der lutherischen Kirche, Papa, nur mit Wasser, das ‚in Gottes Gebot gefasset und mit Gottes Wort verbunden' ist, wie Martin Luther das im Kleinen Katechismus geschrieben hat. Dazu auf den Namen des dreieinigen Gottes und nicht mit irgendwelchen Sprüchen vom Hineinleiten in das Erdendasein durch Geisteslichtwellen oder so, Papa."

„Ich habe eine christusgläubige Frau geheiratet, Vater", bestätigte Oskar Mönnig die Aussage seiner Frau. „Ich gebe zu, dass ich ihren Glauben nicht in allen Stücken teile und auch nicht die Art, wie sie ihn lebt, aber ich lehne es auch ab, Christus als ein ‚kosmisches Wesen' und ‚hohen sonnenhaften Schöpfergeist unseres Kosmos' zu sehen. Darin sind wir beide uns einig: Wir sehen Jesus Christus beide nach Johannes 1,14 und 8,12 als das Fleisch gewordene Wort Gottes und als das Mensch gewordene Licht der Welt. Von diesem Wort leben wir, und ohne dieses Licht bleibt die Welt im Dunklen."

„Und ohne die Erlösung durch Jesus bleiben wir in der Sünde und in der Verlorenheit, Papa. Ich widerspreche dem Gedanken einer Selbsterlösung des Menschen auf dem Weg einer höheren Erkenntnis, wie die Anthroposophie sie lehrt. Zu so etwas ist der Mensch gar nicht fähig. So sehe ich das, auch von der Bibel her, und nicht anders", ergänzte Gisela die Aussage ihres Mannes.

Friedrich Mallin wurde zunehmend unruhig. Er ließ sich ungern widersprechen, wenn es in Gesprächen um Fragen der Anthroposophie und um die Lehre der Christengemeinschaft ging, in der er als ‚Lenker' einen wichtigen Platz einnahm. Er empfand aber wohl auch, dass die Tischrunde an diesem besonderen Tag nicht der Ort war, über Grundsatzfragen des Glaubens zu reden und zu streiten. Daher bemühte er sich um

Entgegenkommen: „Und wie denkt ihr euch das mit der Taufe eurer Tochter?"

Auf diese direkte Frage waren die jungen Eltern in diesem Moment natürlich nicht vorbereitet. Die beiden Eheleute brauchten ein paar Momente, um die Antwort auf diese Frage zu finden. Gisela Mönnig gab sie dann: „Wir werden mit Pfarrer Dannenberg sprechen, wann und wie das gehen kann. Eva-Maria ist gesund, also ist eine schnelle Taufe nicht nötig. Da haben wir schon noch ein wenig Zeit."

Der alte Herr am Tisch seufzte einmal auf. „Gut, macht ihr es, wie ihr es für richtig haltet. Ihr seid die Eltern und ihr tragt die Verantwortung dafür, was und wie ihr selbst glaubt oder nicht glaubt, und auch dafür, welchen Verlauf die geistige und geistliche Entwicklung eures Kindes einmal nimmt. Ihr wisst, dass euch die Christengemeinschaft offen steht. Ob ihr ihr Glaubensbekenntnis übernehmen wollt oder ob ihr euch das apostolische weiterhin zu eigen macht, das bleibt eure Entscheidung. – Ich möchte jetzt diese Tischrunde gerne verlassen."

„Natürlich darfst du nach unten gehen, Papa", gestand die Tochter zu. „Mama mag noch hierbleiben oder auch mitgehen. Jedenfalls danken wir euch herzlich für die Begrüßung eurer Enkeltochter und die große Mühe, die ihr mit der Vorbereitung hattet."

Damit ging die Tischrunde tatsächlich zu Ende. Die Großeltern verließen die Wohnung, offenkundig verschnupft. Der Säugling in seiner Korbwiege meldete durch erste Laute seinen Hunger an und seine Eltern begaben sich daran, den Tisch abzuräumen und die Versorgung des Kindes vorzubereiten.

„Das war ganz schön mutig von dir, Liebes, deinem Vater so zu widersprechen", bemerkte Oskar, während er das Geschirr auf ein Tablett stapelte.

„Und du warst sehr lieb, dass du mir beigestanden hast",
antwortete Gisela, gab ihrem Mann einen Kuss auf die Wange und ergänzte: „Die Anthroposophie ist mir unheimlich mit
ihrem ‚geheimwissenschaftlichen' oder ‚okkulten' Unterricht
ihrer ‚Geheimschulen'. Ich brauche keine ‚Feuerprobe' und
auch keine ‚Wasserprobe'; ich brauche auch keinen ‚Verges-
senheitstrank', und keinen ‚Gedächtnistrank', um Leben zu
gewinnen und eines Tages bereit zum Sterben zu sein."

„Jetzt hast du mir aber einige Fachbegriffe zugemutet, meine Liebe", unterbrach der Ehemann den Redefluss seiner
Frau, „mit denen ich wenig anfangen kann."

„Das musst du auch nicht, Oskar. Vater hat mir das alles einmal auseinandergelegt und erklärt und mir manches zu lesen
gegeben. Aber seit meiner Bekehrung interessiert mich das
alles nicht mehr. Und dich sollte es auch nicht interessieren.
Lies lieber mit mir in der Bibel. Dann werden wir beide glücklich im Leben. Und studier ansonsten deine Elektrotechnik
und pfleg deine Sprachen."

„Werden wir beide glücklich, hast du gesagt?", hakte der
Mann ein. „Sind wir es denn nicht schon."

„Doch, mein Lieber, wir sind es", musste Gisela lachen. „Wir
waren es zu zweit und sind es jetzt zu dritt. Vielleicht sind wir
es eines Tages zu viert oder auch zu fünft ... Von wegen der
blauen Schärpe."

„Wer weiß, meine Liebe, wer weiß", griff der junge Vater
diese Bemerkung zumindest gedanklich schon einmal auf,
nahm seine Frau kurz in die Arme, gab ihr einen Kuss und ent-
ließ sie dann, damit sie sich um Eva-Maria kümmern konnte,
die inzwischen ihren Hunger sehr nachdrücklich und lautstark
anmeldete.

* * *

Am Sonntag, dem 6. Oktober 1946 – passend eingebettet in den Gottesdienst zum Erntedankfest – wurde Eva-Maria Mönnig in der kleinen Kirche der Evangelisch Lutherischen Gemeinde Alt-Reinickendorf nach lutherischem Ritus getauft. Als besonderen Leitspruch für den kleinen Täufling hatte Pastor Dannenberg Philipper 1,6 ausgewählt, in dem der Apostel Paulus seiner gewissen Hoffnung für jene frühen Christen Ausdruck gibt:

„Ich bin darin guter Zuversicht, dass der in euch angefangen hat das gute Werk, der wird's auch vollenden bis an den Tag Christi Jesu."

Er verknüpfte mit diesem Wort den Wunsch, dass Gott sein Werk des Glaubens im Leben des Täuflings möglichst früh anfange und dass die Eltern als Vorbilder im Glauben dabei behilflich seien.

Als besonderes Tauflied hatte er ein Lied des Pfarrers und Liederdichters Benjamin Schmolck ausgesucht, der von 1672 bis 1737 in Schlesien gelebt und gewirkt hat:

„Liebster Jesu, wir sind hier, deinem Worte nachzuleben; dieses Kindlein kommt zu dir, weil du den Befehl gegeben, dass man sie zu dir hinführe, denn das Himmelreich ist ihre.

Ja, es schallet allermeist dieses Wort in unsern Ohren: Wer durch Wasser und durch Geist nicht zuvor ist neu geboren, wird von dir nicht aufgenommen und in Gottes Reich nicht kommen.

Darum eilen wir zu dir; nimm das Pfand von unsern Armen;
tritt mit deinem Glanz herfür und erzeige dein Erbarmen,
dass es dein Kind hier auf Erden und im Himmel möge werden.

Hirte, nimm das Schäflein an; Haupt, mach es zu deinem Gliede;
Himmelsweg, zeig ihm die Bahn; Friedefürst, sei du sein Friede;
Weinstock, hilf, dass diese Rebe auch im Glauben dich umgebe.

Nun wir legen an dein Herz, was von Herzen ist gegangen.
Führ die Seufzer himmelwärts und erfülle das Verlangen;
ja den Namen, den wir geben, schreib ins Lebensbuch zum Leben."

Oskar und Gisela Mönnig hatten ihre dankbare Freude an dem Gottesdienst. Oskars Verwandte, die zu diesem wichtigen Anlass nach Berlin gekommen waren, äußerten sich positiv zu dem, wie die Tauffeier abgelaufen war und was sie an biblischem Anspruch und Zuspruch enthalten hatte. Giselas Eltern und sonstige Verwandten freilich konnten mit manchem Gehörten und Erlebten wenig anfangen. Für sie war die Taufhandlung nur mit Wasser auf dem Köpfchen des Kindes und ohne Salz und Asche auf Kinn und Brust nicht vollwertig. Auf diese oberflächliche Weise würde das Kind doch niemals mit der Kraft des Christus durchdrungen.

Freilich waren die Mitglieder der Christengemeinschaft tolerante Leute, die stark genug waren, andere Denkweisen zu ertragen und es auch nicht auf eine Diskussion ankommen zu lassen. So blieb es bei der Feier im Haus Hinter der Dorfaue 18 auch friedlich und harmonisch. Leider ließ die allgemeine Versorgungslage der Zeit kein festliches Mahl zum Anlass des Tages zu. Aber der Gemüseeintopf, der beim gemeinsamen Mittagessen auf den Tisch kam, war sehr gut und brachte der jungen Hausfrau viel Lob ein. Der selbst gebackene Kuchen beim Nachmittagskaffee schmeckte auch allen Gästen gut; und es gab seit Langem dank der guten Beziehungen des Großvaters Mallin endlich wieder einmal einen richtigen Kaffee, Bohnenkaffee!

Es war ein guter Tag, dieser Tauftag der kleinen Eva-Maria. So recht zur Freude ihrer Mutter, die ihren heimlichen Wunsch, das Töchterlein möge sich doch als erwachsener Mensch eines Tages als Diakonisse ganz in den Dienst Gottes und Jesu stellen, während der Taufhandlung in ihr persönliches stilles Gebet wieder einmal einbezog. Ihrem Mann sagte sie freilich nichts von dieser Bitte an ihren Herrn und Gott. Oskar hätte dafür kein Verständnis gehabt. Die Verwandtschaft von beiden Seiten wohl erst recht nicht.

Der Tag verlief aber auch zur Zufriedenheit des Vaters. Oskar Mönnig war besonders dankbar dafür, dass es am Tisch und bei dem kurzen Nachmittagsspaziergang der Taufgesellschaft nicht zu unerquicklichen Auseinandersetzungen um spezielle Glaubensfragen gekommen war. Wie sich die geistlichen Dinge dieses Tages im Leben seiner Tochter auswirken würden, würde man sehen. Dafür war für ihn ohnehin seine Gisela zuständig. Die würde als christusgläubiger und kirchlich-gemeindlich orientierter Mensch das heranwachsende Kind schon auf den rechten christlichen Weg bringen ...

Alt-Reinickendorfer Kinderjahre

Die kleine Eva-Maria entwickelte sich als Säugling und Schoßkind ganz zur Zufriedenheit ihrer Eltern. Sie war zumeist gesund, lernte zu krabbeln, zu stehen und zu laufen, bekam ihre Zähnchen zur rechten Zeit und lernte auch zu sprechen, wie kleine Kinder das eben lernen. Und sie lernte früh, zuzuhören und zu singen. Dafür hatte sie eine sehr gute Lehrmeisterin in der Großmutter, die weiterhin mit dem Großvater in der unteren Etage des Hauses wohnte und die sich ihre Enkeltochter immer wieder einmal nach unten holte, um die Mutter oben zu entlasten und um der Kleinen Geschichten zu erzählen und vorzulesen und ihr Lieder und Arien vorzusingen. Das Repertoire der ehemaligen Opern-Sopranistin war dabei schier unerschöpflich.

Im Sommer 1947 wurde Gisela Mönnig wieder schwanger und brachte im April 1948 den erbetenen Sohn zur Welt. Der bekam den Namen Joachim, nach den biblischen Vorbildern Jojakim und Jojachin. Auch in diese Namen hatten die Eltern also einen Wunsch eingebaut: „Der Herr möge aufrichten und Festigkeit verleihen." Auch Renate, die im Sommer 1949 geboren wurde, bekam ihren Namen nach einem Wunsch der

Eltern: Renate – die Wiedergeborene. Vor allem Mutter Gisela war es ein großes Anliegen, dass ihre Kinder schon früh den himmlischen Vater kennenlernten als den Schöpfer aller Dinge und Geber aller guten Gaben. Auch mit den Jesus-Geschichten der Evangelien sollten sie vertraut werden und mit Liedern, die zu den biblischen Inhalten passten.

Bei Eva-Maria trafen Mutter und Großmutter Berta mit dem Vorlesen und Erzählen und mit dem Singen auf offene Ohren, auf ein empfangsbereites Wesen und auf die Bereitschaft, zu lernen und zu singen. Freilich musste diese Bereitschaft mit zunehmendem Alter des Mädchens auch zuweilen durch Strenge erzwungen werden. Nicht immer wollte die heranwachsende Eva-Maria so, wie ihre Mutter oder die Großmutter wollten. Da gab es auch schon einmal Phasen, in denen sich ein deutlicher Dickkopf durchsetzen wollte. Für die Mama wurde in solchen Phasen ein an sich schönes Kinderlied zum Erziehungsmittel, gesungen mit erhobenem Zeigefinger:

„Pass auf, kleines Auge, was du siehst ...
Pass auf, kleine Hand, was du tust ...
Pass auf, kleiner Fuß, wohin du gehst ...
Pass auf, kleiner Mund, was du sprichst ...
Pass auf, kleines Herz, was du glaubst ...
Denn der Vater in dem Himmel, schaut herab auf dich!
Pass auf kleines Auge ... kleine Hand ... kleiner Fuß ...
kleiner Mund ... kleines Herz ...“

Der häufige Gebrauch dieses Liedes hatte dann allerdings die Folge, dass das Mädchen den Vater im Himmel bald gar nicht mehr so nett fand, wie die Mama ihn dargestellt hatte. Ihr irdischer Vater war ihr da doch viel lieber. Der war nicht ständig in der Nähe und achtete auch nicht auf alles, was sie tat oder auch nicht tat. Wenn der Papa zu Hause war, war er fast immer nett zu seiner großen Tochter, wenn er sich denn wirklich einmal Zeit nehmen konnte, mit ihr drinnen oder draußen zu spielen und zu toben oder auch spazieren zu gehen, um Blätter und Blüten zu bestaunen, um Insekten und andere Kleintiere zu beobachten und Vogelstimmen zu unterscheiden.

Papa Oskar war der Beste! Er war es dann auch, der das gestalterische Talent in seiner Tochter entdeckte. Wenn Eva-Maria Malstifte in ihre kleinen Hände bekam und ein Malbuch vor sich hatte oder gar einen Bogen blankes Papier, dann war sie eifrig beschäftigt und lebte für eine ganze Weile wie in einer anderen Welt, aus der sie schwer herauszuholen war. Ihre fertigen Werke verrieten eine lebhafte Fantasie und zugleich den Sinn für gestalterische Strukturen. Das Mädchen musste seine Kunstwerke dann immer im Haus herumreichen, damit sie beurteilt und gelobt würden. Papa Oskar sparte dabei nie mit Lob und Anerkennung, Großvater Friedrich auch nicht. Wenn er dann sagte: „Du machst das schon fast so gut wie deine Tante Helene, wenn die ihre Modelle und Schnittmusterbögen entwirft", dann freute sich Eva-Maria und war richtig stolz auf sich.

Der Mama und der Großmutter gefielen Eva-Marias Werke selten gut. Die beiden Frauen hatten offenbar keinen Sinn für Linien und Flächen und Farbkompositionen. Sie sahen es lieber, wenn das Mädchen mit seinem „Ännchen" spielte, der hübschen und sehr teuren „Mama"-sprechenden Puppe, die es von der Großmutter geschenkt bekommen hatte. Dabei war „Ännchen" gar keine Puppe für jeden Tag und auch keine zum Kuscheln und liebhaben. „Ännchen" – benannt nach dem Ännchen aus Carl-Maria von Webers „Freischütz", der zu Großmutter Bertas Lieblingsopern gehörte – war eine Puppe mit Lockenfrisur, Stubsnase und roten Wangen in ihrem hübschen Porzellangesicht. Auch ihre Hände und Füße waren aus feinem weißen und sehr zerbrechlichem Porzellan. Die „edle Dame" konnte stehen und sah in ihrem roten mit weißer Spitze besetzten langärmligen Samtkleid sehr vornehm aus. Deshalb durfte „Ännchen" auch nur an besonderen Tagen, nämlich nur sonntags und feiertags und bei besonderem Besuch, aus ihrem Stühlchen geholt werden. Weil das so war und weil die Spielzeiten mit „Ännchen" von der Mama und der Großmutter befohlen und überwacht wurden, verlor diese edle Puppe zum Leidwesen der beiden erwachsenen Frauen im Haus mehr und mehr die Gunst ihrer kleinen Besitzerin und blieb zumeist in der Zimmerecke in ihrem Stühlchen sitzen.

„Wuschel", der zottelige Hund mit den großen Ohren von Oma Gertrud und Opa Oskar aus dem Erzgebirge, die selbst keine Instrumente bauten, dafür in ihrer Bäckerei sehr gutes Brot backten, der genoss bei Eva-Maria ein ganz anderes Ansehen. „Wuschel" hatte es besser als „Ännchen". „Wuschel" musste immer mit, wenn Eva-Maria nach irgendwohin aus dem Haus ging. Der Zottelhund musste mit in den Garten, mit in den Park, mit zum Einkaufen, mit in die Kinderstunde der baptistischen Gemeinde in deren Haus Alt-Reinickendorf 32 und auch mit zum beliebten Besuch bei den Tanten, vor allem bei Tante Helene Mallin. Die Gute hatte in ihrer Villa in der Drakestraße in Lichterfelde im Süden von Berlin, unweit des Teltow-Kanals, immer eine große Anzahl tolle Bilder und Zeichnungen herumliegen und herumhängen. Die brauchte sie für die beiden Zeitschriften, die sie als Inhaberin eines Handarbeitsverlages herausgab und auch selbst mitgestaltete. „Frau & Fleiß" und „Frauenhilfe" hießen die Zeitschriften, die von Ausgabe zu Ausgabe eine größere Verbreitung in der Frauenwelt der Nachkriegsjahre fanden. In diesen Heften zu blättern und die Modebilder anzuschauen, war für Eva-Maria schöner, als die „Häschenschule" und den „Waldi", den „Struwwelpeter" oder andere Kinderbücher von ihrem kleinen Regal vor sich zu haben. Die Texte dieser hübschen Kinderbücher konnte sie ohnehin vom vielen Hören zumeist auswendig. Außerdem mochte sie nicht immer wieder von der Mama oder der Großmutter hören, dass die lustigen Figuren aus diesen Büchern nicht unbedingt Vorbilder für das Leben seien, denen sie nacheifern sollte.

Nein, die Frauenfiguren in den Modezeitschriften waren etwas ganz anderes. Die schauten immer freundlich drein, hatten hübsche Frisuren und trugen schicke Kleider. Das gefiel Eva-Maria viel besser und immer wieder neu. Dass diese Kleider auf geheimnisvolle Weise in den Linien von Tante Helenes Schnittmusterbögen verborgen waren, das weckte bei jedem Besuch bei der Verwandten erneut das Interesse der kleinen Nichte.

Wenn Eva-Maria dann mit dem Kopierrädchen den Linien auf den großen Schnittmusterbögen folgen durfte und die löcherigen Abdrücke auf den Papier- oder Stoffunterlagen wiederfand und wenn sie sie dann nachzeichnen und ausschneiden durfte, dann war das Mädchen glücklich. Dafür zeigte es große Begeisterung. Leider waren die Besuche bei Tante Helene aber eher selten, denn von Reinickendorf nach Lichterfelde musste man zwanzig Kilometer quer durch die Stadt fahren, und die Fahrt mit der S-Bahn, der U-Bahn und dem Bus war durch die nachhaltigen Hinterlassenschaften des Krieges umständlich und dauerte lang. Aber Tante Helene war großzügig und gab ihrer Nichte immer wieder überzählige Schnittmusterbögen mit nach Hause, damit sie damit „arbeiten" konnte.

* * *

„Ich denke, unsere Eva-Maria wird eines Tages Zeichnerin oder Grafikerin", meinte ihr Vater dann auch einmal zu seiner Frau, als die beiden zu einem Kaffee zusammensaßen und ihre Große durch die offene Tür im Nebenzimmer bei ihrer „Arbeit" beobachteten, während die beiden Kleinen im Kinderzimmer ihren Mittagsschlaf hielten. Die Sechsjährige summte irgendwelche Melodien vor sich hin und war dabei so in ihre Arbeit vertieft, dass sie die Eltern nebenan gar nicht wahrnahm. Die sprachen allerdings auch mit gedämpften Stimmen, um das Kind nicht abzulenken.

„Das magst du von ihrer Lieblingsbeschäftigung her so sehen, Oskar", wandte Gisela ein. „Lass sie demnächst erst einmal Schulmädchen werden. Rechnen, Schreiben, Lesen wird sie sich dann hoffentlich ebenso angelegen sein lassen. Mit ihren bunten Stiften kann sie wahrhaft gut und geschickt umgehen", gestand sie zu.

„Und gute Zugänge zu den Kulturtechniken hat sie auch schon", gab Oskar zu bedenken. „Sie kann mit kleinen Mengen bereits rechnen, liest und schreibt schon eine ganze Reihe Buchstaben und auch bereits die ersten Wörter."

„Ich habe nicht die Befürchtung, dass Eva-Maria Probleme in der Schule bekommen könnte. Ich habe dafür andere."

„Und welche?", blickte Oskar seine Frau erstaunt und fragend an.

„Ich sehe den Einfluss, den meine Mutter auf das Kind hat, mein Lieber, und auch Tante Helene. Ihre anthroposophischen Denk- und Redeweisen und ihre Lebensweisen nehmen Einfluss auf Eva-Maria. Das Kind redet manchmal merkwürdig daher. Und hast du nicht beobachtet, wie sie sich zuweilen bewegt? Das sieht mir sehr nach eurythmischen Bewegungen aus. Das erinnert mich an meine eigene Schulzeit. Eurythmie gehörte an der Rudolf-Steiner-Schule zum Lernprogramm, und diese besondere Art der Bewegung beeinflusst die Seele des Menschen. Und auch meine geliebte alte Großtante Paula im Grunewald übt stillen und dabei unguten Einfluss aus."

„Wie meinst du das?", forderte Oskar eine nähere Erklärung.

„Nach unserem letzten Besuch im Grunewald fragte Eva-Maria, ob Rudolf Steiner der Mann von Tante Paula gewesen sei oder vielleicht ein Bruder."

„Wie kam die Kleine denn zu der Frage?"

„Eva-Maria war aufgefallen, dass Tante Paula häufig wie in Andacht vor dem Bild von Rudolf Steiner verharrt, das sie auf ihrem Bord stehen hat, und dass sie sogar mit ihm gesprochen habe. Und dann hat sie gefragt, ob dieser Mann so jemand wie Jesus sei. Dessen Bild würden wir doch auch so andächtig anschauen, und beim Beten würden wir ja auch mit Jesus sprechen."

„Und was hast du der Kleinen geantwortet?"

Gisela seufzte ein wenig auf. „Ich habe versucht, ihr zu erklären, dass Jesus der Sohn Gottes ist, der Sohn des himmlischen Vaters, der vom Himmel auf die Erde gekommen ist, um mit den Menschen zusammen zu leben, und dass er hernach am Kreuz gestorben ist, damit die Menschen für die Ewigkeit von den bösen Dingen dieser Zeit erlöst würden und in den Himmel kämen. Dann habe ich ihr erklärt, dass der Rudolf Steiner ein ganz normaler Mensch war, der sich viele Gedanken gemacht hat über die Menschen und über die Welt, über die Dinge in unserer Welt, die wir begreifen können, und auch über solche, die wir nicht begreifen können. Dass er aber niemals ein Heiland genannt werden könnte, der die Menschen in den Himmel bringt."

„Ob Eva-Maria das wohl begriffen hat", zweifelte ihr Mann.

„Ich weiß es nicht, mein Lieber", musste seine Frau zugeben. „Das ist ja auch alles ein bisschen schwer für ein Kind von sechs Jahren. Mir ist auch aufgefallen, dass Eva-Maria ihre Offenheit und Begeisterung für die Geschichten der Bibel ein wenig verloren hat. Sie ist nicht mehr so recht bei der Sache, wenn ich den Kindern aus dem ‚Schild des Glaubens' von Jörg Erb vorlese und erzähle. Sie mag auch die Merkverse nicht mehr lernen und die Liedstrophen, die Jörg Erb seinen Geschichten zugeordnet hat."

Oskar Mönnig unterbrach die Rede seiner Frau: „Die sind für die Kleinen ja wohl auch noch zu schwer."

„Da magst du recht haben, mein Lieber", gestand seine Frau zu. „Dennoch, es gibt ja auch so etwas wie ein Nichtverstehen, das sich erst später auswirkt." Nach einem Moment der Besinnung sprach sie weiter: „Eva-Maria redet zumeist nur noch von Großmutter Bertas Opern, vom „Freischütz", von „Hänsel und Gretel" und von der „Zauberflöte" und davon, dass die Libretti – unsere Tochter benutzt diesen Begriff, als sei der ein ganz normales Wort –, also dass die Textbücher, sprich die Geschichten, wunderschön seien und die Lieder und Arien dazu ebenso. Meine Mutter erzählt ihr immer wieder davon und singt ihr die Lieder und Arien vor. Und darin sehe ich eine ungute Beeinflussung des Kindes."

„Und was willst du gegen die Beeinflussung machen?" Oskar schaute seine Frau mit fragenden Augen an.

„Ich weiß nicht, was ich da machen kann." Giselas Antwort klang bekümmert. „Ich kann das Kind den Verwandten nicht entziehen. Ich kann auch nicht erwarten, dass die ihr anthroposophisches Denken und ihr so geprägtes Wesen verbergen oder gar eintauschen gegen ein christliches. Dafür hängen die allesamt zu stark an ihrem Rudolf Steiner und seiner Gedankenwelt. Ich kann wohl nur darum beten, dass Eva-Maria diesem Denken nicht zum ewigen Opfer fällt. Sie soll Gott kennenlernen, den Vater im Himmel, und sie soll Jesus lieben lernen. Nur so kommt sie heil durchs Leben, mein Lieber. Und dafür wünschte ich ...", Gisela unterbrach sich selbst und schaute ihren Mann für einige Momente bittend an, um dann fortzufahren: „... dafür wünschte ich, dass du mich in diesem Anliegen ein wenig mehr unterstütztest."

Oskar Mönnig griff nach den Händen seiner Frau. „Ich verstehe dich ja, meine Liebe", sagte er. „Ich weiß nur nicht, ob ich leisten kann, was du dir vorstellst. Ich kann nicht so glauben wie du, so persönlich, so direkt. ‚Lieber Herr Jesus' und ‚Du guter Vater im Himmel', das geht mir nicht so leicht über die Lippen wie dir."

Gisela seufzte ein wenig auf. „Ich weiß, Oskar. ‚Der Glaube ist nicht jedermanns Ding', hat der Apostel Paulus schon den Thessalonichern geschrieben. Die Anthroposophie ist zum Glück aber auch nicht dein Ding ..."

„O nein, ist sie nicht, Gisela", bestätigte Oskar, „und ich werde deine Sorge zu meiner machen, so gut ich das kann. Bist du so zufrieden?"

„Ja, mein Lieber", gab die Frau spürbar erleichtert zurück, entzog ihrem Mann die Hände, erhob sich vom Stuhl und sagte: „Ich gehe nach den Kleinen schauen. Die können ihren Mittagsschlaf allmählich beenden, sonst schlafen sie heute Abend wieder nicht ein."

Oskar Mönnig erhob sich ebenfalls. „Ich schau mir derweil Eva-Marias Werk an, und nachher machen wir noch einen Gang in den Schillerpark."

Auf solchen Spaziergängen ging es bei den Mönnigs immer sehr gesittet zu. Die Eltern gingen zumeist per Arm, wie man das nannte; die Kinder hatten an ihrer Seite zu bleiben oder gingen ein paar Schritte voraus. Dabei hatten sie sich an den Händen zu halten. Wie gerne jedoch wären die drei ein wenig frei herumgelaufen und hätten Fangen gespielt. Aber Rennen und Laufen oder gar Toben gab es nicht. Weder drinnen noch draußen. Besonders Großmutter Berta, die Gräfin, inzwischen im Alter um die 70, hatte sich solches Verhalten ihrer Enkel verbeten, ob sie nun selbst in der Nähe oder beim Spaziergang gar dabei war oder nicht. Sich wild zu verhalten sei nicht standesgemäß und sei außerdem gefährlich. Davon würden zudem die Kleider schmutzig und die Frisuren unordentlich.

Natürliche Sitte und Anstand waren den alten Mallins sehr wichtig! Wohin das führte, wenn natürliche Sitte und Anstand ersetzt wurden durch ideologische Vergewaltigung, politischen Terror und militärischen Zwang und Drill, das hätte bekanntlich das vor wenigen Jahren so elend und jämmerlich und beklagenswert verheerend untergegangene sogenannte Dritte und Tausendjährige Reich bewiesen. Das war die Erkenntnis der Großeltern im Haus, die sie immer wieder einmal vor den Kindern und Enkeln deutlich machten. Weil sie das bereits Anfang der Dreißigerjahre rechtzeitig erkannt hätten und weil der Hitlerstaat die Anthroposophische Gesellschaft bereits 1935 und die Christengemeinschaft als eine starke Bewegung der religiösen Erneuerung 1941 verboten hätte, seien sie aus Überzeugung nie Nationalsozialisten geworden und nie der NSDAP beigetreten. Immerhin seien sie deshalb auch in den gerichtlichen Verfahren zur Entnazifizierung ohne Bedenken als „Entlastete" eingestuft worden, und nur deshalb habe der Großvater – bei Kriegsende bereits Mitte 70 – die Leitung seiner Schule wieder aufnehmen dürfen. Für ein paar Jahre habe er die schwere Aufgabe ja auch noch zur Zufriedenheit aller Beteiligten erfüllen können. Der Ruhestand tue ihm jetzt sehr gut und dürfe nicht dadurch gestört werden, dass die Nachkommen in den jüngeren Generationen im Haus nicht wüssten, wie sie Sitte und Anstand zu leben hätten.

Na ja, wenn Schwiegersohn Oskar als pflichtgemäßer Wehrmachtsangehöriger als „Minderbelasteter" eingestuft worden sei und Tochter Gisela, die lediglich ihr Pflichtjahr im BDM, dem Bund Deutscher Mädel, geleistet habe, als „Mitläuferin" – beide ebenfalls keine Mitglieder der Hitlerpartei –, dann ginge das in Ordnung und sei auch hinzunehmen. Weniger hinzunehmen sei es, dass sie sich beide so sehr abhängig machten von den Lehren der Bibel und denen der lutherischen Kirche. Auf dieser frommen Basis Sitte und Anstand zu leben, könne auf Dauer nicht gelingen und führe in die Irre.

* * *

Eine Rede der Großmutter mit diesem Inhalt vermieste dann auch ein wenig die Stimmung der an sich fröhlichen Familien-Tischrunde mit Kaffee, Kakao, Kuchen und anderem Gebäck im April 1953 zur Einschulung von Eva-Maria. Dass das Mädchen die ehemalige Schule des Großvaters besuchte, erfüllte die beiden Alten mit einem gewissen Stolz. Wohl deshalb hatten sie ihrer ältesten Enkelin den Schulranzen mit den nötigen Utensilien für eine Erstklässlerin schon am Vortag zum Geschenk gemacht. Den höflichen Dank dafür hatte Eva-Maria selbstverständlich bereits abgestattet.

Nachdem Großmutter Berta ihre Mahnrede zum Schulanfang ihrer ältesten Enkelin beendet hatte, die sichtbar und spürbar die Zustimmung ihres Mannes fand – die der anderen Familienmitglieder wohl weniger –, musste Großvater Friedrich auch noch eine Rede halten. Er erhob sich mühsam von seinem Platz, um seiner Enkelin seine Wünsche in ihren neuen Lebensabschnitt mitzugeben: „Meine liebe kleine große Eva-Maria, ab heute bist du ein Schulkind, und als Schulkind bist du ganz neuen Einflüssen des Lebens ausgesetzt. Du wirst bald merken, dass nicht alle neuen Einflüsse gut sind für dich.

Sei darin sehr wachsam und beachte die Botschaft des großen Geistesboten Rudolf Steiner. Lerne zu unterscheiden, was dir in deiner geistigen Entwicklung dienlich ist und was dir schadet. Ich wünsche dir, dass der große Erzengel Michael deinen persönlichen Engel dazu anweist, dich auf allen deinen Wegen und an allen deinen Orten und in all deinem Denken, Tun und Lassen zu schützen und auf einen guten geistigen Weg zu führen. Der soll dich am Ende eines gelungenen Lebens zurückführen in das verlorene Paradies der Geisteswelt. – Ich wünsche dir von Herzen, wie es deine Großmutter auch schon getan hat, alles Liebe und Gute und eine sehr erfolgreiche Schulzeit und einen ebenso erfolgreichen weiteren Lebensweg."

Eva-Maria, die Hauptperson am Tisch, war von dieser Rede offenbar nicht sehr beeindruckt. Ob sie überhaupt verstanden hatte, was der Großvater ihr hatte mitgeben wollen? Das war wieder sehr kompliziert ausgedrückt. Das Mädchen hatte in den letzten Minuten deutlich unruhig auf seinem Platz gesessen und nur mühsam die Frage zurückgehalten, die ihm schon lange auf der Zunge brannte. Jetzt konnte es sie loswerden: „Wann kann ich endlich meine Schultüte öffnen, Mama und Papa?"

Ihre Mama zuckte ein wenig zusammen bei dieser plötzlichen Frage. Sie war noch bei den Worten ihres Vaters, von denen sie ebenso wenig erbaut war wie von den Worten der Mutter zuvor. Sie konnte das nicht so stehen lassen, wie es gesagt war, sondern musste darauf reagieren. Dabei überging sie die Frage ihrer Eva-Maria, um zunächst selbst ganz anderes zu sagen, ohne damit den Eltern direkt zu widersprechen. Die Atmosphäre am Tisch war ohnehin nicht mehr die beste.

„Noch eine Minute, mein Kind", wies sie also das verständliche Verlangen ihrer Tochter zunächst zurück, „ich sag erst auch noch etwas, was gut sein soll für dich." Damit erhob sich die Frau, um ihren Worten damit größeren Nachdruck zu verleihen. Dann sagte sie, wobei sie Eva-Maria in die Augen schaute: „Das, was der Großvater dir von den Engeln gesagt hat, sage ich dir anders. Ich sage es dir, wie es viel besser im Psalmbuch der Bibel steht, in Psalm 91, wo auch von Engeln die Rede ist. Da hat ein Unbekannter schon vor ganz langer Zeit gedichtet:

,Gott hat seinen Engeln befohlen, dass sie dich behüten auf allen deinen Wegen, dass sie dich auf den Händen tragen und du deinen Fuß nicht an einen Stein stoßest.'

Und ich sage dir auch noch einen Wunsch, den wir als deine Eltern für dich haben. Du kennst den Wunsch aus dem Lied eines früheren Berliner Pastors an der Bethlehem-Kirche in Rixdorf. Der Pastor hieß Gustav Knak, und das Lied steht in deinem ,Kinderpsalter'. Du hast es bestimmt schon gehört oder auch schon gesungen:

,Jesu Antlitz leuchte dir
Tag und Nacht, in Freud und Leide,
und erquicke für und für
dich auf grüner Lebensweide; seiner Gnade süßer Schein strahl ins Herz dir stets hinein.'

Das ist das, was Papa und ich dir für deine neue Zeit wünschen. Der Heiland Jesus Christus segne dich!"

Die Mutter setzte sich wieder hin, wobei Oskar ihr aufmunternd und zustimmend zunickte und ihr den nächsten Satz abnahm: „So, unser großes Schulmädchen Eva-Maria, jetzt hat die Mama dir ein paar gute Wünsche gesagt, und ich mach noch rasch ein paar Fotos als Andenken an diesen wichtigen Tag in deinem jungen Leben. Danach darfst du endlich deine Schultüte öffnen."

Eva-Maria fletschte ein wenig ihre Zähne und zeigte ihre Schulanfänger-Zahnlücken. Mama und Papa verlangten sehr viel von ihr. Dann schickte sie sich aber in das Unvermeidliche, postierte sich mit ihrer Schultüte vor die helle Stubenwand zu einem Einzelfoto, dann nahm sie ihre Geschwister rechts und links neben sich, und der Papa machte ein paar Geschwisterfotos. Dann musste die Enkelin zwischen ihren Großeltern abgelichtet werden und ebenso zwischen ihren Eltern. Bei diesen Fotos drückte der Großvater auf den Auslöser des Apparats. Zuletzt gab es noch ein paar Bilder, für die die Kamera auf einem Stativ befestigt wurde, damit per Selbstauslösertechnik alle Familienmitglieder zugleich auf die Bilder kamen.

Eva-Maria dauerte das alles schließlich doch zu lange, und sie wurde ein wenig ungehalten: „Wann darf ich denn endlich die Tüte ...?"

„Jetzt sofort, meine bezopfte Erstklässlerin", gab der Vater seiner Tochter das heiß ersehnte Signal.

Die ließ sich nun nicht mehr bremsen. Sie setzte sich wieder an ihren Platz, schob Teller und Becher beiseite, öffnete die farbige Schleife ihrer Schultüte und schüttete den Inhalt vor sich auf den Tisch. Dass Großmutter Berta dabei missbilligend das Gesicht verzog und Großvater Friedrich die Nase rümpfte – wohl wegen der Unruhe und Unordnung, die jetzt am Tisch entstanden –, registrierte das Mädchen nicht. Es nahm auch nicht wahr, dass seine beiden jüngeren Geschwister sich von der anderen Seite her weit über den Tisch beugten, um die Einschulungsbescherung nur nicht zu verpassen. Vielleicht auch, um etwas davon abzubekommen.

Eva-Maria hatte nur Augen für die Kostbarkeiten, die sich

vor ihr auf dem Tisch ausbreiteten: ein Paar Zopfspangen – „Die sind aber hübsch!" –, bunte Wachsmalstifte mit zugehörigem Anspitzer – „Wunderschöne Farben!" –, ein kleines Buch in Schreibschrift und mit Bildern zum Ausmalen – „Das kann ich sicher bald selbst lesen! Und für die Bilder hab ich die neuen Stifte." –, ein Schwammdöschen mit Inhalt und einen Tafellappen am langen Faden – „Hm, die Sachen müssen wohl auch sein." –, eine Tafel dunkle Schokolade – „Die esse ich nachher ganz alleine auf!" –, drei Rollen Drops, einige Tütchen mit Karamellbonbons und anderen Süßigkeiten – „Davon kriegt ihr beiden auch was ab!"

Eva-Maria jauchzte einmal laut auf und schob Joachim und Helene je eine Rolle Drops und ein Tütchen Bonbons hinüber: „Das ist für euch." Dann bedankte sie sich artig bei den Eltern für den Tüteninhalt und bei den Großeltern noch einmal für den Schulranzen; und sie bedankte sich auch dafür, dass die Familie ihr einen so schönen ersten Schultag gestaltet hatte. Schließlich steckte sie alle Geschenke in die Schultüte zurück. „So kann ich alles später noch einmal auspacken", gab sie als Grund dafür an und fragte dann: „Darf ich jetzt mit den Geschwistern spielen gehen?", um sich nur einen Moment später mit Joachim und Helene über Vaters Zustimmung zu freuen.

Dass es zwischen den Erwachsenen am Tisch noch einen kurzen Wortwechsel gab über die unterschiedlichen Weisen, christlichen Glauben zu verstehen und zu leben und welcher Weg für Eva-Maria wohl der beste sei, bekamen die drei Kinder nicht mehr mit. Ihre Eltern und Großeltern trennten sich wenige Minuten später dann auch, wobei wieder einmal deutlich geworden war, dass es zwischen den beiden Standpunkten keine versöhnliche Verbindung gab.

* * *

Für die sechsjährige Eva-Maria Mönnig änderte sich mit ihrem Eintritt in die Schule so manches. Ihre Werktage bekamen eine neue zeitliche Struktur: An sechs Vormittagen der Woche ging es schon vor acht Uhr aus dem Haus. An den Nachmittagen hieß es zunächst Hausaufgaben machen und Klavier üben. Der Rest der Zeit blieb zum Spielen mit Joachim und Renate und dann auch mit Kindern, die sie in der Schule kennenlernte. Besonders mit den Geschwistern Helga und Jürgen verband sie bald eine richtige Kinderfreundschaft. Die beiden waren dufte Kumpel. Die besaßen jeder einen Roller, mit dem sie in den Nebenstraßen von Reinickendorf herumfuhren. Für Eva-Maria hieß das, die Eltern davon zu überzeugen, dass sie unbedingt auch ein solches Gerät brauchte. Sie bekam eins vom Vater, freilich ein wenig gegen den Willen der Mutter. Die mochte ihrer Ältesten nicht unbedingt die neue Bewegungsfreiheit voller unwägbarer Gefahren gewähren. Gisela Mönnig hätte ihre Eva-Maria lieber weiterhin ans Haus und ans Grundstück gebunden. Außerdem sei das ein schlechtes Beispiel für die beiden jüngeren Geschwister. Die wollten dann irgendwann auch ...

Nun, Mutter Mönnig musste es lernen, dass die Zeit voranschritt, dass sich älter werdende Kinder veränderten und wachsende Ansprüche anmeldeten, dass das sogenannte deutsche Wirtschaftswunder ganz neue Bedürfnisse weckte und auch ganz neue Möglichkeiten der Befriedigung dieser Bedürfnisse bot. Oskar Mönnig saß bei seiner Firma fest auf seinem Technikerstuhl und verdiente gutes Geld, das den Lebensstandard seiner fünfköpfigen Familie langsam aber stetig auf ein höheres Niveau hob.

Deshalb hatte die Mutter bald auch gegen moderne Rollschuhe keine treffenden Argumente mehr. Helga und Jürgen besaßen welche, weil die Eltern sie bezahlen konnten, also brauchte Eva-Maria auch solche „gefährlichen Teufelsdinger", wie die Mutter sie nannte. Mit denen könne man noch weniger bremsen als mit einem Roller. Man könne sich dabei blutige Nasen und aufgeschlagene Knie holen. Dabei sei den beiden Freunden noch nie etwas passiert, wusste Eva-Maria einzuwenden, und außerdem verdiene Papa auch genug Geld, um Rollschuhe zu kaufen.

Die älteste Tochter der Mönnigs bekam ihre Rollschuhe, und tatsächlich stellte sie sich so geschickt an, dass sie nur ganz selten mit irgendwelchen leichten Verletzungen nach Hause kam. Was ab und an nach Hause kam, waren Beschwerden von nahen und fernen Nachbarn, wenn die Kinder auf ihren schnellen Schuhen mal wieder Klingelmännchen gespielt hatten und dabei erkannt worden waren. Die zwangsläufig folgende Strafpredigt der Mama ließ sich ertragen – der Papa bekam wegen seiner langen Arbeitszeiten zumeist von solchen Sachen gar nichts mit. Die erwartete Entschuldigung auszusprechen und die jeweils folgenden ein oder zwei Nachmittage Hausarrest waren auch zu verschmerzen. Es gab doch Stifte und genügend Papier zum Zeichnen und Malen oder auch Bücher, die Eva-Maria inzwischen gerne las. Gemeinsam mit den Geschwistern spielte sie auch gerne „Mensch ärgere dich nicht" oder „Halma".

Im Winter gab es übrigens dann auch Schlittschuhe, mit denen das heranwachsende Mädchen und seine beiden Freunde aus der Nachbarschaft auf den gefrorenen Teichen und Bachläufen der näheren Umgebung ihre Runden drehten und dabei viel Freude hatten.

Zunehmend weniger Freude hatte Eva-Maria mit dem regelmäßigen Besuch der Kinderstunde in der Baptistengemeinde. Bei gutem Wetter war sie lieber draußen und bei schlechtem saß sie am liebsten über Malpapier oder hörte mit Großmutter Berta von Schellackplatten auf dem Grammophon Opern oder sie besuchte hin und wieder Tante Helene in ihrem Modezeitschriften-Studio oder auch Großtante Paula in ihrer Villa im Grunewald. All dies war dem Grundschulkind wichtiger, als die Zeit in der christlichen Kindergruppe zu verbringen. Erst nachdem sie Helga und Jürgen dazu überreden konnte, sie ab und zu in die Kindergruppe zu begleiten, ging sie wieder hin. Dabei hörte sie durchaus gerne zu, wenn biblische Geschichten aus dem Alten und dem Neuen Testament erzählt wurden, und die frommen Kinderlieder sang sie auch gerne mit. Da hatte das Mädchen sogar ein paar Lieblingslieder, die es dann auch zu Hause mit der Mama sang. Dazu gehörten vor allem zwei Lieder, das eine ohne und das andere mit Refrain:

„Aus dem Himmel ferne, wo die Englein sind,
schaut doch Gott so gerne her auf jedes Kind.
Höret seine Bitte treu bei Tag und Nacht,
nimmt's bei jedem Schritte väterlich in Acht.

Gibt mit Vaterhänden ihm sein täglich Brot,
hilft an allen Enden ihm aus Angst und Not.
Sagt's den Kindern allen: dass ein Vater ist,
dem sie wohlgefallen, der sie nie vergisst."

„Lass die Herzen immer fröhlich
und mit Dank erfüllet sein;
denn der Vater in dem Himmel
nennt uns seine Kinderlein.

Gott führt uns an Vaterhänden,
schützet uns in Kampf und Streit;

seine Gnade ist's, die täglich
Kraft und Stärke uns verleiht.

Wenn wir uns von ihm abwenden,
wird es finster um uns her;
unser Gang ist nicht mehr sicher
und das Herz von Freude leer.

Aber die Gerechten grünen
und ihr Pfad ist immer licht:
lasst uns deshalb Jesus dienen,
will'gen in die Sünde nicht.

Immer fröhlich, immer fröhlich,
alle Tage Sonnenschein!
Voller Schönheit ist der Weg des Lebens;
fröhlich lasst uns immer sein."[1]

So gerne Eva-Maria diese und weitere Lieder sang, in die Tiefen ihres Gemüts trafen ihre Botschaften nicht – zum Leidwesen der Mama. Die Texte erreichten nur die Oberfläche des jungen Wesens und wurden dort bald wieder überlagert von dem, was Tante Helene oder auch Großtante Paula ihr erzählten über geistiges Leben und kosmische Kräfte, über den Einfluss der Sonnenwelt auf die Geschehnisse auf der Erde und über anderes aus der Lehre Rudolf Steiners, dessen Bild immer noch bei Tante Paula auf dem Bord stand. Der Mann hatte einen so durchdringenden Blick, dem sich auch ein Kind wie Eva-Maria kaum entziehen konnte, wenn es davorstand.

---

[1] Alle bisher zitierten Lieder sind dem „Kinderpsalter", Bundes-Verlag, Witten, 28.-39. Tausend, 1951 entnommen; dort die Nummern 194 / 178 und 187.

Gisela Mönnig, die sich in ihrer so anders geprägten Verwandtschaft für sich selbst um ein überzeugendes Leben als Christin mühte, tat es in der Seele weh, dass ihre große Tochter so hin- und hergerissen wurde und nicht in der Lage war, eine eindeutige Position zu beziehen. Vielleicht war das Kind dazu auch noch zu jung. Dennoch – die Mutter wusste ihre Tochter in der Obhut ihres Herrn und Gottes. Und war das nicht das Wichtigste?

Nürnberger Jugendjahre

Am letzten Samstag im Juli 1957 berief Oskar Mönnig gleich nach seiner Heimkehr von der Arbeit in Siemensstadt – dort waren die Gebäude seiner Firma bereits seit mehreren Jahren wieder vollständig aufgebaut und technisch auf den neuesten Stand gebracht – den Familienrat ein. Er habe seinen Lieben Wichtiges mitzuteilen, verkündigte er noch vom Flur aus. Seine Frau musste seinen Eifer zunächst einmal bremsen, denn die Kinder waren noch draußen im Garten. „Ich rufe die drei herein. Dann kannst du uns beim Essen mitteilen, was es Besonderes gibt."

Einige Minuten später saßen alle fünf um den Tisch: Vater und Mutter – beide inzwischen Mitte 30 –, die seit ein paar Tagen elfjährige Eva-Maria, der neunjährige Joachim und die gerade noch siebenjährige Renate. Vor sich hatten sie ihre Teller mit dem dampfenden Samstagseintopf, in sich die Spannung, was denn jetzt käme. Die musste dringend gelöst werden, und die Fragen der vier Familienmitglieder sprudelten nur so heraus: „Nun sag schon, Papa, was es gibt!" – „Hast du ein Auto gekauft, Papa?" – „Gehst du mit uns wieder einmal in den Zoo?" – „Fahren wir doch in Urlaub?" – „Zahlt dir deine

Firma mehr Geld?" – „Hat Siemens dich entlassen?" – „Kriegen wir endlich auch einen Fernseher, Papa?" – „Ziehen wir vielleicht um ins neue Hansaviertel?"

Für einen Moment hielt der Mann am Tisch sich die Ohren zu. Dann gebot er Ruhe: „Seit wann machen wir beim Essen einen solchen Lärm?" Deutlich, wenn auch etwas leiser in der Stimme, fuhr er fort: „Ich schlage vor, ihr drei übt euch solange in Geduld, bis wir alle unsere Teller leer gegessen haben. Vor dem Nachtisch sage ich euch dann, was es Neues gibt. Jetzt nur das: Alles, was ihr gefragt habt, war falsch gefragt. Also: kein Auto, kein Fernseher, kein Zoo, kein Urlaub. Und jetzt guten Appetit."

So schnell wie an diesem Tag hatten die Kinder ihren Eintopf selten aufgegessen. Gemüseeintopf mit Wursteinlage war nicht unbedingt ihr Lieblingsessen. Aber sie wollten doch möglichst bald wissen, welche Neuigkeit der Papa denn mitgebracht hatte. Auch Gisela Mönnig hatte keine Vorstellung von dem, was ihr Mann gleich berichten würde, und sie blickte ihren Oskar immer wieder fragend an.

Und dann war es so weit. Der Ehemann und Vater wischte sich umständlich mit der Serviette den Mund, legte das Stoffteil zusammen, schaute einmal in die Runde und sagte: „Die letzte Frage hatte indirekt mit dem zu tun, was ich euch heute sagen muss."

„Die letzte Frage war die von dem Umziehen ins neue Hansaviertel", erinnerte sich Eva-Maria. „Wir müssen irgendwohin umziehen. Stimmt's, Papa?"

„Es stimmt, ihr Lieben", bestätigte der Mann.

„Und wohin müssen wir umziehen?", fragte seine Frau ganz erschrocken. „Und wann?"

„Also, das ist so", begann Oskar Mönnig ein wenig umständlich. „Wie ihr wisst, arbeite ich bei Siemens & Halske

– so heißt das Unternehmen seit zehn Jahren – in der Entwicklung ganz spezieller Techniken im Elektrobereich. Es geht dabei um elektronische Fernsteuerungen und solche Sachen wie Automatisierungen von Fertigungsabläufen. Für euch ein bisschen schwer zu verstehen." Der Elektroingenieur machte eine kleine Pause, ehe er mit seiner eigentlichen Nachricht herauskam: „Demnächst wird meine Abteilung nach Erlangen in Bayern verlegt, und weil ich eine verantwortliche Stellung habe, muss ich mit. Wir müssen also umziehen."

Bei dieser Aussage des Vaters brach bei seinen Kindern ein Sturm heftigsten Protestes los, wie ihn die Familie noch nie erlebt hatte. Die drei überschlugen sich schier in ihren Äußerungen: „Ich ziehe nicht um!" – „Ich gehe nicht von hier fort!" – „Du kannst alleine nach ... nach ... nach diesem Ort Erl... gehen!" – „Da muss ich ja schon die Schule wechseln!" – „Da verliere ich ja alle meine Freunde und Schulkameraden!" – „Da kennen wir doch niemanden!" – „Ich will nicht von den Großeltern und den anderen Verwandten weg!"

Gisela Mönnig saß derweil stumm dabei. Das Erschrecken über diese unerwartete Nachricht stand ihr deutlich ins Gesicht geschrieben. Die Frau war blass geworden, und ihre Stimme zitterte, als sie ihre Kinder zur Ordnung rief: „Still jetzt, Kinder! Lassen wir den Papa noch einmal genauer sagen, worum es geht."

Sofort verstummte der Protest der Kinder. Sie hatten es gelernt, gehorsam auf Weisungen zu reagieren. „Bitte, Oskar, sag uns das noch einmal langsam und im Klartext, was da auf uns alle zukommt."

„Gerne, liebe Frau", gestand der Mann zu, wobei er alle Liebe und Freundlichkeit in seine Stimme zu legen versuchte. Der spontane Protest seiner Kinder hatte ihn wohl überrascht und auch innerlich bewegt.

„Also, das ist so", begann er noch einmal. „Ich muss auf jeden Fall mit meiner Firma nach Erlangen umziehen. Wenn ich mich weigere, verliere ich meine gute Position. Das möchte ich auf gar keinen Fall, und das möchtet ihr sicher auch nicht. – Ich will aber nicht allein nach Erlangen gehen und euch hier in Berlin zurücklassen. Das möchtet ihr sicher auch nicht. Also ziehen wir gemeinsam um und sehen, was sich am neuen Wohnort alles ergibt. Ich denke, meine liebe Gisela, dass du dieser Notwendigkeit zustimmen wirst, und die Kinder werden es auch."

Gisela Mönnig holte ein paarmal tief Luft. Dann sagte sie: „Wenn sich das nicht vermeiden lässt, dann muss es wohl so sein, Oskar. Und ich denke, dass das dann auch Gottes Wille für uns ist. Siedeln wir also um nach Erlangen."

Inzwischen hatten die Kinder sich wieder beruhigt und alle weiteren Fragen kamen nun eher schüchtern und leise und vor allem nacheinander: „Gibt es da eine Schule für uns?" – „Bekommt dann jeder sein eigenes Zimmer?" – „Gibt es da einen Park zum Spazierengehen?" – „Ist Erlangen eine Stadt oder ein Dorf?" – „Gibt es da einen Zoo?" – „Kann man da auch U-Bahn fahren und Doppelstock-Bus?" – „Gibt es da eine Gemeinde mit einer Kinderstunde?"

Jetzt ergriff der Vater wieder das Wort, nachdem er mit einer Handbewegung das Fragen beendet und einmal tief durchgeatmet hatte: „Wisst ihr, ihr Kinder und meine liebe Gisela, mir fällt der Wechsel von Berlin nach Erlangen auch nicht leicht. Ich muss auch liebe Kollegen zurücklassen und einen Arbeitsort, den ich selbst ein Stück weit mit aufgebaut und eingerichtet habe. Aber ich trage nun einmal die Verantwortung für diesen Arbeitsbereich, und ich möchte die verantwortliche Stellung auch behalten. – Siemens bemüht sich bereits um eine hinreichende Wohnung für uns. Das ist aber wohl nicht leicht. Da unten in Franken – so heißt die Region um Erlangen – herrscht große Wohnungsnot. Da war viel zerstört im Krieg, und da ist noch lange nicht alles wieder hergerichtet, wie es sein sollte. Außerdem wollen viele Menschen in diese Gegend ziehen, weil es dort viele große Firmen mit ihren Fabriken gibt, die Arbeitskräfte brauchen. – Aber Gott wird das alles schon lenken, wie es für uns gut ist."

„Ja, das wird er", bestätigte die Hausfrau und meldete dann aber doch ein wichtiges Bedenken an: „Und was wird aus meinen alten Eltern? Vater ist 87 und kränklich, Mutter ist zwar noch rüstig, aber auch bereits 77. Können wir die beiden hier im Haus guten Gewissens allein zurücklassen?"

„Wir müssen, meine Liebe, wir müssen", antwortete Oskar. „Die beiden werden ja nicht allein sein; nur wir werden ihnen fehlen. Sie haben doch für Haus und Garten ihre Zugehleute. Und sie haben ihre Glaubensgenossen von der Christengemeinschaft. Wir müssen ihnen die Tatsache unseres Wegzugs nur ein wenig schonend beibringen, was ich gerne selbst übernehmen will."

„Danke, mein Lieber, dass du mir diese Aufgabe abnimmst", atmete Gisela Mönnig dankbar auf und wandte sich dann noch einmal an die Kinder, die diesen Teil des Tischgesprächs brav und stumm verfolgt hatten. „Also stellt euch darauf ein, ihr drei, dass ihr nach den Sommerferien an einem anderen Ort wohnt und dort in die Schule geht. – Und jetzt hole ich den Nachtisch. Ich hoffe, euch ist der Appetit nicht vergangen bei dem, was auf uns alle zukommt."

* * *

Bereits vier Wochen nach diesem Tischgespräch rollte ein großer Umzugswagen mit Anhänger in Richtung Nürnberg,

Sandrartstraße 18. Das Personalbüro von Siemens & Halske hatte gute Arbeit geleistet, hatte allerdings eine passende Wohnung für ihren Ingenieur und seine Familie nur in der mittelfränkischen Metropole an der Pegnitz gefunden. Von dort hinauf nach Erlangen gab es aber beste Verkehrsverbindungen, sodass Oskar Mönnig das Wohnungsangebot angenommen hatte, nachdem er zuvor eine Reise nach Nürnberg zur Wohnungsbesichtigung und zur Erkundung der Lebens- und Arbeitsbedingungen in der Region Mittelfranken unternommen hatte.

Auch die alten Herrschaften im Haus hatten sich inzwischen mit der Trennung von der Tochter und ihrer Familie abgefunden. Sie sahen diesen Schritt der „jungen Leute" als hinzunehmendes unabänderliches Element ihres persönlichen Schicksals, ihres Karmas, das ihnen gesandt war von „Mächten, die das Maß von Lust und Schmerz bestimmen nach unserem Verhalten in früheren Verkörperungen". Dem konnten und wollten sich Friedrich und Berta Mallin nicht entgegenstellen.

Für Tochter Gisela war diese Erklärung für die Trennung ein Grund, Gott für diese besondere Weichenstellung im Leben der Familie zu danken, waren sie doch alle dadurch aus dem Einfluss des anthroposophischen Gedankenguts herausgenommen, den die beiden Mallins immer wieder ausübten, und sie konnte ihr christliches Leben für sich und für die Kinder künftig viel freier gestalten. In Nürnberg würde sich sicher auch eine Gemeinde finden lassen, die ihr die Möglichkeit dazu gab.

Auch Eva-Maria, Joachim und Renate hatten sich nach und nach mit dem Gedanken des Umzugs angefreundet und sich durch manche Abschiedsbegegnung mit ihren Freunden und mit Orten ihrer Kindheit auf die Trennung von Reinickendorf und von Berlin eingestellt. Sie hatten mehr und mehr sogar so etwas wie eine gespannte Erwartung auf das Neue aufgebaut. Von daher hielt sich für alle Beteiligten der Abschiedsschmerz in Grenzen, wenngleich es zuweilen Tränen und nasse Taschentücher gab.

Am schmerzlichsten war natürlich der Abschied von den alten Eltern und Großeltern. Immerhin lagen zwischen den beiden Wohnorten künftig nicht mehr nur ein Treppenhaus, sondern einige Hundert Kilometer Distanz mit der notwendigen Überquerung zweier deutsch-deutscher Grenzen und einer Transitreise durch die DDR. Die große Entfernung war nicht mal eben für einen raschen Besuch zu überbrücken. Dabei ging es dem alten Herrn Mallin gar nicht gut. Seine körperlichen und geistigen Kräfte hatten in den letzten Wochen merklich nachgelassen, und es deutete sich an, dass er sich wohl auf seiner letzten irdischen Wegstrecke befand. Wie dem auch war: Die Trennung musste sein; Gottes besondere Führung für die einen, unvermeidliches Schicksal für die anderen. Wie es für jeden weiterging, würde die kommende Zeit lehren ...

* * *

Zunächst aber mussten die fünf Mönnigs eine Reise bewältigen, die außer dem Vater noch keiner von ihnen bisher gemacht hatte. Es ging per Schnellzug vom Bahnhof Zoo aus über das Staatsgebiet der Deutschen Demokratischen Republik gen Süden. Zweimal waren auf der langen Fahrt Grenzformalitäten zu überstehen: zunächst bei der Einfahrt in die DDR im Bahnhof Griebnitzsee östlich von Potsdam und später vor dem oberfränkischen Ludwigstadt im tiefen Waldtal des Flüsschens Loquitz. Probstzella hieß die letzte Bahnstation auf dem Gebiet der DDR an der kurvenreichen Strecke durch das Thüringer Schiefergebirge.

Wenn man dem glauben sollte, was Transitreisende immer wieder berichteten, dann waren die Kontrollen unberechenbar. Sie seien abhängig von der Laune der Grenzbeamten, vom geduldigen und demütigen Verhalten der Reisenden oder auch von anderen Dingen, die niemand durchschauen könnte. Manchmal würden lediglich die Reisepapiere überprüft, manchmal würde das ganze Abteil durchsucht nach irgendwelchen verbotenen Dingen oder auch nach Personen, die ohne gültige Transitpapiere unterwegs seien. Das Gepäck selbst würde selten genauer kontrolliert. Das dürfe wohl auch gar nicht sein.

Das mochte etwas werden für die fünf Mönnigs, die für sich und ihr umfangreiches Reisegepäck ein eigenes Abteil reserviert hatten. Der Vater stimmte seine Kinder jedenfalls nach der Abfahrt aus dem Bahnhof Zoo schon einmal vorsichtig auf die Situation ein, die sich bald ergeben würde: an den Grenzstationen möglichst brav auf den Plätzen sitzen, nicht selbst irgendetwas fragen, freundlich antworten, nicht widersprechen und keine dummen Bemerkungen machen, auch dann nicht, wenn ein Beamter das Gepäck oder den Platz unter den Sitzen kontrollieren wolle ...

Der Zug fuhr zunächst bis zum Westberliner Bahnhof Wannsee, wo er noch einmal anhielt, um noch einige Reisende zusteigen zu lassen. Dann setzte er seine Fahrt in langsamem Tempo fort in Richtung Stadtgrenze. Auf einer kurzen Strecke fuhr er dann zwischen hohen Stahlzäunen rechts und links der Strecke hindurch, hinter denen sich mehrere Wachtürme befanden. Das war wohl bereits DDR-Terrain. Im Bahnhof Griebnitzsee blieb der Zug dann wieder stehen. Hier stiegen offenbar keine weiteren Fahrgäste zu, denn auf dem Bahnsteig waren keine Reisenden mit Gepäck zu sehen.

Zu sehen war dafür eine große Zahl Männer in blauen und

graugrünen Uniformen mit Mützen oder Schiffchen auf den Köpfen. Die meisten von ihnen machten irgendwie finstere Gesichter, als hätten sie schlechte Laune und keine Lust zum Arbeiten. Sie trugen kurze Schlagstöcke an ihren Koppeln und Pistolen in ihren Halftern; einige hielten sogar Schusswaffen in den Händen; andere führten Hunde mit Maulkörben an der Leine.

Trotz der Weisung des Vaters konnte Eva-Maria sich eine Bemerkung nicht verkneifen: „Die Soldaten sehen ja richtig gefährlich aus. Und das sollen auch deutsche Männer sein? Haben die Angst, die Leute im Zug könnten ihnen was tun? Ich verstehe nicht, was das soll."

Oskar Mönnig schaute seine große Tochter streng an: „Ich verstehe das alles auch nicht. Ich weiß nur, dass das eine Folge des verlorenen Krieges ist und der Tatsache, dass Engländer, Amerikaner und Franzosen ganz anders über unser Deutschland denken als die Russen. Aber ich hatte vorhin etwas gesagt. Halte dich bitte dran! Ab jetzt wird geschwiegen. Geredet wird nur auf Aufforderung. Verstanden?!"

„Verstanden!", kam es von allen drei Kindern gleichzeitig zurück. Und dann hörte man auch schon das Öffnen der Türen und Stimmen und Schritte auf dem Gang. Wenige Momente später öffnete ein blau uniformierter älterer Reichsbahnbeamter die Schiebetür des Abteils, trat einen Schritt herein, grüßte höflich und fragte nach dem Reiseziel und nach den Reisepapieren der Herrschaften – und das in breitem Sächsisch. Ein zweiter deutlich jüngerer Mann, der eine graugrüne Uniform und ein gleichfarbiges Schiffchen auf dem Kopf trug, blieb vor der Tür auf dem Gang stehen, seine Waffe locker im Arm haltend und seinen starren Blick nach irgendwohin gerichtet.

Während der „blaue" Beamte die Fahrkarten und sonstigen

Papiere umständlich und genauestens prüfte und irgendein Papier ausfüllte, sprach im Abteil keiner ein Wort. Das alles war irgendwie beklemmend. Der Kontrolleur gab schließlich die Unterlagen zurück und wies darauf hin, dass das Transitvisum der fünfköpfigen Familie bei der Kontrolle vor der Ausreise aus der DDR wieder abzugeben sei. Dann schaute er einmal hinauf zu den Gepäckablagen und bückte sich einmal hinunter, um unter die Sitze zu schauen. Dann wünschte er den Herrschaften eine gute Weiterreise durch das Staatsgebiet der DDR und verließ das Abteil wieder, um das nächste aufzusuchen.

Eva-Maria hätte jetzt wohl gerne etwas gesagt. Aber weder Vater noch Mutter signalisierten ihr eine Aufforderung. Im Gegenteil: Die Mama legte ihren rechten Zeigefinger auf den Mund. Also blieb das Mädchen still, schaute mit Bruder und Schwester weiter nach den bewaffneten Hundeführern draußen auf dem Bahnsteig und wartete, bis der Zug sich wieder in Bewegung gesetzt und den merkwürdigen Bahnhof Griebnitzsee verlassen hatte. Dann fragte sie, was sie vorhin schon hatte fragen wollen: „Was hat der Mann für eine komische Sprache gesprochen, Papa?! Kennt ihr die, Mama? So habe ich noch nie jemanden reden gehört. Ich habe ihn ja fast nicht verstanden."

Durch diese Frage löste sich die Spannung im Abteil und wich einer gewissen Heiterkeit. Der Vater konnte seiner Tochter weiterhelfen: „Die Menschen in Sachsen sprechen ganz anders als wir, Kinder. Man muss schon gut hinhören, wenn man sie verstehen will. Sie unterscheiden zum Beispiel kein B und P und kein D und T. Das klingt alles irgendwie gleich."

Jetzt hatte auch Joachim noch eine Frage: „Sprechen die Leute in Nürnberg auch so sächsisch wie der blaue Beamte?"

Wieder wusste der Vater zu antworten: „O nein, Kinder, die

meisten Leute in Nürnberg sprechen fränkisch. Als ich neulich wegen der Wohnung und meiner Arbeit dort war, musste ich immer wieder nachfragen, weil ich nicht verstanden hatte, was mir jemand sagen wollte. Das war ganz schön schwierig. Die Franken unterscheiden aber wie die Sachsen auch kein D und T und kein B und P."

„Und wie sollen wir uns dann verständigen?", wollte Eva-Maria wissen, „wenn alle Leute fränkisch reden?"

„Wir müssen das eben lernen wie eine neue Fremdsprache", vermutete Joachim.

„So schlimm wird es nicht werden", beruhigte der Vater. „Die Franken können schon auch richtiges Schriftdeutsch oder Hochdeutsch reden, wenn sie merken, dass der andere sie nicht versteht. Ihr könnt ja schon einmal das Zungen-RRR der Leute üben. Das sprechen sie nämlich auch, wenn sie hochdeutsch reden." Dabei machte er seinen Kindern vor, wie das Zungen-R zu sprechen war, und löste damit eine heitere Trainingseinheit aus mit immer neuen Wörtern, die vorne, hinten oder auch in der Mitte ein R enthielten. Schließlich machte die Mama dem ein Ende, indem sie fragte, ob der Schnellzug denn irgendwo auf dem Gebiet der SBZ oder auch DDR anhalte.

„Im Normalfall nicht", wusste Oskar Mönnig. „Zumindest hat er neulich zwischen Griebnitzsee und Probstzella nicht ein Mal angehalten. Selbst durch Städte wie Dessau und Leipzig ist er einfach nur durchgefahren."

„Und warum ist das so?", wollte Eva-Maria wissen.

„Es soll wahrscheinlich niemand aussteigen und niemand einsteigen können", vermutete Renate.

„Ich denke, ich erkläre euch das alles später, wenn wir die DDR wieder verlassen haben", vertröstete der Vater. „Wir können uns jetzt gerne über anderes unterhalten."

„Eine Frage habe ich aber noch für jetzt", gab sich Eva-Maria nicht zufrieden. „Was heißt SBZ?"

Das wusste sogar Joachim schon. „SBZ heißt: Sowjetische Besatzungszone", antwortete er und schaute seine große Schwester ein wenig von oben her an. „Du hast wohl in der Schule schlecht aufgepasst. Das habe ich ja sogar schon gelernt, das mit der Aufteilung von Deutschland in die verschiedenen Zonen für Amerikaner, Franzosen und Russen. Und ich bin erst in der dritten Klasse. Deutschland ist genauso aufgeteilt wie Berlin."

„Du hast die Engländer vergessen, mein lieber Junge", ergänzte der Vater, um dann auch gleich die nächste Frage zu beantworten, obwohl die noch gar nicht gestellt war. „Wir fahren jetzt übrigens in die frühere amerikanische Besatzungszone, wie das hieß. Bayern, Hessen und der nördliche Teil vom Bundesland Baden-Württemberg gehören zur amerikanischen Zone. Nürnberg ist Bayern und also amerikanische Zone; sagen wir es noch so, auch wenn Amerika – ich meine die USA, die Vereinigten Staaten von Amerika – seit dem sogenannten Deutschlandvertrag der alliierten Westmächte vom 5. Mai 1955 nicht mehr als Besatzungsmacht bezeichnet wird. England und Frankreich übrigens ebenfalls nicht, auch wenn Soldaten dieser Länder noch in ihren Gebieten stationiert sind."

„Ich dachte aber, dass Nürnberg in Franken liegt", wunderte sich Eva-Maria über die Aussage ihres Vaters, wobei sie mit der Erklärung ihres Vaters wohl nichts Rechtes anfangen konnte.

„Stimmt auch, Kind", erklärte Papa Oskar, „die Region Franken ist der nördliche Teil des Bundeslandes Bayern. Aber die Franken, also die Leute dort, wollen keine Bayern sein. Die fränkischen Menschen sind sehr selbstbewusst und legen großen Wert darauf, Franken genannt zu werden."

„Also müssen wir uns darauf einstellen, mit den Franken in Bayern leben und umgehen zu müssen. Aber jetzt sollten wir diese politische Geografiestunde wirklich beenden, ihr Lieben", bat die Mama. „Schaut euch einfach die Landschaft draußen an, oder nehmt euch etwas zu spielen oder zu lesen."

„Oder schlaft ein wenig, wie ich das jetzt mache", schlug Eva-Maria vor. „Ich bin nämlich müde, und die Landschaft hier ist sowieso langweilig. Gute Nacht!" Das Mädchen sprach's, lehnte sich in seinen Sitz zurück, streckte die Beine aus, schloss die Augen und schlief auch bald ein.

* * *

Und sie schlief lange. Sie wurde erst wieder wach, als der Zug in der kurvenreichen Strecke durch die Thüringer Berge immer wieder solche merkwürdigen quietschenden Fahrgeräusche machte. „Was bedeutet dieses Quietschen, Papa?" Die Frage von Eva-Maria klang ein wenig ängstlich.

„Keine Bange, meine Große", antwortete Oskar Mönnig, „das sind nur Reibungsgeräusche der Räder an den Schienen, die haben keine besondere Bedeutung."

„Die hört man auf geraden Strecken nicht, nur in den engen Kurven einer Strecke. Stimmt's Papa?", ergänzte Joachim und freute sich, dass der Papa seine Feststellung bestätigte.

Eva-Maria gab sich zufrieden und schaute nachdenklich hinaus in die waldreiche Landschaft. „Wann halten wir endlich wieder?", fragte sie dann, ohne sich den anderen im Abteil zuzuwenden.

„Wir sind bald in Probstzella", antwortete der Papa, wobei er seine Taschenuhr aus der Westentasche hervorzog, um die Uhrzeit festzustellen. „Dort kommen wieder Kontrolleure und schauen nach, ob wir noch da sind, und kassieren das Transitpapier wieder ein. – Ihr Kinder wisst, wie ihr euch dann verhaltet."

„Wissen wir, Papa", kam es von den dreien wie aus einem Mund.

„Und dann sind wir froh, wenn wir endlich wieder frei atmen können", ergänzte Gisela Mönnig, der man die Spannung, die sie erfüllte, im Gesicht ablesen konnte.

„Es wird schon alles gut gehen", bemühte sich ihr Mann um Beruhigung. Dabei war er selbst nicht frei von einer gewissen Anspannung. Man konnte ja nie wissen, wie sich die Grenzkontrolle gestaltete.

Sie gestaltete sich gnädig und ohne Zwischenfälle. Die Kinder Mönnig mussten nur ihre Namen nennen und sagen, wann sie wo geboren waren. Dann mussten sie auf die Sitze steigen, und der Vater musste die Gepäckstücke hervorziehen, die er darunter verstaut hatte. Der Beamte wollte richtig drunterschauen können. „Sie haben wohl ihren ganzen Hausstand dabei", bemerkte er ein wenig spöttisch zu der Menge des Gepäcks, erwartete aber wohl keine Reaktion. Er bekam auch keine. Der Mann brauchte nicht zu wissen, dass die Gepäckfülle mit dem Umzug der Familie von Berlin nach Nürnberg zu tun hatte.

Nach gefühlten zwei Stunden Wartezeit setzte sich der Zug endlich wieder in Bewegung, um seine Fahrt fortzusetzen. Die Anspannung, die zuletzt die fünf Reisenden im Abteil wieder erfasst hatte, löste sich deutlich spürbar. Als der Zug wenige Minuten später in den Bahnhof Ludwigstadt einrollte, meldeten die Kinder ihren Hunger an, den sie bisher unterdrückt hatten. Den konnte die Mama selbstverständlich befriedigen. Dafür hatte sie vorgesorgt, und so wurde auf dem Gebiet der Bundesrepublik Deutschland eine fröhliche Brotzeit gehalten. So nenne man das in Bayern, informierte der Vater und ließ sich die belegten Stullen oder auch Bemmen – diese Begriffe waren der alten Heimat Berlin gehuldigt – ebenso gut schmecken wie seine Frau und seine Kinder. Im Stillen hoffte er, dass die Reise bald zu Ende ginge. Zwei Stunden waren noch eine lange Zeit, in der die Kinder beschäftigt werden wollten, nachdem sie während der Durchreise durch die DDR hatten Ruhe halten müssen.

Schließlich war das Reiseziel Nürnberg erreicht. Für den Weg vom Bahnhof bis ans endgültige Ziel mietete Oskar Mönnig ein Taxi, das selbst als Kombi-Fahrzeug große Mühe hatte, fünf Menschen und ihr umfangreiches Gepäck gleichzeitig zu transportieren.

Schließlich standen die fünf Mönnigs zwischen ihren vielen Gepäckstücken im Stadtbezirk St. Johannis dem Eckhaus Sandrartstraße 18 gegenüber. Im dritten Stock des grauen Gebäudes auf der anderen Straßenseite warteten also mehrere Zimmer auf den Einzug der neuen Mieter. Die verharrten zunächst eine Weile schweigend und wie angewurzelt auf dem Bürgersteig und schauten hinauf zu den gardinenlosen Fenstern, hinter denen sich ihre neuen Wohnräume befanden.

„Freut ihr euch denn gar nicht, dass wir endlich hier sind?", brach Vater Oskar das Schweigen.

„Nein, ich freue mich nicht", kam es prompt von Eva-Maria zurück. Das klang enttäuscht und trotzig. „Hier will ich nicht wohnen. Hier ist es nicht schön", jammerte das Mädchen und gab damit seinen jüngeren Geschwistern das Stichwort.

Joachim stimmte seiner Schwester zu: „Nein, hier ist es wirklich nicht schön. Hier ist es laut; hier fahren zu viele Autos."

„Hinter der Dorfaue in Reinickendorf konnten wir vors Haus gehen und hatten hinten einen Garten. Hier gibt es ja nur Häuser und Straßen", ergänzte Renate wohl ebenso enttäuscht.

Die Mutter schwieg zunächst. Dann sagte sie mit wenig Begeisterung in der Stimme: „Ihr habt recht, Kinder. Diese Wohngegend ist nicht Alt-Reinickendorf. Aber wir werden uns hier schon einleben. Schaut, dort links vom Haus ist doch ein Park oder so etwas Ähnliches. Das lädt doch zum Rausgehen ein. Und an die Straßengeräusche und die vielen Autos werden wir uns schon gewöhnen."

„Ja, das werden wir, meine Lieben. Verzeiht mir, dass ich euch durch meine Arbeit hierher gebracht habe", gab der Vater wie entschuldigend zurück. „Aber jetzt sollten wir endlich hinüber und nach oben gehen und unsere neue Wohnung in Besitz nehmen", forderte er seine Familie auf, sich aus der Starre zu lösen und die Straße zu überqueren. „Bitte Vorsicht beim Hinübergehen. Erst gehen, wenn die Lücke groß genug ist." Der Mann schaute nach links und nach rechts und dann wieder nach links. Dann sagte er: „Gut, jetzt wird es reichen. Auf geht's und hinüber zur Wohnungseroberung!"

Die Wohnung dann wirklich zu erobern und einzunehmen, erwies sich als gar nicht einfach. Der Möbeltransporter war am DDR-Grenz-Kontrollpunkt Drewitz bei Berlin und später ebenso am Kontrollpunkt Hirschberg aufgehalten worden. Dann hatte es auch im bayrischen Rudolphstein länger gedauert als gedacht. Deshalb kam der LKW später als vorgesehen, nämlich erst am nächsten Morgen. Die erste Nacht war folglich schrecklich. Schlafen auf dem Boden oder im Sitzen und in den Kleidern war nicht gerade ein Spaß. Und die restlichen Reisebrote als Frühstück mit einem Schluck Wasser aus dem Hahn auch nicht.

Die Möbel dann von der Straße hinauf in den dritten Stock

zu tragen, erwies sich als schwieriger als erwartet. Die Fahrer und Möbelpacker hatten mit den schweren Schränken und anderen großen Einrichtungsteilen eine Menge Mühe. Das hohe Treppenhaus hatte seine Tücken. Bis endlich alle Möbelstücke in den Zimmern am richtigen Platz standen, war es Nacht, und jeder war froh, dass er sich schlafen legen konnte. Zum Glück in ein richtiges Bett und nach einem richtigen Abendessen in der Familien-Tischrunde.

Bis die wichtigsten Dinge aus den Umzugskisten in ihre vorgesehenen Schrankfächer und Regalplätze geräumt waren, vergingen noch einmal einige Tage. Dabei ging es leider nicht immer friedlich zu, weil die Ansichten über die Einrichtung so oder so bei den beiden Eltern und auch bei den Kindern nicht immer übereinstimmten.

Als dann endlich alle Zimmer zur Zufriedenheit aller eingerichtet waren, konnte der Einzug in die neue Wohnung und in einen neuen Lebensabschnitt der Familie ein wenig gefeiert werden – gerade rechtzeitig, bevor der Lebensalltag in Nürnberg für alle Mönnigs begann: Die Mutter servierte am festlich gedeckten Tisch ein gutes Essen in mehreren Gängen. Für die Erwachsenen gab es dazu einen guten fränkischen Wein, für die Kinder Saft und zu ihrer besonderen Freude original Berliner Brause, die der Papa in der Getränkeabteilung eines Kaufhauses gefunden hatte.

Zunächst musste allerdings am Tisch ein wenig Unmut überstanden und ausgeräumt werden. Eva-Maria war an der Reihe, das Tischgebet zu sprechen, was sie natürlich auch gerne tat. Sie vergriff sich dabei allerdings im Text, denn sie sprach ein Gebet, das sie bei Tante Paula und auch bei den Großeltern gehört, gelernt und gesprochen hatte: „Erde, die uns dies gebracht, Sonne, die es reif gemacht, liebe Sonne, liebe Erde, euer nicht vergessen werde. Amen."

Die Mutter schaute entsetzt auf und widersprach ihrer Ältesten sofort und sehr heftig: „Was betest du da, Eva-Maria? Das sind Worte, die Christen nicht beten. Das hab ich dir doch schon ein paarmal erklärt, wenn ich mich recht erinnere."

Eva-Maria zuckte ein wenig zusammen und schaute ihre Mutter mit großen Augen an. Auch die Geschwister schienen irritiert. „Dann sag unsrer Tochter noch einmal, was daran falsch ist", forderte Oskar Mönnig seine Frau auf. Ihm war dieser Text weniger negativ aufgestoßen.

„Das mach ich gerne", bemühte sich die Mama um einen freundlicheren Ton. „Was wir essen und trinken, liebe Eva-Maria und ihr anderen, wächst zwar alles irgendwo in der Erde, auf der Erde und über der Erde. Aber es kommt nicht von der Erde. Es kommt von Gott! Er ist der Geber aller guten Gaben. Deshalb beten Christen nicht die Erde an, als wäre sie eine Gottheit. Das ist das eine. Und das andere: Gott benutzt die Sonne dazu, dass die Feldfrüchte und die Früchte an Bäumen und Sträuchern wachsen und reifen. Ohne Sonne mit ihrem Licht und ihrer Wärme reift beinahe nichts. Aber deshalb beten wir die Sonne nicht an. Wir sind doch keine alten Ägypter. Und jetzt sei nicht böse, Eva-Maria, weil ich dir widersprochen habe."

Die Angesprochene blickte ein wenig verschämt unter sich. Sie fühlte sich ertappt, nicht nachgedacht und dadurch entgegen Mutters Überzeugung gebetet zu haben. „Entschuldige bitte, Mama", sagte Eva-Maria und schaute ihre Mutter über den Tisch mit bittendem Blick an. „Ich wollte dich nicht ärgern."

Für einen Moment herrschte peinliche Stille am Tisch, die Renate schließlich beendete. „Wir können doch noch einmal beten und dann richtig", schlug das Mädchen vor.

„Warum singen wir nicht ein Gebet?", fragte Joachim.

„Ein guter Gedanke, Kinder", ergriff jetzt der Papa das Wort. „Singen wir den schönen Dora-Rappard-Tischgebets-Vers aus dem Kinderpsalter. Den können wir alle auswendig. Das gilt dann auch nicht nur für unser Essen, sondern überhaupt für unser Leben hier am neuen Ort. Aber vorher noch zu dir, Eva-Maria: Entschuldigung ist angenommen!"

Dann klang es fröhlich in der Tischrunde, auch von Eva-Maria kräftig mitgesungen:

„Auch komm in unsre Mitte, du hochgeliebter Gast,
und halt in unsrer Hütte, Herr Jesu, stille Rast:
Dein Friede mög uns laben, dein Wort stärk unser Herz,
und lass doch deine Gaben uns ziehen himmelwärts."[2]

Am Tag darauf ging Oskar Mönnigs Urlaub zu Ende, und ebenso die schulfreie Zeit der Kinder. Der Elektroingenieur musste fortan täglich mit dem Zug zu seinem neuen Arbeitsplatz nach Erlangen hinauffahren. In Nürnberg war er ab jetzt nur noch vom späten Abend bis zum frühen Morgen und so richtig eigentlich nur am Wochenende; und wenn er am Samstag arbeiten musste, dann sogar nur am Sonntag.

Seine Gisela war dadurch am neuen Wohnort die Woche über völlig auf sich allein gestellt. Die Eingewöhnung in die neuen und bisher fremden Lebensbedingungen fiel der Frau schwer. Sie fand lange Zeit kaum Kontakt zu ihren Mitbewohnern im Haus, noch weniger zu anderen Menschen ihrer Wohnumgebung. Das waren offenbar alles Einheimische, die sie nur schwer verstand, wenn die in ihrer fränkischen Mundart redeten.

Eva-Maria, Joachim und Renate hatten es dagegen leichter,

---

[2] Kinderpsalter [s. o.] Nr. 203.

sich am neuen Ort einzugewöhnen. Sie waren vormittags in ihrer Schule, deren Haupteingang in der Parallelstraße lag und schnell erreicht war. Die Kinder brauchten lediglich zweimal um die Ecke zu gehen. Die drei mussten sich zwar in neue Klassenverbände einfügen und an neue Lehrer gewöhnen, aber neue Beziehungen zu knüpfen fiel ihnen nicht schwer. Es machte ihnen Spaß, allein und mit neuen Freunden nach und nach den Stadtteil St. Johannis und die angrenzenden Stadtteile Kleinweidenmühle, Lorenz, die Altstadt mit der Burg und die Bereiche entlang der Pegnitz zu erkunden.

Bei allem mussten sie lernen, die Sprache ihrer neuen Umgebung zumindest zu verstehen. Aber als Kinder lernten sie schnell, schon dadurch, dass sie mit anderen Kindern umgingen. Dieser Umgang wurde den dreien hier am neuen Lebensort von ihren Eltern gerne gewährt. Was in Berlin unter den Augen der Großeltern im Haus nicht gerne gesehen war, hier in Nürnberg wurde es möglich. Die drei Mönnig-Kinder durften nach draußen, wann immer das Wetter demnach war, ihre Zeit es zuließ und es sie nach draußen zog. Freilich mussten die Hausaufgaben immer gemacht sein. Solange diese Pflicht nicht erledigt war, gab es keinen Ausgang.

Dass Schulkinder gerade an dieser Stelle ihres Alltags gelegentlich schon einmal schummelten und falsche Angaben machten, blieb Gisela Mönnig lange verborgen. Was Eva-Maria, Joachim und Renate gemeinsam oder einzeln, allein und mit neuen Freunden draußen im Stadtteil und darüber hinaus so anstellten, bekam sie auch nur dann mit, wenn die drei es ihr erzählten oder wenn sie beim Einkauf oder bei anderer Gelegenheit auf ihre Kinder angesprochen wurde. Dabei ging es allerdings nur um Kleinigkeiten wie Lärm im Treppenhaus und auf der Straße und wildes Fahren auf dem Gehweg mit Rollern und Rollschuhen. Ab und zu ging es auch einmal um

Streit mit anderen Kindern. Aber das hatte nie eine große Bedeutung.

In der Erziehung ihrer Kinder blieb die Mutter leider für sich allein. Der Vater bekam davon sehr wenig mit. Das war nun einmal so, und es sollte sich in der Folgezeit auch nicht ändern, denn der Ingenieur wurde von seiner Firma immer mehr und immer intensiver in Anspruch genommen. Er war eben eine Fachkraft mit besonderer Begabung und mit speziellen Fähigkeiten. Seine Aufgaben hatte er immer weniger in Erlangen zu erledigen als irgendwo in Deutschland.

Seine besonders ausgeprägte Sprachbegabung sorgte dann bald dafür, dass Oskar Mönnig auch in die westlichen Staaten Europas und in überseeische Staaten geschickt wurde, um weltweit für seine Firma tätig zu sein. Im Verlauf der folgenden Jahre wurde er zu einem weitgereisten Experten für die Produkte seiner Firma, der dadurch freilich seiner Frau und seinen Kindern ein Stück weit fremd wurde.

Wenn Oskar Mönnig dann zu Hause war, ohne dass er sich Arbeit und Verpflichtungen mitgebracht hatte, dann gab es schöne Stunden und Tage mit Erkundungs-Spaziergängen durch die Altstadt, auf die Burg, zur Wöhrder Wiese, an den Wöhrder See und zu anderen schönen Plätzen der Stadt. Von Oktober 1957 an gab es auch Ausflüge in das nähere und weitere Umland der fränkischen Metropole mit dem neuen blauen Volkswagen, einem „Käfer", wie dieser VW-Typ allgemein genannt wurde. Den hatte der Vater just an dem Freitag gekauft, an dem sowjetische Wissenschaftler und Techniker ihren ersten künstlichen Satelliten in eine Erdumlaufbahn geschossen hatten. Deshalb gaben die Mönnig-Kinder dem neuen Auto – ein flottes Gefährt mit chromblitzenden Rammstangen, Falt-Schiebedach und Weißwand-Reifen – auch den Namen „Sputnik". Diese Namensgebung war Oskar Mönnig allerdings gar nicht recht. Immerhin lebten an seinem Arbeitsort Erlangen und an seinem Wohnort Nürnberg eine Menge Amerikaner, unter denen viele waren, die sich mächtig über den sowjetischen Erfolg ärgerten. Die amerikanischen Wissenschaftler und Techniker jenseits des „großen Teiches" hatten nämlich ihren „Explorer" noch nicht so weit, dass dieser Satellit weltraum-tauglich gewesen wäre.

Geistige Prägungen im Widerspruch

Die erste lange Reise mit dem „Sputnik", der bei den Kindern wegen seines besonderen Motorgeräusches zusätzlich „Surri" hieß, ging nach Berlin. Von dort war per Telegramm die traurige Nachricht gekommen, dass Friedrich Mallin im hohen Alter von 87 Jahren gestorben war. Diese Tatsache verursachte Trauer und Schmerz in der Familie und verstärkte die Sehnsucht nach der früheren Heimat, die vor allem Gisela Mönnig nach wie vor in sich trug und die auch ihre Kinder noch nicht völlig abgelegt hatten. Also nahm Oskar Mönnig, den seine Arbeit so stark beanspruchte, dass er für ähnliche Heimweh-Anwandlungen gar keine Zeit hatte, Urlaub und ließ auch seine Kinder für ein paar Tage vom Unterricht befreien. So konnte die Familie vollständig nach Berlin-Reinickendorf fahren und an der Beerdigung des Verstorbenen teilnehmen.

Die Reise wurde also in gebotener Eile vorbereitet und angetreten. Sie war allerdings von der besonderen Spannung begleitet, die eine Durchfahrt mit dem Pkw durch die DDR nun einmal mit sich brachte. Zudem: Mit dem Auto unterwegs zu sein und den begrenzten Platz zu ertragen, war doch ganz anders, als im Zug zu sitzen, die Beine auszustrecken oder sich auf dem Gang bewegen zu können. Außerdem bewegte man sich quasi „im Freien" durch die DDR und nicht in einem geschlossenen Zug. Das konnte spannend werden.

Die Grenzkontrolle bei der Einreise in Hirschberg hatte es dann auch schon gleich in sich: „Surri-Sputnik" wurde aus der Haupt-Fahrspur in eine Seitenspur gewinkt. Alle Insassen mussten aussteigen und sich an der Seite aufstellen. Die Türen des Fahrzeugs mussten geöffnet bleiben, und sein Fahrer musste die Motorhaube hinten und den Kofferraumdeckel vorne und innen das Handschuhfach öffnen, damit diese Räume untersucht werden konnten. Das Gepäck musste ausgeladen werden und wurde genau kontrolliert. Wozu eigentlich? – Ein ständig grinsender junger Grenzsoldat steckte eine Metallsonde in den Tank. Was der da wohl suchte? Die Personalpapiere der fünf Reisenden und die Fahrzeugpapiere wurden gleich von drei uniformierten Leuten in die Hände genommen und genauestens angeschaut. Die ganze Prozedur war irgendwie befremdlich und beklemmend, zumal dabei auch nur wenige Worte gewechselt wurden.

Als schließlich das Transitvisum für die fünfköpfige Familie Mönnig ausgestellt war, erhielten die Reisenden noch Anweisung für das richtige Verhalten auf DDR-Gebiet: auf direktem Weg nach Berlin-West fahren; die Autobahn nicht verlassen; jegliche Geschwindigkeitsangaben und weitere Vorgaben der Straßenverkehrsordnung der DDR genauestens beachten; keinen Müll aus den Fenstern werfen und die Rastplätze sauber halten. Anschließend durften Eltern und Kinder wieder einsteigen und die Fahrt konnte nach großem Aufatmen weitergehen. Das Kopfschütteln und das Diskutieren über diese unwürdige Prozedur folgten erst einige Kilometer hinter den Grenzanlagen.

Bei der späteren Ausreise aus der DDR nach Westberlin in

Drewitz wiederholten sich die Kontrollmaßnahmen; allerdings musste hier zusätzlich „Surri-Käfers" Rückbank angehoben werden. Was die Grenzer in diesem kleinen Stauraum wohl suchten? Papa Oskar erklärte später vom Fahrersitz aus seinen Kindern hinter sich auf der Rückbank, dass es immer wieder Leute gebe, die die DDR verlassen wollten, um in das seit dem Deutschlandvertrag vom 5. Mai 1955 ebenfalls freie West-Berlin oder auch von da weiter in die Bundesrepublik zu gehen und dort ein Leben in Freiheit und Selbstbestimmung führen zu können. Amerikanische, britische und französische Soldaten seien zwar immer noch in ihren früheren Stadtsektoren stationiert. Sie seien aber auch in Berlin nicht mehr Besatzungsmächte. Mit den Russen in der DDR sei das völlig anders und mit der Freiheit und Selbstbestimmung der Menschen in diesem östlichen zweiten deutschen Staat schon mal erst recht. Sie, die Familie Oskar Mönnig, könne sich glücklich preisen, in West-Berlin gewohnt zu haben und jetzt in der Bundesrepublik wohnen zu können. Die Mönnig-Verwandtschaft in Markneukirchen und anderen Orten der DDR habe es dagegen schwer, dort zu leben und ihre Geschäfte im Bau und Verkauf von Musikinstrumenten zu betreiben. In alles Private und Geschäftliche regiere der Staat hinein, und die Staatssicherheit habe überall ihre Augen und Ohren. Und wer sich nicht einordne in die Vorgaben des DDR-Staates, lebe gefährlich.

„Wenn wir übermorgen zurückfahren, achtet einmal darauf, dass auf den größeren Parkplätzen an der Autobahn immer wenigstens ein Pkw steht, ein Trabbi oder ein Wartburg oder auch ein russischer Lada. Denkt nicht, das seien Leute auf Reisen, weil die Autos westdeutsche oder ein Berliner Kennzeichen haben. Das kann zwar auch sein. Aber sehr häufig sind das Leute von der Staatssicherheit der DDR, die nur darauf

aus sind, Gesetzesübertretungen von Transitreisenden zu beobachten und zu melden."

„Aber uns können die doch nichts tun, Papa?", sorgte sich
Eva-Maria nach diesem Bericht ihres Vaters und beugte sich
dabei nach vorne.

„Natürlich nicht, Mädchen", beruhigte sie der Vater. „Ich
halte mich genau an die Vorschriften. Ich will denen doch keinen Anlass geben, uns unterwegs anzuhalten und irgendwelche Händel anzufangen. Also keine Bange, meine Große, wir
kommen übermorgen schon wieder gut und heil nach Nürnberg zurück."

„Bis dahin müssen wir aber den Großvater beerdigt haben",
stellte das Mädchen fest, um dann auf das Thema umzu-
schwenken, das jetzt natürlich viel näher lag als die Rückreise
an den neuen Wohnort: „Ob wir den Großvater noch einmal
sehen können, oder ist der Deckel von dem Sarg schon zu?"

Ihre Mutter gab nach hinten gewandt die Antwort: „Wenn
wir wollen, können wir Großvaters Leichnam noch sehen. Bei
den Menschen, die sich zur Christengemeinschaft halten, ist
das nämlich so, dass ein Toter bis zu seiner Beerdigung – wenn
das eben geht – in der eigenen Wohnung im offenen Sarg auf-
gebahrt wird zwischen Blumen und brennenden Kerzen und
Gefäßen mit geweihtem Wasser. Jeder, der will, kann so Abschied nehmen von dem Entschlafenen und sich an seine Bio-
grafie, das heißt an seinen Lebenslauf, erinnern und daran,
was er selbst mit dem Entschlafenen erlebt hat."

„Und wenn ich den Großvater nicht mehr sehen will?", meldete das Mädchen Bedenken an. „Ich habe doch noch nie einen Toten so nah gesehen."

„Ich will den toten Großvater auch nicht mehr sehen", misch-
ten sich Joachim und Renate gleichzeitig in das Gespräch ein.

„Ihr müsst ja auch nicht, Kinder. Wir werden sehen, wie das

wird", beruhigte sie die Mutter. „Bei der Aussegnung müssen wir dann aber schon dabei sein."

„Wir können die Großmutter nicht allein mit dem Priester der Christengemeinschaft am Sarg stehen lassen", ergänzte der Vater. „Ihr müsst ja nicht zum offenen Sarg hinschauen, wenn ihr das nicht wollt. – Und jetzt setzt euch mal wieder bequem und stellt euch darauf ein, dass wir der Großmutter bald begegnen. Noch ein paar Kilometer durch die Stadt, dann sind wir da."

„Ich wünschte, die unchristliche Zeremonie läge schon hinter uns", seufzte Gisela Mönnig, wieder nach vorne gewandt, einmal kurz auf. „Den Kindern wird sie auch nicht guttun."

„Du wirst es überleben, meine Liebe, und die Kinder auch", versuchte ihr Mann sie zu beruhigen und legte seiner Frau wie zur Bestärkung seiner Worte für einen Moment die Hand aufs Knie. „Du magst dich ja auch innerlich abschirmen gegen die Dinge, die für Anthroposophen nun einmal zu einer Aussegnung und Beerdigung dazugehören, und unsere drei sollten wir möglichst weit heraushalten aus den Dingen, wenn das eben geht. – Und jetzt muss ich mich auf die Straßen konzentrieren, damit ich nicht falsch abbiege. Ich bin hier ja noch nie gefahren."

* * *

„Wo ist der Großvater jetzt, Mama?" Die Frage ihrer großen Tochter kam für Gisela Mönnig völlig unvermittelt, und auch erst ein paar Wochen nach der Beerdigung von Friedrich Mallin. Dass Eva-Maria die Frage stellte, musste wohl mit dem gestrigen Totensonntag zu tun haben, den die Frau vor dem Hintergrund ihres christlichen Glaubens viel lieber „Ewigkeitssonntag" nannte und an dem die ganze Familie den Gedenk-

Gottesdienst in der Kirche St. Johannis am gleichnamigen Friedhof besucht hatte. Die elfjährige Eva-Maria hatte wohl gut zugehört und den Text wiedererkannt, den der Pastor gelesen und ausgelegt hatte. Es war die Geschichte von der Auferweckung des Lazarus gewesen nach dem Text aus Johannes 11. Diese Geschichte war auch bei Großvater Mallins Beerdigung am Grab gelesen worden.

„Komm, Kind, setzen wir uns für ein paar Minuten an den Tisch", suchte die Mutter ein wenig Zeit für die angemessene Antwort zu gewinnen, ahnte sie doch, was sich im Gedächtnis ihrer Eva-Maria neulich in Reinickendorf festgehakt haben mochte. „Wir trinken ein Glas Saft zusammen, und ich versuche, deine Frage zu beantworten. In Ordnung, Kind?"

„In Ordnung, Mama. Ich sitze schon." Eva-Maria schaute ihre Mutter erwartungsvoll an.

Gisela Mönnig stellte allerdings zunächst die Rückfrage, wie ihre Große denn darauf gekommen sei, sich nach Großvaters jetzigem Aufenthaltsort zu erkundigen.

Eva-Maria überlegte einen Moment, um dann zu antworten: „Der Pastor gestern im Gottesdienst hat vom Himmel gesprochen, wo die seligen Toten sind, die ‚in dem Herrn sterben' oder so ähnlich. Wer an Gott glaubt und an Jesus und wer dann stirbt, der kommt in den Himmel, hat er gesagt. Wer nicht an Gott und an Jesus glaubt, kommt nicht in den Himmel."

„Richtig, Eva-Maria. Gut zugehört. So hat es der Pastor gesagt", bestätigte die Mama, „und so ist es auch richtig. So steht es an vielen Stellen in der Bibel, zumeist im Neuen Testament, nicht nur in der Geschichte mit dem Lazarus. Jesus hat zu seinen Jüngern zum Beispiel gesagt: ‚Ich lebe und ihr sollt auch leben.' So steht es in Johannes 14 und meint das Leben nach dem irdischen Tod, den jeder Mensch natürlich sterben muss.

Und kurz vor seinem Tod sagt Jesus zu dem Mann an dem Kreuz neben ihm: ‚Heute wirst du mit mir im Paradies sein.‘ So hat es der Evangelist Lukas erzählt.“

„Und wie sieht es da aus, im Paradies?“, wollte Eva-Maria jetzt wissen.

„Das weiß niemand so genau, Kind“, gab die Mama zu. „Jesus selbst erzählt zum Beispiel in Matthäus 22 das Gleichnis von einem Hochzeitsfest, wo die Leute fröhlich mit dem Bräutigam zusammen sind und feiern, wenn sie denn der Einladung zu diesem Fest gefolgt sind und wenn sie sich das richtige Feierkleid besorgt haben; das heißt, wenn sie gläubige Leute sind und den Bräutigam auch wirklich lieben. Mit dem Bräutigam meint Jesus sich selbst. Wie die Hochzeit aber wirklich gefeiert wird, steht nirgends genau beschrieben. Weil ich auch nicht weiß, wie das Paradies aussieht, halte ich mich an die schönen Worte, die der König David im Psalm 16 formuliert hat. Schlag meine Bibel auf und lies es, Kind.“

Eva-Maria griff nach Mutters Bibel, die auf dem Wandbord hinter dem Tisch ihren Platz hatte, suchte die Psalmen und dort den mit der Nummer 16.

„Lies von Vers 8 an“, bat Gisela Mönnig ihre Tochter.

Die fuhr mit dem Zeigefinger an den Versen entlang, bis sie die angegebene Stelle gefunden hatte und las vor:

„Ich habe den HERRN allezeit vor Augen; steht er mir zur Rechten, so werde ich festbleiben. Darum freut sich mein Herz, und meine Seele ist fröhlich; auch mein Leib wird sicher liegen. Denn du wirst mich nicht dem Tode überlassen und nicht zugeben, dass dein Heiliger die Grube sehe. Du tust mir kund den Weg zum Leben: Vor dir ist Freude die Fülle und Wonne zu deiner Rechten ewiglich.“

„Und?", fragte die Mutter ihre nachdenkliche Tochter.

Die stellte dann fest: „Wenn im Himmel nur Leben ist und wenn da nur Freude ist, dann muss es da schön sein, Mama." Eva-Maria hatte offenbar den wesentlichen Gedanken des Textes begriffen, fragte dann aber: „Dann verstehe ich aber nicht, warum jemand aus dem Paradies wieder zurückkommen will oder wieder auf die Erde kommen soll und noch einmal leben."

„Wie kommst du jetzt auf solch einen Gedanken, Kind?", wunderte sich die Mutter und ein gewisses Erschrecken konnte sie dabei nicht verbergen.

„Na ja, das hat die Großmutter mir erklärt", antwortete das Mädchen und machte dabei ein sehr kluges Gesicht. „Als wir an Großvaters Sarg gestanden haben in dem Weihrauchduft zwischen den Blumen und dem Gefäß mit dem geweihten Wasser, da hat Großmutter gesagt, dass Großvaters Seele drei Tage nach seinem Entschlafen auf eine große Wanderung durch verschiedene Geistessphären gehen würde. Das schwere Wort ‚Geistessphären' habe ich mir gut gemerkt. Und dann hat sie noch gesagt, dass er sich dabei vorbereiten würde, irgendwann einmal aus dem Geisterland in ein neues Dasein auf der Erde zurückzukommen."

Gisela Mönnig hielt für einen Moment den Atem an. Was hatte sich da nur in dem Kopf ihrer Tochter eingenistet und festgesetzt!? Ärger kam in ihr hoch. Wie konnte ihre alte Mutter ihrer elfjährigen Enkelin nur solche Dinge über die Wiederverkörperungslehre der Anthroposophie erzählen? Das war ja schlimm! Im Kopf der Frau jagten sich die Gedanken. Was mochte die alte Anthroposophin ihrer Enkelin noch alles erzählt haben? Dann sagte sie: „Vergiss das alles, Kind. Bitte, vergiss es! Ein Mensch, der gestorben und begraben ist, kommt auf die Erde nicht wieder zurück. Er lebt weiter, das ist richtig. Aber er lebt weiter in der Welt Gottes, eben im Paradies oder im Himmel, wenn er ein Kind Gottes ist und ein Jünger des Gottessohnes und Heilandes Jesus Christus. Wenn er das nicht gewesen ist, wenn er in seinem Leben mit Gott und Jesus nichts zu tun haben wollte, dann lebt er auch weiter, aber in einer Welt, in der Gott nicht ist. Die Bibel nennt diesen Ort ‚feurigen Pfuhl‘ oder auch ‚Hölle‘. Also, Kind, vergiss bitte, was die Großmutter dir da erzählt hat. Halt dich lieber an das, was du in der Kinderstunde oder auch bei mir gelernt hast. Hab Jesus lieb, damit du eines Tages in den Himmel kommst. Denk an unser Abendgebet: ‚Lieber Heiland, mach mich fromm, dass ich in den Himmel komm.‘"

Nach einem Moment des Schweigens, in dem Eva-Maria die Rede der Mutter schlucken und vielleicht darauf reagieren konnte, hängte Gisela Mönnig doch noch einen Gedanken an: „Ich musste das alles einmal lernen, Kind, von dem die Großmutter dir nur einen ganz kleinen Teil erzählt hat. Jahrelang habe ich mich damit herumgequält. Ich war innerlich immer sehr unruhig und bin nicht glücklich geworden damit. Seit ich Jesus kenne und Christ geworden bin, bin ich glücklich und innerlich ruhig. Mein Wusch und Gebet ist, dass der Papa und ihr Kinder auch einmal Jesus kennenlernt – ich meine so richtig mit dem Herzen – und dass ihr alle lebendige Christen werdet und glückliche Leute."

Eva-Maria reagierte auf diese Worte nicht. Sie hatte nur noch eine kleine Frage: „Warum ist in dem Psalmtext HERR mit großen Buchstaben geschrieben?"

Mutter Gisela atmete auf. Nur weg von dem heiklen Thema über Himmel und Hölle. Gerne griff sie die sachliche Frage auf, auf die sie natürlich die Antwort wusste: „HERR ist immer dann mit großen Buchstaben geschrieben, wenn Gott gemeint ist, der die Welt geschaffen hat mit allem, was wir kennen;

mit allem, was wir sehen, hören, riechen, schmecken, anfassen und denken können. Bei dem Propheten Jesaja steht im Kapitel 42,8: ‚Ich, der HERR, das ist mein Name, ich will meine Ehre keinem andern geben noch meinen Ruhm den Götzen.‘"

In diesem Moment klingelte es an der Wohnungstür. ‚Gott sei Dank!‘, schoss es Gisela Mönnig durch den Kopf. Diese Zeit am Tisch mit Eva-Maria hatte ihr Mühe gemacht.

Die Tochter sprang auf und eilte zur Tür, um ihren Geschwistern zu öffnen. Dabei bemerkte sie: „Danke, Mama! Ich überlege mir, ob ich später noch einmal auf die Welt kommen will."

Bei Eva-Marias Worten schrak ihre Mama doch wieder ein wenig zusammen. Das Mädchen hatte wohl eher nicht begriffen, was sie gesagt hatte und was sie dem Kind hatte deutlich machen wollen. Hoffentlich verloren sich solche Gedanken wieder aus dem jungen Kopf, wenn die Tochter nach dem Wunsch der Mutter demnächst in die Jungschar der Landeskirchlichen Gemeinschaft in der Füll gehen und dann später den kirchlichen Unterricht zur Vorbereitung der Konfirmation an der Friedenskirche besuchen würde.

Sie selbst, Gisela Mönnig, wollte noch vor Weihnachten den Kontakt in diese Gemeinde suchen, nach der sie sich erkundigt hatte und von der sie inzwischen wusste, dass sie dem pietistisch geprägten Hensoltshöher Gemeinschaftsverband innerhalb der Evangelisch-Lutherischen Kirche in Bayern mit Sitz in Gunzenhausen angehörte. Dort in dem idyllischen alten Städtchen am Flüsschen Altmühl gab es auch ein Diakonissen-Mutterhaus. Diese Tatsache ließ Gisela Mönnig voller Hoffnung in Eva-Marias geistliche Zukunft schauen, trug die Mutter doch immer noch den tiefen Wunsch in sich, ihre älteste Tochter würde einmal als Diakonisse eine hauptamtliche Dienerin ihres Herrn Christus. Die Frau baute ein ganz neues tiefes Vertrauen auf und hoffte, dass der christliche Einfluss der Gemeinde im Haus Füll 6 – ein merkwürdiger Straßenname – stärker sein würde als der Einfluss, der immer noch von ihrer Verwandtschaft ausging: von der Mutter in Berlin und von Tante Helene Mallin, die als ehemalige Zeitschriften-Herausgeberin vor ein paar Jahren ihre Zeitschriften an den Änne-Burda-Verlag für Modepublikationen in Offenburg verkauft hatte, und von der alten adeligen Tante Paula von Trichinsky und deren tiefgehender Verhaftung in der Lehre Rudolf Steiners und ihrer Ausprägung in den Veranstaltungen der Christengemeinschaft. Freilich musste der allmächtige Gott schon seine helfenden Hände ins Spiel nehmen, damit das Vertrauen nicht zuschanden würde. Menschliche Versuche, tief liegende Prägungen der Gesinnung zu ändern, würden wohl kaum helfen oder gar zum Erfolg führen.

* * *

Das Familienleben der Mönnigs im Haus in der Nürnberger Sandrartstraße spielte sich in der Folgezeit mehr und mehr ein. Der Vater verließ während der Arbeitswoche früh am Tag das Haus und kam zumeist erst spät am Abend wieder zurück. Häufig war er nur „Übernachtungsgast" oder auch nur „Wochenendbesucher", wie seine Frau und die Kinder das zuweilen nannten. Eva-Maria, Joachim und Renate bekamen ihren Vater manchmal tagelang nicht zu sehen. Der vielbeschäftigte Mann konnte höchstens an den Wochenenden die Entscheidungen seiner Frau stützen und bestätigen. Wenn er an dieser Stelle gefordert war, handelte Oskar Mönnig in der Regel aber sehr besonnen. Zu befehlen und anzuordnen war nicht seine Art, wenn er nicht überprüfen konnte, ob und wie seine Weisungen umgesetzt wurden. Von daher war es für ihn selbstverständlich, dass er seiner Gisela das Feld der Erziehung seiner Kinder gerne überließ.

So war es also die Mutter, die Eva-Maria immer wieder dazu drängte, mit ihr oder auch nur mit ihren Geschwistern „in die Füll" zu gehen – so nannte man das –, um dort die Stunden der Evangelischen Gemeinschaft zu besuchen und an den Kinder- und Jungscharstunden des EC (Jugendbund für entschiedenes Christentum) teilzunehmen.

Das Evangelium zu hören und das Miteinander von Christen zu erleben, erschien Gisela Mönnig für sich selbst und für ihre Kinder notwendig. So suchte sie selbst Anschluss an die Leute der Gemeinschaft, den sie mit fortschreitender Zeit auch fand, ausbaute und pflegte. Sie brauchte die geistliche und ebenso die mitmenschliche Quelle, aus der sie schöpfen konnte, um ihren Alltag meistern zu können. Für ihre Kinder war ihr das genauso wichtig.

Oskar Mönnig blieben die pietistisch-frommen Kreise aber eher fremd. Er konnte ja auch nur gelegentlich sonntags mitgehen, um an den gottesdienstlichen Veranstaltungen der Gemeinschaft teilzunehmen. Und wenn er es tat, dann meistens nur, um seiner Frau einen Gefallen zu tun und seinen Kindern darin wenigstens ein wenig Vorbild zu sein.

Zum Alltag der Mönnigs gehörte inzwischen, dass die alte Mutter und Großmutter Berta Mallin ihr Haus in Reinickendorf aufgegeben und verkauft hatte und nach Nürnberg in das nahe gelegene Altenheim in der Johannisstraße umgesiedelt war. Von dort her beanspruchte sie selbstverständlich die Zuwendung und Betreuung ihrer Tochter, möglichst täglich; für Gisela Mönnig ein zeit- und kraftraubendes Geschäft! Für ihren Mann weniger; er war ja selten zu Hause.

Für ihre Kinder – besonders für Eva-Maria – war Großmutter Bertas neue räumliche Nähe zuweilen ein willkommener Anlass, sich um ungeliebte häusliche Pflichten zu drücken. Die alte Dame musste ja besucht und die Mama damit entlastet werden!

* * *

Eva-Maria besuchte die Kinder- und Jungscharstunden einige Monate lang relativ regelmäßig, war dabei aber nicht wirklich an den frommen Dingen interessiert, sondern eher an Spiel und Spaß, dem Singen fröhlicher Lieder und der Möglichkeit, das Spielen auf der Gitarre zu lernen. Als sie dann im Herbst 1958 den kirchlichen Unterricht zur Vorbereitung ihrer Konfirmation bei Pastor Kressel an der Friedenskirche besuchen musste, weigerte sie sich, zusätzlich auch noch in die Füll zu gehen und die EC-Jungschar zu besuchen. Zweimal in der Woche in eine fromme Veranstaltung zu gehen, war dem Mädchen genug, musste sie doch für den kirchlichen Unterricht auch richtig lernen. Und das brauchte Zeit. Pastor Kressel stellte hohe Ansprüche, und das Lernen wichtiger Bibeltexte, aussagekräftiger Gesangbuchlieder und bedeutsamer Abschnitte der fünf Hauptstücke aus Dr. Martin Luthers kleinem Katechismus fiel dem heranwachsenden Mädchen nicht gerade leicht. Die meisten Texte reimten sich nicht und prägten sich deshalb schlecht ein. In der Schule kam Eva-Maria schon nur so gerade mit; sie zeichnete sich nicht als besondere Leuchte aus und musste wirklich arbeiten, um den Anschluss zu halten.

Das Lernen an der bayerischen Schule war nämlich sehr viel anspruchsvoller als in Berlin und für Eva-Maria nur schwer zu leisten. Die Schülerin war deshalb wenige Wochen nach ihrem Einstieg in die Nürnberger Schule eine Klasse zurückversetzt worden, um ihr den Anschluss zu erleichtern. Die Diskrepanz hatte sich als zu groß erwiesen zwischen dem, was sie an Wissen und Können aus Berlin mitgebracht hatte, und dem, was hier in Bayern von einem Kind in der fünften Klasse erwartet wurde.

Und jetzt sollte sie auch noch für den Pastor lernen. Dass es notwendig sei, auch geistliche Inhalte für das Leben im Kopf zu haben, wie der Pastor seine Aufgaben begründete, leuchtete ihr nicht ein. Dass man auch als junger Mensch Kontakt haben müsse zu anderen Christenmenschen, wie die Mama das oft betonte, war Eva-Maria auch nicht wichtig. Deshalb also keine Jungschar mehr und den Weg in die Füll nur noch dann, wenn es sich gar nicht vermeiden ließ oder wenn dort etwas Besonderes los war!

Gegen den Verweigerungs-Entschluss ihrer zwölfjährigen Tochter war die Mutter machtlos. Sie stellte ihr Werben um den Jungscharbesuch dann auch irgendwann ein und gab sich damit zufrieden, dass Joachim und Renate weiter in die Füll gingen und Eva-Maria wenigstens ihre Pflichtgottesdienste in der Friedenskirche ohne großes Murren besuchte. Sie hörte allerdings konsequent ab, was die Vorkonfirmandin zu lernen hatte. Sie hegte dabei die Hoffnung, dass die geistlichen Inhalte in Eva-Marias Innerem so stark wirkten, dass die Restbestände an anthroposophischem Denken aus ihrem Kopf vertrieben würden und dass das gelernte Evangelium nicht lediglich im Kopf blieb, sondern das Herz erreichte und zu einer entschiedenen Hinwendung zu Jesus führen würde.

Das aber geschah nicht. Eva-Maria lernte zwar fleißig ihren Stoff. Der erreichte aber ihr Herz nicht. Mit dem ganz persönlichen Glauben an Jesus, den Heiland auch einer jungen Seele, konnte das Mädchen nichts anfangen. Alles Bemühen der Mutter in den Andachten am Tisch und den Liedern und Gebeten abends auf der Bettkante und auch sonst im täglichen Leben und alles Bemühen des Pastors in seinem Unterricht halfen nicht, Eva-Maria den christlichen Glauben lieb zu machen oder sie gar davon zu überzeugen, dass nur der persönliche Glaube selig mache und in den Himmel führe.

* * *

Gisela Mönnig überkam eines Tages der Verdacht, Eva-Marias Verschlossenheit gegenüber Glaubensfragen könne daran liegen, dass ihre große Tochter seit Großvaters Tod ein Bild von ihm und von der Großmutter auf dem Wandbord in ihrem Zimmer stehen hatte und dass von diesen Bildern oder auch nur von der steten Erinnerung an diese beiden Menschen ein unguter Einfluss ausgehe, vom verstorbenen Großvater indirekt, von Großmutter Berta im Altenheim aber noch sehr direkt.

Als sie Eva-Maria dann wieder einmal antraf, wie sie augenscheinlich in tiefer Andacht vor diesem Bild stand, neben dem auch noch eine Kerze brannte, sprach die Mutter ihre Tochter darauf an: „Sagst du mir bitte, was dich jetzt gerade beschäftigt, Eva-Maria?", fragte sie und bemühte sich dabei, ihre Stimme sehr freundlich klingen zu lassen, um nicht eine der immer häufiger auftretenden pubertären Trotzreaktionen ihrer Tochter hervorzurufen. Dabei setzte sie sich dem Mädchen gegenüber auf den Stuhl, den sie sich vom Schreibtisch heranzog.

Eva-Maria fühlte sich ertappt bei etwas, was ihr hier und jetzt peinlich war. Sie blickte für einen Moment verlegen unter sich, blies dann die Kerze aus und setzte sich auf die Kante ihres Bettes, das tagsüber wie eine Couch zurechtgemacht war. „Möchtest du mir nicht sagen, was dich beschäftigt, wenn du das Bild der Großeltern anschaust?", hakte die Mama nach.

Es dauerte eine Weile, bis die inzwischen Dreizehnjährige auf das Begehren ihrer Mutter antwortete. Schließlich sagte sie, ohne dabei den Blick zu heben: „Ich frage mich, wer recht hat mit seinem Glauben, die Großeltern und die Verwandten in Berlin oder du und Pastor Kressel und die Leute von der Füll."

„Worin soll wer recht haben?", fragte Gisela Mönnig nach.

Eva-Maria zögerte wieder mit ihrer Antwort. Dann gab sie doch eine: „Die Großeltern haben immer von zwei Knaben Jesus gesprochen, einem salomonischen und einem nathanischen oder so ähnlich. Der eine wird im Matthäusevangelium geboren und hat etwas zu tun mit einem alten Propheten Zarathustra, oder wie der heißt, irgendwo aus dem Iran. Der andere Jesusknabe wird in der Weihnachtsgeschichte im Lukasevangelium geboren und ist der wiedergekommene Buddha aus Indien. Und in der Geschichte von dem zwölfjährigen Jesus im Tempel werden aus den zwei Knaben einer. Das weiß man, weil die Eltern von Jesus erschrocken sind, als sie den Jungen im Tempel endlich gefunden hatten und ihr Sohn plötzlich ein anderer war. So hat es mir die Großmutter neulich wieder erzählt, als ich sie allein im Altenheim besucht habe. Und als der große Jesus am 6. Januar im Jahr 31 von dem Täufer Johannes im Jordan getauft wurde, wurde er durch die Taufe zum Christus und zum Erlöser der Menschen ..."

An dieser Stelle brach die Mama den Vortrag ihrer Tochter ab. „Halt, mein Kind", sagte sie sehr bestimmt. „Es reicht! Was hat die Großmutter dir da nur wieder erzählt?! Ich kenne das alles, weil ich das als Kind und junger Mensch auch lernen musste. Aber ich weiß jetzt, dass das alles falsch ist. Nichts als anthroposophisches Hirngespinst! Es gab keine zwei Knaben

Jesus! Es gab keine rätselhafte Vereinigung dieser zwei Knaben zu einem! Und dass Jesus bei seiner Taufe zum Christus wurde, ist einfach Unsinn. Er war schon von Geburt an der Gesalbte Gottes, der längst verheißene Messias. Er hat zwar zugleich göttliche und menschliche Natur, weil er wahrer Gott und wahrer Mensch ist. So ähnlich formulieren es die Glaubensbekenntnisse der Kirche. Zugegeben, das ist für junge Leute wie dich nicht leicht zu verstehen. So steht es aber in der Bibel, und so steht es auch in den Erklärungen zum zweiten Artikel in Luthers Katechismus. Ich denke, ihr habt das bei Pastor Kressel dort nachgelesen und über diese Dinge gesprochen."

„Haben wir", gab Eva-Maria knapp und ein wenig trotzig zurück. „Und trotzdem glaube ich mehr, was Großvater und Großmutter mir gesagt haben. Großvater war schließlich Lenker in der Christengemeinschaft und Oberlehrer und Rektor an seiner Schule. Der war doch nicht dumm."

„Das weiß ich, Kind", gab die Mutter zurück. „Ich hab meinen Eltern das alles auch einmal abgenommen und geglaubt."

„Und warum glaubst du das jetzt nicht mehr? Und warum erzählt der Pastor uns ganz andere Sachen und die Leute in der Füll genauso?" Eva-Maria schaute ihrer Mutter jetzt offen ins Gesicht. Das Mädchen wirkte sehr erregt. „Dann sagst du also, dass deine Eltern dich belogen haben? Die Großeltern haben aber nicht gelogen! Sie haben nie gelogen!" Das Mädchen war offenbar den Tränen nahe.

„Nein, mein Liebes", bemühte sich Gisela Mönnig um eigene Fassung und innere Ruhe und um die richtigen Worte, mit denen sie jetzt antworten sollte. Sie versuchte, Eva-Marias Hände zu greifen, was die aber nicht zuließ. „Die Großeltern haben sicher nicht gelogen. Sie haben es selbst falsch gelernt und nicht besser gewusst. Und deshalb haben sie falsch geglaubt."

„Und woher weißt du es besser?" Eva-Marias Frage kam mit deutlichem Trotz in der Stimme.

„Weil ich Jesus Christus selbst begegnet bin, Kind. Weil er selbst mir deutlich gemacht hat und ich es mit meinem Kopf und mit meinem Herzen begriffen habe, dass die Lehre der Bibel und des Evangeliums die einzige Wahrheit ist, die selig macht. Jesus sagt von sich selbst: ‚Ich bin *die* Wahrheit.' Die anthroposophische Lehre von Rudolf Steiner ist in allen Stücken eine menschliche Irrlehre, glaub mir's, Kind. Zum großen Bedauern sind ihr viel zu viele Menschen auf den Leim gegangen, auch deine Großeltern. Leider ist das so."

„Dann bin ich ihr eben auch auf den Leim gegangen, Mama", stellte Eva-Maria bockig fest. „Vielleicht komm ich ja irgendwann von dem Kleisterzeug wieder runter – wie du. Und jetzt will ich nicht mehr darüber reden. Lässt du mich jetzt alleine?"

Gisela Mönnig schaute ihrer Tochter liebevoll in die Augen und stand von ihrem Stuhl auf. „Ich gehe, Kind. Ich sag dir nur noch, dass ich darum bete, dass du begreifst, was Wahrheit und was Lüge ist und was für dich gut und heilsam ist." Nach einem kurzen Moment des Nachdenkens fügte sie an, die Hand bereits an der Türklinke: „Was wird aus deiner Konfirmation im April?"

Was war das denn jetzt für eine Frage? Sie schien Eva-Maria zu ärgern. Die Antwort des Mädchens kam dann auch prompt und ohne Zögern und in patzigem Ton: „Was soll damit sein? Ich lass mich natürlich konfirmieren. Ist doch egal, Mama, ob ich es vorher noch kapier. Vielleicht kapier ich es auch erst nachher – oder auch nie ..."

„Ich hoffe für dich, dass du's bald kapierst, Eva-Maria. Wie gesagt, ich bete dafür. Und jetzt geh an deine Aufgaben. Ich bereite das Abendessen vor. Joachim und Renate werden bald kommen. Ich ruf dich dann."

* * *

Der Palmsonntag war nach der kirchlichen Tradition vielerorts der Tag, an dem in den Gottesdiensten der evangelischen Kirchen in Stadt und Land die jungen Leute der Gemeinden ihr Ja zum christlichen Glauben öffentlich bekundeten. Es wurde Konfirmation gefeiert.

So war es auch am 10. April 1960 und auch in der Nürnberger Friedenskirche und in den Familien, die zu dieser Gemeinde gehörten und deren dreizehn- oder vierzehnjährige Söhne und Töchter am zweijährigen kirchlichen Unterricht teilgenommen und ihre Zulassungsprüfung vor der Gemeinde einige Sonntage vorher bestanden hatten.

Eva-Maria Mönnig war eins der Mädchen, die sich auf diesen besonderen Tag ihres jungen Lebens vorbereitet hatten. Sie hatte fleißig ihren Stoff gelernt und die Prüfung bestanden. Sie war beim Friseur gewesen und hatte sich eine moderne und schicke Kurzhaarfrisur schneiden lassen, nicht sehr zum Gefallen ihrer Eltern. Sie war mit der Mama in der Stadt gewesen, um ein hübsches Konfirmationskleid zu kaufen: schwarz und mit kleinem weißen Kragen, dazu ein Bolerojäckchen und passende Schuhe mit kleinem Absatz. Sie hatte auch darauf bestanden, Tante Helene Mallin aus Berlin zu diesem Festtag einzuladen, und die Großmutter sollte ebenso dabei sein, wenn sie gesundheitlich dazu in der Lage war und aus dem Altenheim herüberkommen konnte.

Die Mutter hatte freilich mit diesen beiden Wünschen ihrer Tochter ihre Probleme. Sie befürchtete den erneuten Einfluss anthroposophischen Denkens für ihre Tochter, und das an dieser besonderen Schnittstelle des jungen Lebens. Die Lehre Rudolf Steiners verstand unter Konfirmation etwas ganz anderes als die lutherische Kirche. Aber die sehr vorsichtig geäußerten Bedenken der Mama wegen der weiten Reise für die inzwischen älter gewordene Tante von Berlin nach Nürnberg und wegen schwacher Kräfte der Großmutter hatten nicht vermocht, die Konfirmandin umzustimmen. Eva-Maria hatte sich durchgesetzt, auch mit der Hilfe ihrer Geschwister und ihres Vaters, die die Bedenken der Mutter nicht teilten. Sie hatte ja auch keine Einwände dagegen gehabt, dass die Eltern zu der Familienfeier ein paar Freunde eingeladen hatten. Die Mutter hatte freilich dabei den Hintergedanken, dass sich die beiden anwesenden Anthroposophinnen mit ihren Beiträgen ein wenig zurückhalten würden. Hoffentlich taten sie's.

Oskar Mönnig hatte für den Tag nach dem Konfirmationssonntag sogar Urlaub genommen, um mit seiner Ältesten an deren freiem Montag einen besonderen Pkw-Ausflug zu machen. Wohin? Das würde sich ergeben. Gerade die offene Frage war ein Anlass zu besonderer Vorfreude für Eva-Maria.

* * *

Der Konfirmations-Sonntag war nicht nur ein warmer Frühlingstag, er wurde auch ein richtig schöner Sonntag für alle Beteiligten. Vormittags gab es einen feierlichen Festgottesdienst in der Friedenskirche, der von einem Posaunenchor und einem Gemischten Chor gestaltet wurde und in dessen Mittelpunkt die Predigt von Pastor Kressel über den 23. Psalm stand:

„Der Herr ist mein Hirte, mir wird nichts mangeln. Er weidet mich auf einer grünen Aue und führet mich zum frischen Wasser. Er erquicket meine Seele. Er führet mich auf rechter Straße um seines Namens willen. Und ob ich schon wanderte im finsteren Tal, fürchte ich kein Unglück; denn du bist bei mir, dein Stecken und Stab trösten mich. Du bereitest vor mir einen Tisch im Angesicht meiner Feinde. Du salbest mein Haupt mit Öl und schenkest mir voll ein. Gutes und Barmherzigkeit werden mir folgen mein Leben lang, und ich werde bleiben im Hause des Herrn immerdar."

Mit einer großen Zahl Jungen und Mädchen wurde auch Eva-Maria – in ihrem schwarzen Kleid mit weißem Kragen eine hübsche junge Dame – unter Handauflegung von ihrem Konfirmator für ihren weiteren Lebensweg gesegnet. Sie bekam in Anlehnung an den Predigttext als Denkspruch die Selbstaussage Jesu mit auf den Weg, wie sie in Johannes 10,11 nachzulesen ist:

„Jesus spricht: ‚Ich bin der gute Hirte. Der gute Hirte lässt sein Leben für die Schafe.'"

Nachdem in der Kirche und vor der Kirche eine Menge Einzel- und Gruppenfotos gemacht waren, versammelte sich die Familie mit den Gästen in der Wohnung Sandrartstraße 18 zum Festessen, das Freunde schmackhaft vorbereitet hatten, und zum anschließenden gemütlichen Zusammensein. Dabei ging es sehr fröhlich und harmonisch zu. Die von Gisela Mönnig befürchteten Einlassungen ihrer alten Mutter oder auch die von Tante Helene blieben weitgehend aus. Großmutter Berta war wohl zu schwach für eine längere Rede, und die Tante fasste sich ganz kurz. Ihre wenigen Worte am Tisch waren schon ein wenig merkwürdig und zumindest für Mutter Gisela ärgerlich. Die Verwandte sprach davon, dass „das Kind in Eva-Maria mit der Konfirmation nun gestorben und die Jungfrau in ihr geboren" sei und dass sie jetzt imstande sei zu erfassen, wie sie „die göttliche Führergestalt des Christus in ihrem Inneren finden" könne. Leider liege der Konfirmationstermin noch in der Passionszeit und sei dadurch nicht erhellt vom „Lichtglanz des Osterfestes". Das schmälere die Kraft dieses Tages. Tante Helene äußerte abschließend die Überzeugung, Eva-Maria werde dennoch mit dem guten Segen des „Christus-Jesus", des „Herrn der Himmelskräfte", einen guten Weg gehen. – Ob die anderen Gäste verstanden hatten, was die Frau aus Berlin gesagt und gemeint hatte?

Eva-Maria bedankte sich artig für diese Worte, hatte dabei aber wohl mehr die beiden Geschenke im Blick, die die Berliner Tante ihr überreichte. Das eine Geschenk war das Buch „Wege zur schönen Kunst der Kalligraphie". Das andere war ein hübsches Etui mit verschiedenen Schreibwerkzeugen. Wunderbar! Für die nächsten Minuten war die Konfirmandin beschäftigt, das interessante, bilderreiche Anleitungs- und Beispielbuch für Schönschrift schon einmal durchzublättern und anschließend die verschiedenen Federn aus dem Etui zu nehmen und anzuschauen. Das Mädchen hätte wohl am liebsten gleich begonnen, Ziehfeder, Redisfeder, Wechselzug- und Bandzugfeder nacheinander auf den Halter zu stecken und auszuprobieren. Dazu hätte sie ihr Schreibpapier und die Fässchen mit Farbstoff- und Pigmenttinte aus ihrem Zimmer holen müssen. Der Zeitpunkt war aber wohl dafür doch nicht geeignet.

Mutter Gisela sah es mit Genugtuung. Die Erinnerung der Tante an das grafische Talent von Eva-Maria überlagerte offenbar die sonderbaren Formulierungen in ihrem Glückwunsch. Das war auch gut so.

Dass das wirklich so war, bestätigte sich am folgenden Tag, als Oskar Mönnig mit seiner Tochter unterwegs war, um mit ihr einen Tag in der fränkischen Schweiz zu verbringen. Sein ganz besonderes Geschenk. Bei dem Rundgang der beiden durch den schönen Ort Tüchersfeld fragte der Papa das Mädchen so nebenbei, ob sie die Worte von Tante Helene gestern eigentlich verstanden habe.

„Ich habe Tante Helene gar nicht richtig zugehört, Papa", gab Eva-Maria zu. „Ich konnte es kaum erwarten, dass sie mir das Kalligrafie-Buch und die Schachtel aushändigte."

„Das waren wohl gute Geschenke?", fragte der Vater nach, wohl auch, um das andere Thema nicht weiter zu verfolgen. Er kannte ja Giselas Befürchtungen. Die konnte er nach Eva-Marias Antwort später zu Hause zur Beruhigung seiner Frau sicher zerstreuen.

„Sehr gute Geschenke, Papa!", kam es begeistert von dem Mädchen zurück. „Die kommen gleich nach der Uhr von euch und nach dem Schmuck von Großmutter. Und sie kommen meinen Wünschen für später entgegen."

„Deinen Wünschen für später?", hakte der Vater nach.

„Ich will nach der Schule doch Grafikerin werden, Papa", antwortete Eva-Maria mit deutlichem Nachdruck. „Hast du das etwa vergessen?"

„Hab ich nicht, mein Kind", gab Oskar Mönnig zurück. „Aber du hast ja noch ein Jahr Zeit bis zu deiner Schulentlassung. Danach sehen wir, was aus dir wird."

„Natürlich Grafikerin, Papa", wiederholte das Mädchen seine Überzeugung, „ich werde Grafikerin und nichts anderes!" Dann ließ sie sich ablenken von dem Blick hinauf zu den beiden Dolomitfelsen, die als Wahrzeichen von Tüchersfeld hinter einigen Fachwerkhäusern in die Höhe ragten.

„Kann man da rauf, Papa?", fragte sie und war damit bei einem ganz anderen Thema, was dem Vater gerade sehr recht war.

„Komm, lass uns einen Weg nach da oben suchen", griff der Mann die Frage auf, nahm seine Tochter bei der Hand und begab sich auf die Suche nach einem Einstieg in den Aufstieg. Er fand die Stelle, und wenige Minuten später konnte man die beiden Menschen beobachten, wie sie einen der beiden Felsen zu erklimmen versuchten …

Berufswünsche – Berufswege

Eva-Maria Mönnigs letztes Schuljahr an der Volksschule im Nürnberger Stadtteil St. Johannis verlief einigermaßen ordentlich. Allerdings erwies sich das innerlich und äußerlich zur Frau heranwachsende Mädchen auch in der Klasse 8 nicht als Überfliegerin. Sie musste sich ihre Noten mit Fleiß und Ausdauer erarbeiten, was sie zuweilen nur unter erheblichem elterlichen, zumeist mütterlichem Druck am Ende doch mit zufriedenstellendem Erfolg tat. Ihr Zwischenzeugnis Anfang Februar 1962 konnte sich dann sehen lassen: Notendurchschnitt befriedigend!

Zur Feier der Halbjahres-Zeugnis-Ausgabe versammelten sich Eltern und Kinder abends um den Stuben-Tisch. Die Hausfrau hatte die beliebte fränkische Spezialität „Nürnberger Rostbratwürstchen auf Kraut" vorbereitet. Herrlich! Wie das schmeckte!

Als schließlich alle Familienmitglieder satt waren, aber noch zwei Würstchen auf dem Teller lagen, meinte Eva-Maria in trockenem Ton: „Hätten wir gewusst, dass diese beiden kleinen Würstchen übrig bleiben, dann hätten wir sie zuerst gegessen."

„Der Witz ist uralt und hat so einen Bart", gab Joachim grinsend zurück und machte die dazu passende Handbewegung.

„Aber doch nur für Männer und nicht für Knaben", konterte seine große Schwester, um von Joachim ein Zähnefletschen zu ernten. Amüsiert schlug Renate vor, die beiden Würstchen doch so aufzuteilen, dass jeder noch ein Stück bekäme. Dann würde der Teller auch leer.

„Dann teil mal, Eva-Maria", forderte der Vater das Mädchen auf. „Ich bin gespannt, wie du das machst mit deinem mathematischen Können."

„Ja, zeig mal, Schwester", feixte Joachim, „was der edle Nürnberger Trichterus mathematikus bei dir in achteinhalb Schuljahren eingefüllt hat, damit du zwei ungleiche Würstchen in fünf gleiche Stücke teilen kannst."

„Fiesling!", zischte Eva-Maria ihrem Bruder zu, wurde dann aber sofort wieder sachlich. „Nichts leichter als das", war das Mädchen von sich selbst überzeugt und nahm Messer und Gabel in die Hände. „Die kleine Wurst teile ich in zwei Teile für euch, Papa und Mama. Die andere teile ich in drei Teile für uns Geschwister. Ist doch in Ordnung, oder?"

„Sehr geschickt gemacht!", lobte die Mama. „Prüfung mit mathematischer Intelligenz bestanden. Lassen wir uns die Restwurst also auch noch schmecken."

Nachdem das erledigt war, lenkte der Vater das Interesse seiner Familie auf den Anlass der abendlichen Feierrunde. „Ich bin mit euren Zeugnissen zufrieden, ihr drei. Wobei ich denke, hier und da könnten die Noten noch besser werden."

„Das sagst du uns immer, Papa. Wir werden uns Mühe geben", kam es zugleich aus drei Kindermünden, als wäre es zuvor abgesprochen worden. Dabei gehörte Vaters Mahnung und die Reaktion der Kinder seit Langem zum Ritual eines Zeugnisausgabetags.

„Ein Zeugnis dieses Tages hat aber nun eine besondere Bedeutung", stellte Oskar Mönnig fest und schaute seine drei
fragend nacheinander an.

Eva-Maria gab die Antwort auf die in der Bemerkung ver-
steckte Frage: „Das kann ja nur meins sein, wo das Zeugnis
mein vorletztes ist."

„Und wieso ist das dann besonders?", wollte Renate wissen.

„Mit dem Zeugnis muss ich mich bald für eine Lehrstelle be-
werben", wusste Eva-Maria.

„Und wo wirst du das tun, Kind?", fragte Vater Oskar.

„Das weißt du doch, Papa. Wir haben doch schon oft darüber gesprochen", antwortete die Angesprochene. „Ich such
mir eine Firma, wo ich Grafikerin werden kann. Ich weiß in der
Stadt schon ein paar Betriebe, die Grafiker beschäftigen und
auch welche ausbilden. Zeichnen ist meine Lieblingsbeschäftigung."

Jetzt schaltete sich die Mutter in das Gespräch ein: „Das wissen wir, Kind", sagte sie. „Du hast das Talent der Familie Mallin
geerbt und zeichnest schöne Sachen und schreibst hübsche
Kalligrafien. Ich bin dennoch der Meinung, du solltest ..."

Weiter kam die Mama nicht, weil ihr die Tochter bereits ins
Wort fiel: „Nicht schon wieder, Mama!", empörte sie sich. „Du
sagst immer nein, wenn ich von meinem Wunschberuf spreche. Ich will nun mal Grafikerin lernen und nichts anderes!"

Gisela Mönnig holte tief Luft. Sie kannte die Reaktionen ihrer Ältesten, wenn sich das Thema Berufswahl ergeben und
sie, die Mutter, ihre Einwände vorgebracht hatte. Dann sagte
sie: „Du magst ja auch irgendwann einmal Grafikerin werden,
Kind. Aber nicht im Sommer, wenn du mit der Schule fertig
bist."

„Und was soll ich dann machen?", maulte Eva-Maria mit einem Schmollmund und einer deutlichen Röte im Gesicht, was

ihre innere Erregung verriet, die sie gerade noch beherrschte. „Papa, jetzt sag du doch was!"

Doch der Papa sagte zunächst nichts. Dafür fragte Joachim nach: „Was soll Eva-Maria denn machen nach dem Schuljahr, Mama, wenn sie nicht Grafikerin werden soll?"

„Ich bin der Meinung, sie sollte nach Gunzenhausen gehen", kam die Antwort ein wenig vorsichtig.

„Was soll Eva-Maria in Gunzenhausen?" „Was soll ich in Gunzenhausen?" „Was kann Eva-Maria denn da lernen?"

Die Fragen der drei Kinder am Tisch überschlugen sich. „Jetzt mal langsam, ihr drei!", befahl der Vater. „Lasst die Mama zunächst einmal ausreden."

„Danke, Oskar", griff die Mama ihren Gedanken von eben wieder auf. „Eva-Maria sollte zunächst etwas Ordentliches lernen, was sie für ihr ganzes Leben gebrauchen kann. Ich denke, es ist besser, sie besucht zunächst für ein Jahr die Haushaltungsschule auf der Hensoltshöhe. Da lernt sie Praktisches für ihr späteres Leben. Danach können wir sehen, ob sie immer noch Grafikerin werden will."

„Ich will aber nicht zu den frommen Diakonissen auf die Hensoltshöhe! Ich will mich nicht fromm belabern lassen und auch nicht Backen, Bügeln und Bohnern lernen! Am Ende setzen die mir noch eine Haube auf und behalten mich in ihrem Mutterhaus." Das kam als starker Protest von dem Mädchen, um dessen Zukunft es am Tisch ging.

‚Wenn sie es doch täten!', ging es der Mutter spontan durch den Sinn, ‚dann würde sich mein Lebenswunsch erfüllen.' Laut sagte sie: „Backen, Bügeln und Bohnern zu lernen und das in einem christlichen Umfeld hat noch keinem Mädchen geschadet, und dazu auch noch gemeinsames Leben unter Gleichaltrigen zu üben, kann doch für dich nur gut sein, Eva-Maria. Was sagst du dazu, Oskar?"

Der Vater hätte jetzt am liebsten seiner Tochter und ihren Gedanken für ihre Zukunft zugestimmt. Aber das wäre wohl nicht klug gewesen. Also antwortete er im Sinne seiner Frau: „Mama hat recht, Eva-Maria. Ein praktisch ausgerichtetes Jahr auf der Hensoltshöhe kann dir wirklich nur guttun. Geh du im Sommer nach Gunzenhausen. Was im nächsten Jahr wird, werden wir sehen. Ist das gut, Mädchen?"

„Nein, das ist nicht gut, Papa!" Das klang schrill und böse. „Ich will Grafikerin werden und nichts anderes und Punkt!" Äußerst erregt sprang Eva-Maria auf, verließ mit großen Schritten die Stube und knallte die Tür hinter sich zu.

Die vier am Tisch erschraken heftig, und es verschlug ihnen für Momente die Sprache.

„Schade, dass es so kommen musste!", meinte der Vater dann und erhob sich auch vom Tisch. „Ich gehe und rede mit ihr."

Einige Minuten später kam er mit Eva-Maria zurück. Das Mädchen hatte zwar verweinte Augen, aber ihr Gesichtsausdruck verriet, dass ihr Zorn verflogen war und sie sich beruhigt hatte. Sie entschuldigte sich dann auch bei der Mama und den Geschwistern für ihr unbeherrschtes Verhalten. „Darf ich trotzdem einen Nachtisch haben?"

„Du darfst, Kind", gestand die Mutter zu. „Reuige Sünder empfangen Gnade. Und dann reden wir über anderes und vergessen das Gespräch von eben."

* * *

Wie bekanntlich steter Tropfen den Stein höhlt, so gelang es Mutter Gisela in mehreren folgenden Gesprächen, ihre Tochter davon zu überzeugen, dass die Berufsausbildung zur Grafikerin noch warten konnte und dass sie die „fromme Berieselung mit dem Evangelium" durch die Frauen in den Diakonissenkleidern überleben werde. Vater Oskar „höhlte" an den Wochenenden, an denen er zu Hause war, liebevoll nach. Ein besonderer Besuch in Gunzenhausen und Gespräche mit einigen Lehrerinnen und Schülerinnen des laufenden Kurses an der Haushaltungsschule und mit einem Besuch des zugehörigen Internats weichten den harten Widerstand des sechzehnjährigen Mädchens auf. Die Schwestern trugen dabei selbstverständlich hinten gefaltete Hauben mit großen Schleifen unter dem Kinn und ihre einheitlichen Diakonissenkleider mit kleinem weißen Kragen. Die Schülerinnen trugen genauso selbstverständlich keine einheitlichen Kleider und auch keine Hauben, wie Eva-Maria das befürchtet hatte, sondern sehr unterschiedliche individuelle Kleidung und Frisuren.

Am 1. September 1962 siedelte Eva-Maria Mönnig also nach Gunzenhausen um und wurde zum „Höhen-Kind". Sie bezog mit zwei anderen Mädchen für ein Jahr ein gemeinsames Zimmer in der Dachetage des Schulhauses am unteren Saum der Hensoltshöhe. Margret und Hedwig hießen die beiden, kamen aus Augsburg und Bayreuth und hatten ebenfalls die Volksschule nach der Klasse 8 abgeschlossen. Auch sie wussten noch nicht recht, was sie denn werden wollten und werden sollten. Sie wollten deshalb das Jahr als „Höhen-Kinder" nutzen, um Haushaltung zu lernen und sich Gedanken über ihr späteres Leben zu machen.

Sie kamen gut miteinander aus, diese drei fröhlichen jungen Menschen inmitten einer großen Schar von Mädchen und jungen Frauen, die alle dasselbe Anliegen in das Städtchen an der Altmühl mitgebracht hatten: theoretische und praktische Anleitung zu erfahren für ihr späteres Leben als Frauen in ihnen zugestandenen und angemessenen Berufen und zugleich Zurüstung und Ertüchtigung zu bekommen für ein gelingendes Leben, das mit Ewigkeitswert über die Zeit der irdischen Jahre hinaus gefüllt war. Dabei hatte das einzelne „Höhen-Kind" relativ große Freiheit, seinen Tag zu gestalten und sich in die Lebensgemeinschaft der jungen Lernenden einzubringen. Eva-Maria kam das entgegen. Ihr leitendes Interesse machte sie nämlich gerade nicht an geistlichen Dingen fest, sondern an dem, was ihr die Schule an Lebenspraxis zu bieten hatte.

Es gab freilich einen gemeinsamen geistlichen Wochenanfang und einen ebensolchen Wochenschluss, für alle Schülerinnen verbindlich. Es gab auch den gemeinsamen Tagesbeginn mit Frühstück und Andacht im großen Speisesaal. Der weitere Tagesablauf danach war bestimmt von festen Stundenplänen für die verschiedenen Theorie- und Praxisbereiche, die von jedem Mädchen einzuhalten waren. Dazu gehörte Unterricht in den klassischen Schulfächern wie Deutsch und Mathematik, Naturwissenschaften, Sport und Musik; dazu gehörten Lehrveranstaltungen mit praktischen Übungen in den verschiedenen hauswirtschaftlichen Teilbereichen. Darüber hinaus gab es aber auch Freiräume, die man selbst gestalten konnte. Das waren in der Regel die Mittags- und Abendstunden und die Wochenenden. Ob jemand sich mittags in sein Zimmer zurückzog, einen Spaziergang in den nahen Wald unternahm oder es sich auf einer Bank auf dem Mutterhausgelände bequem machte, war wetterabhängig und blieb ihm überlassen. Ebenso konnte sich jedes Mädchen dafür entscheiden, abends an einer Gesangs- oder Instrumentalgruppe teilzunehmen oder an einem Literaturkreis, um zu musizieren, zu lesen oder auch Theater zu spielen. Es gab auch das Angebot, sich in der Gruppe mit verschiedenen Techniken des Malens, Schreibens und Modellierens zu beschäftigen oder auch einfach Zeit ganz für sich allein zu verbringen; die Schülerinnen hatten die Freiheit dazu. Auch die

Teilnahme an den angebotenen Bibel- und Gebetskreisen war freigestellt. Niemand sollte dazu gezwungen werden, sich mit Themen zu beschäftigen, zu denen er keinen Zugang hatte oder keine Beziehung wollte.

Eva-Maria Mönnig kam diese Ordnung der Haushaltungsschule sehr entgegen. So baute sie ihren inneren Widerstand gegen diese von der Mutter „aufgezwungene" Zeit in Gunzenhausen rasch ab und entwickelte sogar etwas wie Begeisterung für das, was ihr hier geboten wurde. Das Motto der Einrichtung „Dem Fröhlichen gehört die Welt ...!" übernahm sie bald auch für sich selbst und lebte es mit den anderen Mädchen gerne aus. Der Spruch des Reformators Dr. Martin Luther im Treppenhaus des Schul- und Wohngebäudes gefiel ihr: „Ein Herz voll Freude sieht alles fröhlich an!"

An den unterschiedlichen Lehrveranstaltungen nahm Evchen, wie die beiden Mitbewohnerinnen sie nannten, zunehmend gern und aufgeschlossen teil und wurde mit der Zeit zu einer guten Schülerin. Dabei machten ihr freilich die praktischen Fächer mehr Freude als die theoretischen.

Mit den Haus- und Lehrschwestern, allesamt ausgebildete und fähige Fachfrauen im Diakonissenstand, pflegte Eva-Maria ein Verhältnis zwischen Nähe und Abstand. Sie beobachtete die frommen Frauen dabei sehr genau. Zu den ernsten, strengen und eher verschlossenen Haubenschwestern, die Fröhlichkeit nicht zu kennen schienen und die ihr Diakonissen-Dasein offenkundig sehr eng lebten, hielt sie den ihr möglichen Abstand; in der Nähe der Frauen, bei denen auch einmal gelacht werden durfte, die selbst eher leichtfüßig und offen ihren Alltag in der Tracht lebten und bei denen „weltliche" Gedanken nicht grundsätzlich abgelehnt oder sofort kritisiert oder gar diszipliniert wurden, fühlte sie sich wesentlich wohler.

Eva-Maria legte Wert darauf, ihre Art „christlich" zu glauben ihre Privatsache sein zu lassen. Das hatte sie übrigens auch bald mit Margret und Hedwig geklärt, die sich gaben wie sie waren: echt fromm. Dennoch wurden die drei gute Freundinnen. Dem Nürnberger Mädchen genügten die wöchentlichen und täglichen Pflichtandachten. Der gute Hirte Jesus Christus war zwar der Hauptbegriff ihres Denkspruches zur Konfirmation, den sie sehr wohl in ihrem Kopf hatte, aber er war nicht der Hauptinhalt ihres Denkens und Handelns. Deshalb zog es das Mädchen auch selten in die regelmäßigen Bibeltreffen und Gebetsgemeinschaften, zu denen ihre beiden Mitbewohnerinnen sie immer wieder einluden. Margret und Hedwig zuliebe ging sie freilich immer wieder einmal mit in den für sie besonders frommen EC-Kreis, in dem aus dem „Singebuch der deutschen EC-Bewegung", den „Jugendbund-Liedern", gesungen wurde und in dem die Textvorgaben und die zugehörigen kurzen Auslegungen der EC-Lichtstrahlen besprochen wurden. Manchmal war das für Evchen interessant, zumeist aber eher langweilig und nichtssagend. Einmal war ihr die Veranstaltung so abstoßend, dass sie nach dieser Zusammenkunft, einer besonderen „Weihestunde", nie wieder hingegangen ist.

* * *

Margret und Hedwig sprachen Eva-Maria einige Zeit nach jenem Abend darauf an, was sie denn an dieser besonderen EC-Stunde so stark geärgert habe, dass sie seitdem alle weiteren Einladungen zu den Bibeltreffen abgelehnt hatte.

Das Nürnberger Mädchen schaute betroffen zwischen ihren Mitbewohnerinnen hin und her. Sollte sie wirklich sagen, was seit jenem Abend in ihr vorging und was sie zutiefst bewegte?

Zunächst zuckte Evchen mal nur mit den Schultern und seufzte ein wenig auf.

„Nun sag schon, Evchen, was ist seither mit dir los?", forderte Hedwig. „Du bist seit der Weihestunde einfach komisch geworden."

„Wir sind doch Freundinnen, Evchen, oder nicht?", unterstrich Margret die Aufforderung. „Du solltest nicht irgendeinen Unmut länger in dir pflegen. Davon kriegt man Magengeschwüre, haben wir hier in Gesundheitslehre gehört."

„Wir kennen deine Glaubenseinstellung doch, Evchen", meldete sich Hedwig noch einmal, „und wir akzeptieren sie ja auch ein Stück weit und bedrängen dich nicht mit unserem Jesusglauben. Aber hier muss doch etwas anderes sein, was dich ..."

Eva-Maria kämpfte noch ein paar Momente mit sich selbst, dann sagte sie wie in einem heftigen Gefühlsausbruch: „Es ist die Schwester, diese ... die mich an allem zweifeln lässt und die mir alles Fromme in diesem Haus vergällt hat."

Margret und Hedwig erschraken bei dieser Antwort. „Die Schwester? Was ist mit ihr?", fragten sie gleichzeitig.

Eva-Maria seufzte noch einmal auf und sagte dann mit deutlicher Erregung: „Wenn ihr's denn unbedingt wissen wollt. Die Schwester dieses Abends — ich mag ihren Namen gar nicht aussprechen — die Schwester hat an dem Abend in besonders salbungsvollen Worten von dem ‚Lebens- und Glaubenszeugnis' gesprochen, das junge Christen und Christen überhaupt abzugeben hätten. Dabei sollte sie sich zunächst einmal vor den Spiegel stellen und die Frau fragen, die ihr dort entgegenschaut, wie es denn um ihr eigenes Lebens- und Glaubenszeugnis bestellt ist."

Jetzt erschraken die beiden Freundinnen erneut und schauten ihre Stubengenossin mit großen fragenden Augen an.

Schließlich wagte es Hedwig nachzuhaken: „Was ist denn passiert, was dich so betroffen gemacht hat?"

Und Margret fragte: „Was hat die Diakonisse denn falsch gemacht?"

Eva-Maria holte tief Luft und antwortete mit etwas ruhigerer Stimme: „Ich wollte eigentlich mit niemandem darüber reden, ihr zwei. Ich will auch kein Petzer sein. Ich spreche auch nur weiter, wenn ihr mir in die Hand versprecht, dass nichts diesen Raum verlässt von dem, was mich geärgert und sogar persönlich verletzt hat. Versprochen?"

„Versprochen, Evchen!", war Hedwig einverstanden und reichte der Freundin die Hand. Margret tat es ihr nach: „Versprochen! Und jetzt erzähl."

„Gut, ihr beiden, ich erzähle", begann Eva-Maria ihren Bericht. „Ich habe in der Pause vor dem Abend der Weihestunde unfreiwillig eine Auseinandersetzung mitbekommen zwischen der Diakonisse von dem Abend und der Schwester, die aus Thailand im Heimaturlaub hier ist – ich weiß ihren Namen nicht, aber es kann keine andere gewesen sein – also die beiden haben sich oben hinter der Konferenzhalle fürchterlich gestritten; das heißt, geredet hat nur die eine, die hiesige. Die hat geschimpft wie ein Rohrspatz und auf die Mitschwester eingeredet wie ein Wasserfall. Dabei hat sie die unflätigsten Worte in den Mund genommen. Die war so was von böse und beleidigend, wie ich das selten von einem Menschen erlebt habe, schon gar nicht von einer Diakonisse. Schlimm! Nur schlimm! Ich hab mich geschämt und geärgert und persönlich verletzt gefühlt. – Das war alles andere als ein Zeugnis vom Leben in und mit Christus."

Eva-Maria machte eine Pause zum Durchatmen. Sie musste ein paarmal schlucken und sich eine Träne aus dem Augenwinkel wischen. Den beiden anderen Mädchen ging es nicht anders. Dann berichtete sie weiter: „Als ich dann am selben Tag abends in der Weihestunde das Gesülze dieser Frau gehört habe, da ist mir innerlich die Hutschnur geplatzt und ich wäre am liebsten rausgelaufen. Da hält diese Frau auch noch eine Andacht über die Stelle aus dem Philipperbrief und spricht davon, dass jeder gesinnt sein soll wie Jesus Christus auch war. Und dann lässt sie die „Lebenshilfen für junge Christen" vortragen und das Weihelied der Diakonissen-Mutter Eva von Tiele-Winckler singen. Auch wenn ihr die Texte alle kennt, lese ich sie euch vor und sage euch, was in den Lebenshilfen steht unter den Punkten acht und neun."

Eva-Maria griff auf ihr Wandregal, nahm das EC-Liederbuch herunter, schlug es da auf, wo eine orangefarbene Karte als Lesezeichen steckte, und las vor:

„Herr, lehre mich die Wahrheit, dich selber verstehn!
Gib mir deine Klarheit, das Rechte zu sehn!
Ich kann es ja nimmermehr finden allein,
du musst es mir zeigen, Herr, und bei mir sein.
Lass du mich dein Wesen erkennen, o Gott!
Du kannst mich erlösen aus Zweifel und Not.
Und zeig mir den Weg, Herr, zu Glauben und Licht!
Mein Gott und mein Vater, o verlass mich nicht."[3]

Evchen unterbrach sich, um nach ein paar Momenten doch fortzufahren: „Das Gebet muss die Schwester wohl selbst noch tausendmal singen, damit sie das andere begreift, was sie hat vorlesen lassen: ‚Sei mit deinem ganzen Leben gegen-

---

[3] Das Lied wurde zitiert aus „Jugendbund-Lieder – Singebuch der deutschen EC-Bewegung", Jugendbund-Buchhandlung Woltersdorf bei Erkner, Nr. 140.

über deinen Eltern, Vorgesetzten und allen Mitmenschen ein Zeugnis für deinen Herrn.'"

Das Mädchen unterbrach seine Lesung wieder und schaute seine Zuhörerinnen fragend an. Weil keine Reaktion kam, sprach sie weiter: „Das war der Punkt acht. Unter Punkt neun steht: ‚Sei als Junge oder Mädchen stets zuchtvoll, höflich und hilfsbereit. Beteilige dich nie an schmutzigen Witzen und Gesprächen.' Das ganze Gespräch, das ich da mitgekriegt habe, war ein sehr einseitiges und schmutziges Gespräch. Nein, ihr zwei, so nicht mit mir! Ein solches Verhalten reizt mich nicht zum Glauben und zum Christsein."

„Aber Evchen, die Schwester ist eben auch nur ein Mensch", versuchte Margret in Eva-Marias Rede hineinzukommen.

„Mag ja sein, Margret", gab die Stubenälteste zu, „aber ich wüsste nicht, wie ein solches Verhalten zu entschuldigen wäre. Mir jedenfalls hat es mein kleines Glaubenspflänzchen, das vielleicht irgendwo aufkeimen wollte, einfach zertreten, schmerzhaft zertreten. Und jetzt will ich nicht weiter darüber reden."

„Glaubst du wirklich ...?", setzte Hedwig nach einer Weile betroffenen Schweigens doch zu einer Frage an.

„Bitte, Hedwig", unterbrach Eva-Maria die Freundin sofort, „bitte nichts mehr dazu! Keine Frage und keine Bemerkung, bitte, ihr beiden! Und nach eurem Versprechen kein Wort nach draußen."

„Das war und bleibt versprochen, Evchen", bestätigte Margret die getroffene Vereinbarung. Danach wagte Hedwig vorsichtig zu fragen: „Dann bist du sicher froh, dass die Zeit hier bald zu Ende geht?"

„Stimmt, Hedwig, bin ich", gab Eva-Maria zu. „Es war ein gutes Jahr. Ich habe viel gelernt. Mit euch beiden im Zimmer war eine schöne Sache, und vieles andere nehme ich als gute Erinnerungen mit. Dass ihr mich mit meinem chaotischen Ordnungsverständnis ertragen habt, rechne ich euch hoch an. Ich beneide euch sogar ein wenig um euren Glauben. Aber dank dieser falschen Haubenschwester will ich mit dem Glauben vorläufig nichts zu tun haben und mit Diakonissen schon mal gar nicht. Das tut mir leid für die anderen, die ich zu schätzen gelernt habe und die ich in besserer Erinnerung behalten möchte." Eva-Maria reichte Hedwig die Hand und sagte, wobei ihre Augen ein wenig feucht glänzten: „Ich hoffe, wir bleiben trotzdem Freunde."

„Natürlich, Evchen", gab die Freundin aus Oberfranken zurück und nahm Eva-Maria in die Arme. Margret tat es ihr nach. „Das gilt auch für mich, Evchen", sagte sie und fügte an: „Ich denke, wir werden deinen späteren Weg im Gebet begleiten. Vielleicht klappt das mit dem Glauben ja dann doch irgendwann."

Eva-Maria Mönnig seufzte kurz auf. „Vielleicht irgendwann ..."

* * *

Nach bestandener Abschlussprüfung in der Hensoltshöher Haushaltungsschule kehrte Eva-Maria Mönnig zunächst wieder in ihre Familie nach Nürnberg zurück. Für ein paar Wochen genoss sie die Freiheit von allen schulischen Verpflichtungen und die Möglichkeit, Gemeinsames mit ihren Geschwistern zu unternehmen und mit den Eltern, wenn die dafür Zeit hatten. Sie war auch gern allein unterwegs in den Kaufhäusern der Stadt, auf dem Burgberg, an der Pegnitz oder in den Grünanlagen. Es gefiel ihr auch, zu Hause vor dem Fernseher zu sitzen, den es inzwischen gab, oder auch lesend und zeichnend und schreibend in ihrem Zimmer zu sein.

Die junge Frau genoss auch die Ferienwochen mit Eltern

und Geschwistern im schönen Allgäu, in denen sie ihre Liebe zu den Bergen und zum Wandern in der Natur entdeckte. In dieser Zeit gefiel es ihr besonders, den Vater in der Nähe zu haben, den sie zuletzt viele Wochen nicht gesehen hatte. Mit dem Papa über Gott und die Welt reden zu können, ohne dass es dabei um Fragen des christlichen Glaubens und Lebens ging, tat dem Mädchen gut. Die Mama war leider immer sehr schnell bei diesem Thema, von dem die Tochter nach der für sie bösen Erfahrung auf der Hensoltshöhe nichts wissen wollte und dem sie sich dann gerne rasch entzog.

In den Gesprächen auf den Bergwanderungen und an den Tischen der Lokale auf den Bergen und in den Tälern ging es dann auch immer wieder einmal um Eva-Marias weiteren Weg. Den Berufswunsch Grafikerin solle sie sich weiterhin aus dem Kopf schlagen, hatte Mutter Gisela ihr in den vergangenen Monaten bei passender und unpassender Gelegenheit deutlich gemacht. Da ließ die Mama keinen weiteren Widerspruch zu, und Eva-Maria hatte es aufgegeben, dieses Thema zur Sprache zu bringen. Sie tröstete sich vielmehr damit, dass sie ja auch einmal volljährig sein würde und dann frei sei, eigene Entscheidungen zu treffen. Also kamen in den Gesprächen zu dieser Sache andere Möglichkeiten aufs Tapet: der Beruf der Verkäuferin, der Krankenschwester, der Kinderpflegerin, der Erzieherin ...

Nach und nach freundete sie sich mit dem Gedanken an, dann eben Krankenpflege zu lernen, um in einer Klinik der Stadt oder sonst wo zu arbeiten. Eva-Maria wollte mit und für Menschen arbeiten, am liebsten mit Kindern. In diese Richtung sollte es jetzt gehen. Und so beschloss sie, Kinderkrankenschwester zu werden.

Ihr Pech war, dass sie als Siebzehnjährige noch zu jung war, diese Ausbildung zu beginnen. Sie musste achtzehn sein, um in die Krankenpflegeschule aufgenommen zu werden, bei der sie sich in der Nachbarstadt Fürth beworben hatte. Sie sei vorgemerkt für den 1. Oktober 1964, wurde ihr mitgeteilt, sie müsse also noch ein Jahr überbrücken.

Aber womit? Da war erneut guter Rat teuer. Die Lösung brachte ein paar Tage nach dem entscheidenden Gespräch am Tisch daheim Oskar Mönnig aus Erlangen mit nach Hause. „Ich hab eine Stelle für dich, Mädchen", tat er ein wenig geheimnisvoll beim Abendessen, zu dem er tatsächlich einmal pünktlich zu Hause war.

„Und was für eine, Papa?" Eva-Maria wurde ganz aufgeregt. „Mach es nicht so spannend!"

„Es wird aber spannend, Kind. Du kriegst es nämlich wieder mit einer Hensoltshöher Schwester zu tun", informierte der Papa mit einem deutlichen Stirnrunzeln, als ahnte er den Protest seiner Tochter.

Der kam auch wie erwartet: „Nein, keine Diakonisse, Papa!"

„Nun reiß dich doch einmal zusammen, Eva-Maria!", forderte ihre Mutter in strengem Ton. „Du weißt doch, dass du nicht von einer Diakonisse gleich auf alle anderen schließen darfst."

„Weiß ich, brauchst du mir nicht schon wieder zu sagen", maulte das Mädchen zurück. „Trotzdem. Ihr wisst, dass ich diese Hauben-Frauen gefressen habe."

„Zugestanden, Eva-Maria", ergriff der Vater wieder das Wort. „Du hast eine bestimmte Erfahrung gemacht. Du bist aber lernfähig und kannst dich anpassen und mit solchen Erfahrungen leben."

„Nun sag schon, Papa, wo du mich hinschicken willst", drängte das Mädchen, ohne auf die Bemerkung des Vaters einzugehen.

„Du gehst ab Montag, dem 16. September als Praktikantin für ein Jahr in den Kindergarten der LKG Erlangen in der Bismarckstraße. LKG heißt Landeskirchliche Gemeinschaft, wie du weißt. Die Leitung hat eine Hensoltshöher Schwester. Sie war im Gespräch am Telefon sehr freundlich und kam mir ganz lieb vor. Ich habe für dich angefragt; sie hat zugesagt, dich zu nehmen, und du wirst die Chance nutzen. Unsere Erlanger Freunde geben dir Logis mit Familienanschluss. Von der Gemeinschaft bekommst du ein Taschengeld für deine Arbeit als Praktikantin. – In Ordnung, Kind?"

Eva-Maria zögerte einen Moment mit der Antwort. Sie musste ihre spontanen Gedanken erst sortieren. Eine Diakonisse als Vorgesetzte?! Musste das sein? Dann rang sie sich durch und antwortete ein wenig gequält: „In Ordnung, Papa – wenn es der Mama dann auch recht ist."

„Das ist mir sehr recht, Kind!", freute sich Gisela Mönnig und ergänzte: „Die Erfahrungen mit Kindern in der großen Gruppe und die Zusammenarbeit mit einer kleinen Gruppe Erwachsener wird dir helfen, deine Entscheidung für die Kinderkrankenpflege zu überprüfen – und, wie ich denke, zu bestätigen. Und bei unseren Freunden wirst du gut aufgehoben sein. Der Weg zum Kindergarten ist nur kurz. Übrigens kannst du immer wieder einmal mit Papa nach Hause kommen, wenn sich das zeitlich einrichten lässt."

* * *

Mitte September 1963 bezog Eva-Maria Mönnig ihr kleines, aber gemütliches Zimmer bei den Lehmanns in der Nähe ihres neuen Arbeitsplatzes. Im Kindergarten an der Bismarckstraße wurde ihr an ihrem ersten Arbeitstag ein herzlicher Empfang gestaltet mit freundlichen Worten der Leiterin und ihrer beiden Mitarbeiterinnen und mit ein paar Liedern und

Gedichten der Kinder. Auf Anhieb fühlte sich die Praktikantin im neuen Umfeld wohl. Hier konnte sie sich einbringen mit den Gaben, die ihr ins Leben mitgegeben waren. Sie konnte mit den Kindern drinnen und draußen singen, spielen, basteln und malen und mit ihnen vorschulische Arbeiten verrichten.

Mit den drei Erwachsenen an ihrem Arbeitsplatz kam sie ebenfalls gut zurecht. Mit der Zeit fiel ihr allerdings auf, dass sich die leitende Schwester ihren Helferinnen gegenüber nicht immer freundlich verhielt und gerne aus einer Mücke einen Elefanten machte. Sie bauschte kleine Verhaltensfehler und andere Vorkommnisse gerne auf und kritisierte und rügte die Verursacher über das angemessene Maß hinaus. Dafür waren Bestätigung und Lob etwas, was sie ihren Mitarbeiterinnen gegenüber offenbar nicht kannte.

Diese Beobachtung trug natürlich nicht dazu bei, Eva-Marias Vorbehalte gegenüber Diakonissen abzubauen. Sie wollte sich einfach auch hier nicht zufrieden geben mit der Erkenntnis, dass Frauen mit Haube eben auch nur Menschen waren mit Stärken, Schwächen, Fehlern und Macken. Die Schwestern auf der „Höhe" hatten die Ansprüche an christliches Leben eben sehr hoch gehängt ...

Aus der LKG und dem angeschlossenen EC hielt sich Eva-Maria weitgehend heraus. An frommen Veranstaltungen nahm sie nur teil, wenn es sich gar nicht vermeiden ließ. Und den Leuten Glauben und Jesus-Liebe heucheln, nein, das wollte sie nicht. Ihr Gitarrenspiel zu üben, dazu reichten ihr die Lieder aus dem Kindergarten und die „Mundorgel", die sie sich gekauft hatte. Wenn es im Gemeinschaftshaus etwas zu feiern gab, dann war sie allerdings gerne dabei, und dann begleitete sie auch schon einmal Lieder aus dem EC-Liederbuch oder aus dem Gemeinschaftsliederbuch, wenn die Tonarten es zuließen. Darin waren ihre Möglichkeiten noch ein wenig begrenzt. Das würde sich aber sicher mit der Zeit ändern.

* * *

Als das Praktikumsjahr in Erlangen im August 1964 zu Ende ging, war „Tante Eva-Maria" – so hatten die Kinder sie immer genannt – um einen großen Schatz Erfahrungen reicher geworden: Mit Kindern im Kindergartenalter umzugehen lag ihr; Spiel- und Lernzeiten zu planen, zu strukturieren und zu gestalten war ihr immer besser gelungen; sie hatte es gelernt und mit wachsender Begeisterung geübt, Geschichten nicht nur vorzulesen, sondern sie frei oder auch anhand von Bildern und Bildfolgen zu erzählen. Bei Geschichten aus der Bibel war ihr das allerdings schwerer gefallen als bei Märchen, Fabeln und anderen ‚weltlichen' Textformen; sie konnte nun auch eine große Zahl fromme und nicht-fromme Kinderlieder singen und auf der Gitarre begleiten; und sie hatte es gelernt, sich in menschliches, zuweilen auch schwieriges Miteinander einzubringen, wie es gerade geboten war, um auf diesem Weg ein gedeihliches Zusammenleben zu üben, Harmonie zu pflegen und Streit zu schlichten oder gleich zu vermeiden. Insgesamt also ein gutes und erfolgreiches Jahr für Eva-Maria Mönnig, was sich in der schriftlichen Beurteilung der Kindergarten-Schwester entsprechend niederschlug.

An einer Stelle nahm die nunmehr achtzehnjährige Eva-Maria aber doch auch eine gewisse Traurigkeit mit nach Hause: Die Herzenssache mit Ottfried, dem Sohn ihrer Wohnungsgeber, hatte nicht den Fortgang genommen, den Eva-Maria sich vorgestellt, ersehnt und gewünscht hatte. Leider waren bei dem jungen Mann die Gefühle letztlich nur an der Oberfläche geblieben und seine lieblichen, schmeichelnden Worte hatten sich schließlich als leere Hülsen erwiesen. Die gemeinsamen Spaziergänge Hand in Hand durch die Stadt und irgendwo im Umland, die Kinobesuche, die zärtlichen Umarmungen, die zunächst vorsichtigen und dann doch inniger werdenden Küsse hatten mehr versprochen als nur eine flüchtige Beziehung. Als Ottfried dann eines Abends nach einem Kinobesuch festgestellt hatte – die jungen Leute hatten sich den Billy-Wilder-Film „Irma la Douce" mit Shirley MacLaine und Jack Lemmon angeschaut –, dass das mit ihnen beiden auf Dauer wohl nichts werden könne, da war für das Mädchen die kleine erträumte romantische Welt wie ein Kartenhaus zusammengebrochen.

Den Schmerz darüber hatte Eva-Maria mit in ihrem Gepäck, als sie zum letzten Mal mit ihrem Vater von Erlangen nach Nürnberg fuhr, um die Zeit in der alten Universitätsstadt an der Regnitz endgültig zu beenden.

„Nimm's nicht tragisch, Kind", versuchte Oskar Mönnig seine Tochter über die neue, aber ganz andere menschliche Enttäuschung hinwegzutrösten. „Du bist jung. Was jetzt nicht war, wird später werden. In deinem Alter lohnt sich Liebeskummer noch nicht. Ein Kerl, der Flirt mit Liebe verwechselt, ist es nicht wert, dass man ihm nachtrauert. Und jetzt lass Erlangen hinter dir und schau nach vorn, Kind. Fürth wartet und wird dich in Beschlag nehmen und hoffentlich begeistern."

„Du magst recht haben, Papa. Trotzdem hat's wehgetan und tut immer noch ein bisschen weh. Aber ich versuche, deinen Rat zu befolgen. Ottfried gehörte wohl nicht in mein Karma."

Bei diesem Begriff seiner Tochter hakte sich der Vater kurz ein: „Dein Karma? Ich dachte, du bist über das leidige anthroposophische Denken endgültig hinaus, Eva-Maria."

„O, entschuldige, Papa", erschrak das Mädchen ein wenig selbst vor dieser Denkweise. „Was früh gepflanzt worden ist, hat tiefe Wurzeln, Papa. Ganz herausgerissen habe ich diese Wurzeln wirklich noch nicht. Ich hoffe, es gelingt mir irgendwann. Noch hat der Baum ein paar Zweige mit grünen Blättern, um in diesem Bild zu bleiben. Denn immer wenn ich an die Großeltern denke oder an die Berliner Tanten, kommen solche Sachen wieder hoch. Leider hat das Jahr in Gunzenhausen und auch das in Erlangen mir nicht dabei geholfen, die Glaubensinhalte auszutauschen. Aktiv verfolge ich zurzeit weder das eine noch das andere. Aber was nicht ist, kann ja noch werden. Der Mama würde es sicher gefallen, wenn ich das Christliche ... Aber lassen wir das. Jetzt freue ich mich erst einmal auf zwei Jahre Fürth und die Ausbildung zur Kinderkrankenschwester."

Gerade zu dem letzten Gedanken musste Oskar Mönnig nun doch noch eine Frage loswerden: „Dass es in der Gebhardstraße in Fürth eine Hensoltshöher Gemeinschaft gibt mit Jugendbund für EC, weißt du?!"

„Ja, Papa", reagierte Eva-Maria etwas ungehalten auf diesen Hinweis ihres Vaters. „Wir waren als Familie irgendwann schon mal da zu irgendeiner größeren Konferenz oder so was. Aber entschuldige, ich werde da nicht hingehen, wenn ich ins Schwesternheim eingezogen bin. Mich interessiert Frommes zurzeit überhaupt nicht, nicht die Kirche, nicht die Gemeinschaft, nicht der EC oder sonst was. Und jetzt lass es bitte gut sein damit."

„Ich hör ja schon auf, Kind", gab der Vater seiner Tochter nach. „Es ist ja auch deine Sache, was du glaubst und was nicht. Du bist alt genug, dich selbst zu entscheiden."

„Eben!" Diese knappe Antwort machte deutlich, dass Eva-Maria einen Punkt hinter das Gespräch gesetzt wissen wollte, was der Vater dann auch akzeptierte.

Etwa zwei Jahre später, also im Sommer 1966, waren Vater und Tochter Mönnig wieder gemeinsam im Auto unterwegs. Diesmal auf der kurzen Strecke von Fürth nach Nürnberg. In ihrer Tasche hatte Eva-Maria ihr Diplom als Kinderkrankenschwester und die Anstellungszusage des modernen Kinderkrankenhauses an der Amsterdamer Straße in Köln-Riehl, das erst vor etwa vier Jahren seine Arbeit aufgenommen hatte. Und noch ein Papier hatte sie dabei: ihren Führerschein Klasse III, den sie während ihres zweiten Jahres in Fürth auch noch gemacht hatte. Die Fahrprüfung hatte sie sowohl in der Theorie als auch in der Praxis bei einer hohen Durchfallquote in ihrem Kurs auf Anhieb bestanden, worauf die junge Frau durchaus stolz war.

* * *

„Und, wie fühlst du dich an dieser neuen Weiche deines Lebensweges?", fragte Oskar Mönnig später am Tisch in der kleinen Wohnzimmer-Runde – Joachim und Renate waren nicht im Haus –, in der Eva-Maria bei einem Glas Frankenwein ein wenig berichtet hatte von ihren letzten Wochen in Fürth.

Die junge Frau ließ ihren Blick einmal zwischen ihren Eltern hin und her schweifen, hielt ihn kurz bei Mutter Gisela an, strich sich eine Locke aus der Stirn und gab dann ihre Antwort: „Ich fühle mich gut. Ich habe schon zwei Ziele in meinem Leben erreicht: Ich habe den begehrten ‚grauen Lappen', den Führerschein, und einen guten Berufsabschluss, mit dem ich mich auf meine eigenen Füße stellen kann. Dazu habe ich einen Arbeitsplatz." Sie hielt einen Moment inne und fuhr dann fort: „Ich würde mich – zugegeben – besser fühlen, wenn du, Mama, auch ein Ja zu meinem Weg nach Köln finden könntest."

„Das kann ich nur sehr schwer", gab die Mutter mit einem leichten Seufzer zurück. „Ich mache mir halt meine Gedanken, wie du in dieser Karnevalsstadt allein zurechtkommen willst. Köln ist nicht Provinz wie Erlangen oder Fürth und ist auch nicht mal eben so auf schnellem Weg zu erreichen."

„Das muss doch auch nicht sein, Mama", versuchte Eva-Maria die von der Mutter versteckt geäußerte Sorge zu dämpfen. „Es gibt doch inzwischen Telefon. Und die Post gibt es schon lange. Also ..."

„Eva-Maria hat recht, meine liebe Gisela", schaltete Vater Oskar sich ein. „Soll sie in die Welt gehen und sie für sich erobern und ihr Leben gestalten. Wenn sie uns braucht, weiß sie, dass wir für sie da sind, und dann wird sie sich schon melden."

Die Mutter machte ein noch bedenklicheres Gesicht. „Du hast gut reden, Oskar. Das ist es ja, was mir Mühe macht: Sie soll die Welt für sich erobern. Welt! Welt ist für mich etwas, dem man sich nicht hingeben soll. So steht es schon in der Bibel ..."

„Hör auf, Mama!", unterbrach Eva-Maria ihre Mutter ein wenig ärgerlich. „Bitte nicht schon wieder die fromme Schiene! Ich werde mich in Köln schon nicht freiwillig auf Schmierseife begeben und in der Stadt versumpfen. Ich bin inzwischen erwachsen und kann auf mich aufpassen, Mama. Wenn ich jetzt schon volljährig wäre, wäre ich sowieso gegangen. So gehe ich schon ein Jahr vorher, weil Papa meinem Wunsch zugestimmt hat. Er vertraut mir offenbar mehr als du."

„So darfst du das nicht sehen, Kind", wies die Mutter den leisen Vorwurf ihrer Tochter zurück. „Ich mach mir halt meine Gedanken, solche, die Papa sich nicht macht. Ich muss es eben lernen, dich ganz loszulassen – auch in die Welt. Aber dass dich meine Gebete begleiten ..."

„... will ich gerne hören und annehmen, Mama, und dich überhaupt nicht davon abhalten", gestand Eva-Maria ihrer Mutter zu. „Wer weiß denn schon, wie sein Weg weitergeht?"

An dieser Stelle erhob sich Oskar Mönnig aus seinem Sessel, nahm sein Glas in die Hand und sagte mit Nachdruck: „Schluss jetzt mit diesem Gespräch! Stoßen wir auf deinen Weg an, Eva-Maria, auf den unter der kleinen weißen Haube der Kinderkrankenschwester und darauf, dass es ein guter werde."

Mutter und Tochter erhoben sich nun ebenso und ergriffen ihre Gläser, wobei Gisela Mönnig leise vor sich hin murmelte: „Eine andere Haube wäre mit lieber." Eine Bemerkung, die Vater und Tochter geflissentlich überhörten. Laut sagte die Mutter: „Auf dein Leben, Eva-Maria, und darauf, dass es gelinge. Gott behüte und segne dich!"

Die junge Frau überlegte einen Moment an ihrer Antwort. Dann sagte sie, nachdem sie zunächst einmal schlucken musste: „Und auf euer Leben, Papa und Mama. Danke für den Weg, den ihr mir bisher ermöglicht habt; danke, dass ihr mich nehmt, wie ich bin, und danke dafür, dass ihr mich meinen Weg gehen lasst. Ich werde euch keine Unehre machen."

Nach dem Toast stellte Oskar Mönnig sein Glas hin, ging zum Schrank und nahm eine kleine braune Tüte aus einer der Schubladen. „Ich habe zur Feier des Tages noch etwas für dich, Eva-Maria. Geh pfleglich damit um! Aber bitte zunächst Augen zu und Hände offen!" Damit schüttete er seiner Ältesten den Inhalt der kleinen Tüte in die hingehaltenen Hände: „Und jetzt Augen auf!"

Eva-Maria traute ihren Augen nicht: In ihren Händen lagen der Fahrzeugschein eines VW 1300 und die Schlüssel für das Fahrzeug. „Das ist ja wie Weihnachten mitten im Sommer!", entfuhr es ihr mit einem Jauchzer. Spontan fiel sie dem Vater um den Hals und dann auch der Mutter. „Danke, Papa! Danke,

Mama!" Dann wurde sie doch auch wieder nachdenklich. „Ein VW-Käfer! Wie komme ich zu dem Geschenk? Es ist doch ein Geschenk, oder?"

„Es ist ein Geschenk, Kinderkrankenschwester Eva-Maria Mönnig", gab der Vater zurück. „Du bist inzwischen ein erwachsener Mensch, zwar noch nicht volljährig, aber doch bald. Du stellst dich auf eigene Füße und solltest dafür mobil sein. Zudem habe ich keine Lust mehr, dich bei Bedarf durch die Gegend chauffieren zu müssen. Das habe ich lange genug getan. Künftig fährst du selbst und im eigenen Auto. Aber bitte: nie schneller als dein Schutzengel fliegen kann, wie man so sagt. Und vergiss nie, rechtzeitig zu tanken."

„Und wo steht das Auto, Papa? Ich will es sehen und damit fahren." Eva-Maria war ganz hibbelig – und musste dann als kleinen Freudendämpfer hören, dass das Auto noch beim Händler stand und erst am Folgetag abgeholt werden konnte. Schade! Aber der Fahrzeugschein und die Schlüssel gaben ja die Gewähr dafür, dass morgen die erste Fahrt möglich war ...

Im Visier Gottes

In der Domstadt am Rhein wurde Eva-Maria Mönnig schnell heimisch. Ihr eigenes Naturell passte in diese lebensfrohe Stadt, und es passte auch in die Mitarbeiterschaft, in die sie sich am neuen Ort einfügen musste. Die Arbeit an dieser aufs Modernste eingerichteten Kinderklinik machte ihr Spaß, und im Miteinander am Arbeitsplatz und im Wohnheim gab es keine Probleme. Die Nachbar-Stadtteile Riehl und Nippes, auf deren gemeinsamer Grenze die Klinik lag, boten mit dem Botanischen Garten, dem Zoo, verschiedenen Parks und dem Riehler Rheinufer sehr viel Abwechslung. Eine solche Fülle an Freizeitmöglichkeiten auf engem Raum hatte Eva-Maria zuvor nicht erlebt.

Hinüber zum ehrwürdigen Dom und in die historische Kölner Altstadt war es auch nicht weit, und die gegenüberliegende Rheinseite bot ebenfalls Freizeitziele, die zu besuchen sich lohnte. Zudem lag Köln verkehrstechnisch sehr günstig für Fahrten in die Eifel, an den Niederrhein, in die Beneluxländer und in die Niederlande. Die Jahre, die sich Eva-Maria Mönnig für Köln vorgenommen hatte, versprachen sehr abwechslungsreich und interessant zu werden ...

... und sie boten ihr die Gelegenheit, ihren ursprünglichen Berufswunsch doch noch zu realisieren. Kinderkrankenschwester Eva-Maria Mönnig bekam eine Information in die Hände über eine internationale Fernschule in Amsterdam, die über mehrere Jahre verteilt eine Reihe von Grund- und Erweiterungskursen zum Erwerb eines offiziellen Zertifikats für den Beruf des Grafikers anbot. Die Neu-Kölnerin hatte den Eindruck, der Prospekt sei ihr vom Himmel geschickt worden. Sie suchte bald die Verbindung in die niederländische Stadt und bat um nähere Informationen. Nachdem sie diese erhalten und studiert und die Kosten überschlagen hatte, ließ sie sich die ersten Lehrbriefe zuschicken, um sie nach und nach gründlich zu bearbeiten. Das tat gut und es machte Spaß und schaffte ihr große innere Genugtuung. Es ermöglichte ihr zudem Kontakte in Bereiche, die sich Eva-Maria kaum erträumt hatte. Sie suchte und fand Verbindung zu Galerien und konnte so immer wieder einmal eine Kohle- oder Federzeichnung oder auch ein Ölbild oder ein Aquarell verkaufen. Sogar Zeitungen wurden auf die angehende Grafikerin und ihre zumeist gegenständlichen Darstellungen aufmerksam und veröffentlichten den ein oder anderen Druck.

Das wiederum führte dazu, dass sie den Auftrag erhielt, einige Porträts von Kölner Karnevalsgrößen zu malen. Die fielen so sehr zur Zufriedenheit der Auftraggeber aus, dass die evangelisch-lutherische Fränkin Berliner Herkunft in einer Herren-Prunk-Sitzung eines rheinischen katholischen Karnevalsvereins vor großem, buntem Sitzungspublikum einen besonderen Orden verliehen bekam. Kölle-Alaaf! Das war so gar nicht zur Freude ihrer Mutter!

Dieses Ereignis und die damit verbundenen Presseberichte wiederum erhöhten den Bekanntheitsgrad der künstlerischen Kinderkrankenschwester dermaßen, dass sie für sich selbst allmählich ins Grübeln geriet, ob ihr derzeitiger Beruf eigentlich der richtige für sie war, oder ob sie nicht doch als Grafikerin arbeiten sollte. War das nicht schon immer ihr Wunsch gewesen? Aber wer konnte ihr wirklich raten? Das Zertifikat hatte sie nämlich inzwischen in der Hand. Die Abschlussprüfung hatte sie in Theorie und Praxis mit Bravour bestanden. Nun war sie nicht mehr nur Kinderkrankenschwester, sondern auch geprüfte Grafikerin.

Die Stimmen ihrer Kölner Freunde zu ihrer Zukunftsfrage klangen sehr unterschiedlich. Die einen machten ihr Mut zur Veränderung, die anderen rieten ihr ab gemäß der bekannten Redensart, der Spatz in der Hand solle ihr wichtiger sein als die Taube auf dem Dach. Von Kunst oder von Gebrauchsgrafik könne man doch wohl kaum leben. Die Antwort, die sie aus der eigenen Familie bekommen würde, glaubte Eva-Maria zu kennen: Malen, Zeichnen, Schreiben taugten höchstens als interessante Freizeitbeschäftigung, nicht aber zum Broterwerb. Also fragte die junge Frau ihre Eltern erst gar nicht, sondern quälte sich allein mit ihrem Problem herum.

In die innere Qual hinein bekam die junge Frau mit der Krankenschwesternhaube, inzwischen dreiundzwanzig Jahre alt, wie aus heiterem Himmel eine Einladung eines ihr bis dahin persönlich unbekannten Künstlers und Galeristen nach Berlin. Sie kannte nur seinen Namen. Er hieß Eugen Vetter und war der Vater von Sr. Annemarie Vetter, einer Diakonisse, mit der Eva-Maria im lockeren Briefkontakt stand. Aber was war das? Ein Hinweis auf eine Antwort? Ein Wink des Himmels?

Eva-Maria Mönnig nahm die Einladung an. Ihre alte Heimat Berlin nach vielen Jahren der Abwesenheit wieder einmal besuchen und die seit 1961 durch eine Mauer geteilte Stadt persönlich erleben zu können, machte ihr die Entscheidung leicht. Sie nahm ein paar Tage Urlaub, organisierte telefonisch ein Quartier in ihrem Heimatstadtteil Reinickendorf und fuhr mit ihrem Käfer nach Berlin, aller Furcht vor der weiten Pkw-Reise und der Durchfahrt durch die DDR mit den leidigen Kontrollen zum Trotz. Im Gepäck hatte sie auch eine Mappe mit Porträts, Aquarellen, Ölbildern, Grafiken und kalligrafisch gestalteten Textblättern und -karten, zu denen sie die fachmännische Einschätzung des Künstlers einholen wollte.

Als sie dem freundlichen Herrn später in seinem Atelier im Stadtteil Zehlendorf zum ersten Mal begegnete, ahnte sie nicht, dass das Gespräch sie in erhebliche Unruhe versetzen würde.

Die Besucherin vom Rhein war bald mit dem Berliner Kunstmaler in einer intensiven Unterhaltung über künstlerische Berufung und Begabung und über Kunstschaffen und geschaffene Kunst vertieft. Dabei machte Eugen Vetter keinen Hehl daraus, dass er seine Kunst eingebettet wusste in seine anthroposophischen Überzeugungen und seine entsprechende Lebensweise. Er wusste wohl von seiner Tochter, dass seine Besucherin auch eine gewisse Nähe zur Anthroposophie mitbrachte, und er versuchte, das Gespräch auf dieser Basis zu führen.

„Ich hatte mir so etwas schon gedacht", sagte Eva-Maria, die von der Erscheinung des Mannes und seinem Auftreten sowie von der Einrichtung seines Ateliers beeindruckt war: natürlicher Bart und langes Haar, leinenes Künstlergewand, Sandalen, im Raum keine rechten Winkel, als Bau- und Gestaltungsmaterial nur naturbelassene Hölzer und Steine ...

Die junge Frau vermied es, tiefer über ihre Eindrücke zu reden. Sie spürte ein starkes inneres Unbehagen gegen die Atmosphäre, die von dem Mann und seinem Studio ausging, das sich in einem merkwürdigen Druck in der Magengegend äußerte. Sie wehrte sich dagegen und bat ihren Gastgeber, den geistigen und ideologischen Hintergrund der künstlerischen Arbeit doch außen vor zu lassen und sich wirklich nur fachlich-sachlich auszutauschen.

„Ich gebe mir Mühe, Fräulein Mönnig", gestand Eugen Vetter seinem Gast die Bitte zu. „Wenn Sie eine innere Sperre gegen die Lehre Rudolf Steiners haben, kommen wir in Fragen der Begründung unserer Kunst ohnehin nicht zusammen. Also schauen wir einfach auf Techniken und ihre Umsetzung auf Papier, Pappe, Holz und desgleichen."

Mit einem „Danke für Ihr Verständnis, Herr Vetter" atmete Eva-Maria erleichtert auf und legte ihrem Gastgeber nach und nach ihre Bilder und Grafiken vor, damit der Künstler sie analysiere und kritisiere. Der war tatsächlich beeindruckt und hielt auch mit seiner Sicht der Dinge nicht hinter dem Berg.

Schließlich bat Eva-Maria Mönnig darum, Herr Vetter möge ihr eine ehrliche Einschätzung der Zukunftsfähigkeit ihrer künstlerischen Arbeit geben. Der Mann beantwortete die Frage allerdings nicht, wie sein Gast sich das vorgestellt hatte. Er gab überhaupt keine brauchbare Antwort. Vielmehr drückte er seiner Besucherin ein Büchlein in die Hand, das sie bis zum nächsten Treffen gelesen haben sollte. Vielleicht sehe sie ihre Frage danach ein wenig klarer, und vielleicht deute sich sogar eine Antwort an.

In ihrem Quartier nahm sich Eva-Maria dann die Lektüre vor: Rainer Maria Rilke: „Briefe an einen jungen Dichter", ein schlicht gestaltetes Büchlein mit kaum sechzig Seiten aus dem Leipziger Insel-Verlag von 1958. Sie las die zehn Briefe des österreichischen Dichters sehr aufmerksam, einige sogar gleich mehrmals, und sie las sie mit steigender innerer Unruhe. Sie war zwar keine Möchtegern-Schreiberin wie jener Briefempfänger Franz Xaver Kappus, aber wenn sie die Gedanken Rilkes an diesen Mann auf ihre eigene Situation übertrug und dessen „Schreiben" als ihr Darstellen mit künstlerischen Mitteln verstand, dann hatte dieser bekannte junge Poet – die Texte hatte er im Alter von 28 Jahren geschrieben – ihr tatsächlich einiges zu sagen. Da gab es in den verschiedenen Briefen Sätze, die hatten es in sich und verursachten so etwas wie eine Erschütterung ihrer Seele.

Eva-Maria las zum Beispiel in Rilkes Brief vom 17. Februar 1903: „... Niemand kann Ihnen raten und helfen, niemand. Es gibt nur ein einziges Mittel. Gehen Sie in sich. Erforschen Sie den Grund, der Sie schreiben heißt; prüfen Sie, ob er in der tiefsten Stelle Ihres Herzens seine Wurzeln ausstreckt, gestehen Sie sich ein, ob Sie sterben müssten, wenn es Ihnen versagt würde zu schreiben ..."

Im selben Brief las sie einige Abschnitte später: „Ein Kunstwerk ist gut, wenn es aus Notwendigkeit entstand. In dieser Art seines Ursprungs liegt sein Urteil: es gibt kein andres. Darum, sehr geehrter Herr, wusste ich Ihnen keinen Rat als diesen: in sich zu gehen und die Tiefen zu prüfen, in denen Ihr Leben entspringt; an seiner Quelle werden Sie die Antwort auf die Frage finden, ob Sie schaffen *müssen* ..."

In Rilkes Brief vom 5. April aus Viareggio bei Pisa gab es auch einen Satz, der die junge Frau deutlich traf: „... Von allen meinen Büchern sind mir nur wenige unentbehrlich, und zwei sind sogar immer unter meinen Dingen, wo ich auch bin. Sie sind auch hier um mich: die Bibel und die Bücher des großen dänischen Dichters Jens Peter Jakobsen ..."

Es gab noch eine vierte Textpassage, die Eva-Maria traf und beschäftigte. Am 23. Dezember 1903 hatte Rilke an Kappus geschrieben: „... wenn es Ihnen bang und quälend ist, an die Kindheit zu denken und an das Einfache und Stille, das mit ihr zusammenhängt, weil Sie an Gott nicht mehr glauben können, der überall darin vorkommt, dann fragen Sie sich, lieber Herr Kappus, ob Sie Gott denn wirklich verloren haben. Ist es nicht vielmehr so, dass Sie ihn noch nie besessen haben? Denn wann sollte das gewesen sein? ..."

Diese Sätze Rainer Maria Rilkes und weitere warfen Eva-Maria Mönnig für eine Weile aus ihrem ohnehin schon angekratzten inneren Gleichgewicht tief hinein in eine Fülle von Fragen, die sie sich bisher nie gestellt hatte: Was bedeutete ihr die Kunst wirklich? So viel, dass sie dafür ihr Leben riskieren würde? Aus welchen Tiefen entsprang ihr Leben? Aus anthroposophischen oder christlichen oder ganz anderen? Was bedeutete ihr die Bibel? Eigentlich doch nichts, zumindest aber sehr wenig. Sie hatte seit ihrer Konfirmation nicht mehr darin gelesen. Das schwarze Buch hatte zwar immer auf dem Regal gestanden, war aber darauf verstaubt. Hatte sie, Eva-Maria Mönnig, Gott schon einmal besessen? Hatte Gott sie schon einmal besessen? Wann sollte das eine oder andere gewesen sein? Und wo würde ihr Weg einmal enden, wenn sie ihn weiterginge, ohne Gott mitzunehmen oder sich von Gott mitnehmen zu lassen? – Fragen über Fragen und keine Antworten! Keine, die sie selbst fand, und keine, die sie irgendwo hätte finden können.

Die so in den Tiefen ihrer Seele Angesprochene kam lange nicht zur Ruhe. Weitere Gespräche mit ihrem Künstlerkollegen Eugen Vetter halfen ihr nicht weiter. Der wusste ihr nämlich auch nichts Verbindliches mitzugeben außer der Bereitschaft, ihre Kunst gelegentlich in seine Galerie aufzunehmen. Ob das daran lag, dass sich die Besucherin vom Rhein gegen seine besondere geistige Aura sperrte?

Leider kannte Eva-Maria in Berlin niemanden, mit dem sie über ihre Not hätte sprechen können. Ihre Verwandten in der Stadt waren doch allesamt geprägt wie Eugen Vetter. Sie kämpfte also mit sich selbst und gegen die Erinnerungen an die Mallin-Verwandtschaft und deren Abhängigkeiten von der steinerschen Denkweise.

Dann tat die junge Frau etwas, was sie noch nie zuvor getan hatte, was sie aber aus einem der Rilke-Briefe als Möglichkeit zu handeln entnommen hatte. Sie stellte sich während der Fahrt mit ihrem VW-Käfer quer durch Berlin von Zehlendorf nach Reinickendorf selbst die Frage: „Was ist denn nun dein Weg im Leben, Eva-Maria Mönnig?" Sie hatte die Frage noch nicht ausgesprochen, als sie vom Rücksitz ihres Autos her eine deutliche Männerstimme sagen hörte: „Malen oder Gott!" Drei Wörter, mehr nicht.

Eva-Maria erschrak zutiefst über diese Antwort. Wer hatte da geredet? Es saß doch niemand auf dem Rücksitz ihres Käfers. Sollte Gott selbst geantwortet haben, den sie doch seit Jahren aus ihrem aktiven Bewusstsein verbannt hatte? Sollte der die Hand nach ihr ausstrecken, um sie auf einen Weg zu führen, den er für sie vorgesehen hatte, von dem sie aber noch nichts wusste? Die junge Frau hatte für dieses Ereignis keine Erklärung. Das Einzige, was ihr dazu durch den Kopf ging, war die Frage, ob sie ihre künstlerischen Fähigkeiten wohl in einem christlichen Verlag einsetzen sollte. Damit könnte sie Kunst und Gott ja in Verbindung bringen.

Diese Frage blieb auch in späteren Gesprächen mit ihren Kölner Gefährtinnen Marianne und Christel, denen sie sich nach ihrer Rückkehr in die Dom-Stadt anvertraute, unbeantwortet. Die beiden Frauen kapierten gar nicht, worum es ihrer Freundin eigentlich ging. Deswegen tat Eva-Maria eines einsamen Abends noch einmal das, was sie in Berlin in ihrem Auto schon einmal getan hatte. Sie fragte wieder ihr Inneres, als sei es ihr Gegenüber: „Gott, was soll ich denn für dich machen?" Wie damals im Auto erschrak sie auch jetzt, zunächst, weil sie unbewusst Gott angeredet hatte, was lange nicht passiert war, und dann, weil sie aus einer Ecke ihres Appartements die laute Antwort hörte: „Du musst Diakonisse werden!" Es war dieselbe Stimme wie die, die sie neulich in Berlin im Auto gehört hatte, die ihr diese Antwort gab, die ihr freilich überhaupt nicht gefiel. Sie, Eva-Maria Mönnig, sollte Diakonisse werden? Das konnte doch wohl nicht wahr sein! Nie und nimmer würde sie Diakonisse werden!

Blitzartig kam ihr das Gesicht jener Hensoltshöher Schulschwester vor Augen, die damals ihre Mitschwester so fies behandelt hatte. Auch die Kindergarten-Schwester von Erlangen tauchte vor ihr auf, die Kritik immer schnell und hart zu formulieren wusste, mit Lob und Anerkennung aber ihre Probleme hatte. Nein, Diakonisse wollte Eva-Maria auf keinen Fall werden. Laut hörte sie sich sagen: „Nein, Gott, nein! Ich nicht! Mit mir nicht!" Damit hatte sie die Stimme von eben aber nur zu einer Wiederholung ihrer vorigen Aussage herausgefordert: „Du musst Diakonisse werden!"

Die junge Frau erschrak erneut und erinnerte sich plötzlich an die alte gräfliche Tante Paula von Trichinsky, die gelegentlich davon gesprochen hatte, Gesichter zu sehen und Stimmen zu hören. Mutter Gisela Mönnig hatte damals vor dieser Fähigkeit gewarnt und sie als okkulte Belastung bezeichnet, die alles andere als gut sei.

Eva-Maria Mönnig beschloss spontan, nie wieder ihr eigenes Inneres zu befragen. Was sie an diesem Abend erlebt hatte, war ihr plötzlich unheimlich, und sie klinkte den Gedanken an Gott wieder aus ihrem Bewusstsein aus. Damit war für sie die Frage nach einem Berufswechsel zunächst einmal vom Tisch.

* * *

Doch Gott, der seine Hand deutlich nach Eva-Maria ausgestreckt hatte, ließ in der folgenden Zeit nicht locker darin, das Gelöbnis der Mutter Gisela Mönnig bei der Geburt ihres ersten Kindes Realität werden zu lassen. Bis dieses Ziel erreicht war, mussten allerdings ein paar leidvolle Dinge passieren, die von niemandem zu begreifen waren und die auch Eva-Maria zutiefst erschütterten.

Das erste Ereignis war das tragische Unglück in der jungen Familie ihres Bruders Joachim. Durch eine böse Kohlenmonoxidvergiftung kamen seine schwangere Frau und sein erstes Kind ums Leben. Er selbst, gerade einmal zweiundzwanzig Jahre alt, kam nach tagelangem Koma mit dem Leben davon. Welch eine Tragödie! Welch eine Not! Und wie viele verzweifelte Fragen aus den betroffenen Familien an Gott, der dieses Unglück zugelassen hatte! Sie blieben alle unbeantwortet.

Wochenlang trieb Eva-Maria die Frage um, wo sie selbst denn jetzt wäre, wenn dieses Unglück sie getroffen hätte. Wäre sie nach christlichem Verständnis in der Ewigkeit bei Gott, also im Himmel? Wäre sie an dem Ort, der auch Hölle genannt wurde, wo diejenigen, die im Leben nichts von Gott hatten wissen wollen, ihn vergeblich suchten? Sie hatte seit Jahren nicht nach ihm gefragt! Oder hätte sie die Lebenswelt nur verlassen, um nach einer gewissen oder auch ungewissen Zeitreise durch unbekannte Geisteswelten irgendwann wieder zurückzukehren, wie sie es von den Großeltern und anderen Verwandten und von den Leuten der Christengemeinschaft gehört hatte?

Auf diese und andere Fragen um Leben und Tod und Zeit und Ewigkeit fand die junge Frau keine Antworten. Sie fand auch niemanden, der ihr geholfen hätte, die innere Ruhe wiederzuerlangen. Sie war auch nicht in der Lage, ihrem tief trauernden und leidenden Bruder etwas wirklich Tröstendes zu schreiben oder bei ihrer Begegnung an seinem Krankenbett zu sagen. Der Besuch fiel ihr unendlich schwer, und ihre Worte erschienen ihr selbst hohl und leer; zu ihrem eigenen Bedauern und Leidwesen kamen sie über Allgemeinplätze nicht hinaus ...

* * *

Der weitere Verlauf der Zeit, ihre Arbeit in der Klinik, an der Staffelei und am Schreibtisch ließen Eva-Marias Fragen nach dem Sinn des Lebens nach und nach wieder leiser und seltener werden, bis erneut wie aus heiterem Himmel ein weiteres Ereignis eintrat, das ihr große Mühe machte. Dieses Ereignis betraf sie unmittelbar selbst.

Mit ihren Freundinnen Marianne und Christel war Eva-Maria Mönnig im Juni 1971 unterwegs zu einem Kurzurlaub, den die jungen Frauen im geliebten Amsterdam verbringen wollten. Die drei Reisenden saßen bei heiterem Wetter und ruhig fließendem Stadtverkehr fröhlich singend, scherzend und lachend in ihrem VW-Käfer und waren ganz auf Urlaub und Abenteuer eingestellt. Sie fuhren auf der B 59 in Richtung Mönchengladbach und hatten Bocklemünd an der Stadtgrenze von Köln noch nicht erreicht, als es Eva-Maria, die am Steuer saß, mitten in „We all live in a yellow submarine", plötzlich und wie aus heiterem Himmel die Stimme verschlug und sie in größte Atemnot geriet. Ihr war, als schnüre ihr etwas oder jemand den Hals zu, um sie brutal zu ersticken. Ein heftiger Schmerz wie von einem Stich in die Brust ließ sie kurz aufschreien. Sie begann zu husten und zu würgen. Ihr Gesicht wurde hochrot und die Augen traten ihr schier aus den Höhlen. Mit letzter Kraft brachte sie den Wagen am Straßenrand zum Stehen. Dann fasste sie sich mit den Händen an den Hals, um sich aus dem vermeintlichen Würgegriff zu befreien. Eine dramatische Situation!

Freundin Marianne versuchte vom Rücksitz aus, beruhigend auf die stöhnende, keuchende und japsende Eva-Maria einzureden und ihr irgendwie zum leichteren Atmen zu verhelfen, während Christel hinüber zur nächsten Straßenecke rannte, von wo aus ein gelbes Telefonhäuschen herüberleuchtete. Da musste dringend ein Arzt herbei und ein Krankenwagen! Es gelang der jungen Frau, einen entsprechenden Telefonkontakt herzustellen und Hilfe herbeizurufen.

Bis die dann endlich kam, schien eine kleine Ewigkeit vergangen zu sein. Eva-Maria lag inzwischen ohne Bewusstsein in ihrem Fahrersitz, dessen Rückenlehne die beiden Freundinnen hatten flach stellen können. Der heftige Erstickungsanfall war abgeklungen, der Atem ging wieder gleichmäßig und einigermaßen ruhig, aber er ging sehr flach und glich eher einem Röcheln. Auch die Schmerzattacke schien vorbei.

Der herbeigeeilte Notarzt nahm sich der Patientin noch im VW-Käfer an und ließ sie dann von seinen beiden Sanitätern in den Krankenwagen hinübertransportieren und mit Blaulicht und Signalhorn in Richtung Universitätsklinikum bringen.

Marianne und Christel konnten aufatmen: Ihre Freundin war in guten ärztlichen Händen, und ihr wurde geholfen. Ihnen blieb jetzt, sich um das Auto zu kümmern und später darum, dass Eva-Maria ein paar Sachen in die Klinik bekam, die sie sicher gebrauchen würde. Also: Urlaub ade! Das war es dann gewesen mit der Abenteuerreise nach Amsterdam.

Eva-Maria Mönnig fand sich, nachdem sie aus ihrer Bewusstlosigkeit aufgewacht war, auf der Intensivstation der Universitätsklinik an der Kerpener Straße im Kölner Stadtteil Lindenthal wieder, angeschlossen an tropfende Infusionen und an verschiedene Geräte, die ihren Zustand minutiös überwachten.

„Es ist Ihr Herz, Frau Mönnig", offenbarte ihr der betreuende Arzt. „Die akute Gefahr ist gebannt. Ihre Lage ist wieder stabil, aber durchaus immer noch ernst. Es wäre falsch zu sagen, Sie seien über den Berg."

Dies und was der Arzt und die Schwester auf der Intensivstation ihr sonst noch sagten von möglichen Dauerschäden des Herzens und vielleicht bleibender reduzierter Arbeitskraft, war für Eva-Maria beängstigend. Was war das mit ihr? Was widerfuhr ihr da? Wer oder was griff da in ihr Leben ein? Immer wenn die Kranke einigermaßen wach war, jagten sich die Gedanken in ihrem Kopf und sie landeten jedes Mal am selben Punkt: Wenn der Tod nun nach ihr gegriffen hatte, um sie ...? Nein, anders: Wenn Gott nun nach ihr gegriffen hatte, um ihr Leben neu zu orientieren? Wenn das so war, dann musste sie, Eva-Maria Mönnig, auf diesen Anruf Gottes antworten. Aber wie?

Der Patientin kam beim Nachdenken die alttestamentliche Geschichte des Propheten Jona in den Sinn. Diese Geschichte hatte sie doch als Kind schon gehört und im Kindergarten in Erlangen als Flanell-Bilder-Geschichte selbst erzählt. Also, wie war das noch gewesen? Angestrengtes Nachdenken brachte die Geschichte ins Bewusstsein zurück:

Jona, der Prophet aus Gath-Hepher bei Nazareth in Galiläa, war vor Gott geflohen und lief seinem Auftrag davon, besser segelte ihm davon. Er hatte gegen die Sünde von Ninive anpredigen sollen, was er zu tun nicht bereit war. Wegen eines Sturms ließ er sich von der Schiffsbesatzung ins Meer werfen, quasi als Opfer zur Besänftigung der wilden Naturgewalten. Daraufhin verschluckte ihn ein großer Fisch. Im Bauch des Fisches sah Jona dann seine Schuld ein und legte das Gelübde ab, wenn er je wieder ans Tageslicht käme, sei er bereit, nach Ninive zu gehen und Gottes Auftrag auszuführen. Daraufhin spuckte der Fisch ihn an Land und Jona erfüllte sein Gelübde, indem er nach Ninive ging, um dort seine Bußpredigt zu halten, was dann auch von Erfolg gekrönt war.

Wie ein Film lief diese Geschichte vor Eva-Marias innerem Auge ab und weckte in ihr die Erkenntnis, sie sei dem Jona vergleichbar. Sie sei auch ein Mensch, der seit Jahren Gott davonlaufe und seinen Auftrag missachte. Hatte nicht jene Stimme sie damals beauftragt, sich zu entscheiden zwischen Kunst und Gott? Und hatte die Stimme sie nicht aufgefordert, Diakonisse zu werden? Das musste es sein! Deshalb hatte Gott sie auf diese unangenehme, spektakuläre Weise aus dem Verkehr gezogen, damit sie Diakonisse würde und sich Gott hauptamtlich für den geistlichen Dienst zur Verfügung stelle.

Nachdem die Kinderkrankenschwester diese Erkenntnis gewonnen hatte, machte sie es wie Jona. Laut sprach sie es vor sich hin, wie seinerzeit im Auto und in ihrem Zimmer: „Gott, wenn ich aus der Klinik als geheilt entlassen werden sollte, dann bin ich bereit, Diakonisse zu werden." Jetzt war es heraus! Jetzt war das Gelübde gesprochen! Jetzt galt es für Eva-Maria nur noch abzuwarten, wie Gott mit diesem Versprechen umging.

Dass es da vor vierundzwanzig Jahren schon einmal ein Gelübde gegeben hatte, erfuhr Eva-Maria bei einem Besuch ihrer Mutter, die von Nürnberg die Reise nach Köln auf sich genommen hatte. Die Tochter, die inzwischen nicht mehr auf der Intensivstation lag, erzählte ihr von ihrem Vertrag mit Gott, worauf Gisela Mönnig ganz erstaunt von ihrem Versprechen berichtete, das sie Gott am 22. Juli 1946, dem Geburtstag von Eva-Maria, gegeben hatte. „Weißt du, Kind", erinnerte sich die Mama, „ich durfte nicht Diakonisse werden. Meine lieben Eltern in ihrem anthroposophischen Wahn haben mir diesen Schritt schlicht verboten. Meine Bekehrung haben sie nie verstanden, geschweige denn akzeptiert. Ich hätte meinem Heiland gerne im Kleid der Diakonisse gedient."

„Aber dann hättest du nie geheiratet, Mama, und ich wäre nicht auf der Welt", flocht Eva-Maria ein. „Und Joachim und Renate gäbe es auch nicht."

„Richtig, Kind", musste die Mutter schmunzeln. „Von daher hatte der Verzicht auf die Haube auch etwas Gutes. Als du dann aber da warst und mir eine so nette Friedensschwester bei der Geburt geholfen hatte, habe ich Gott gedankt und ihm gesagt, er möge es so führen, dass mein kleines Mädchen einmal Diakonisse würde."

„Heiße ich deshalb auch Eva-Maria, Mama", stieg in der Tochter eine Ahnung auf, „weil die Hebamme aus dem Mutterhaus der Eva von Tiele-Winckler kam?"

„So wird es gewesen sein, Kind", antwortete die Mutter. „So genau weiß ich das nicht mehr. Aber an mein Versprechen an Gott erinnere ich mich genau."

„Und was mache ich jetzt?", wollte die Patientin wissen.

„Nimm Kontakt mit Gunzenhausen auf, Eva-Maria", riet Gisela Mönnig. „Das Mutterhausgelände kennst du schon, und der Schwester Oberin bist du auch schon begegnet. Schreib einen Brief, wenn du hier entlassen bist. Oder noch besser: Fahr selbst hin und stell dich vor mit deinem Anliegen, in die Schwesternschaft einzutreten."

* * *

Eva-Maria Mönnig wurde wieder gesund. Bereits nach drei Wochen Klinikaufenthalt wurde sie mit der Maßgabe entlassen, auf ihr Herz aufzupassen, es nicht zu überfordern und es regelmäßig auf seine Funktionsfähigkeit kontrollieren zu lassen. Die folgende Erholungszeit, die ihre eigene Klinikleitung ihr gewährte, nutzte die Kinderkrankenschwester zu einem Besuch der Mutter in Nürnberg. Der Vater befand sich gerade auf einem längeren Auslandsaufenthalt in Asien. Von Nürnberg aus ließ Eva-Maria sich kurzfristig einen Besuchstermin im Mutterhaus geben und fuhr zu dem vereinbarten Besuch nach Gunzenhausen.

Dort führte sie ein langes Gespräch mit der Oberin und Hausmutter Sr. Emma Dennhöfer, in dem es um die Vergangenheit, die Gegenwart und die Zukunft der Eva-Maria Mönnig ging und um ihren möglichen Eintritt ins Mutterhaus. Das Ergebnis dieses Gesprächs war die Aufforderung, eine offizielle Bewerbung zu schreiben und einzureichen und dann abzuwarten, wie darauf reagiert werde. Vorher möge sie sich aber gründlich Gedanken darüber machen und sich ehrlich vor Gott prüfen, ob sie wirklich bereit sei, ihre schicke moderne Zivilkleidung und ihre flotte Frisur einzutauschen gegen die vergleichsweise triste Einheitstracht der Diakonissen mit der Einheitshaube für alle; ob sie sich als attraktive junge Frau der freiwilligen Ehelosigkeit mit dem Verzicht auf eine eigene Familie mit Kindern wirklich hingeben wolle; ob sie sich ihr Leben ohne die Möglichkeit der freien Berufswahl und ohne eigenes Einkommen vorstellen könne; ob sie den von einer Diakonisse erwarteten und geforderten Gehorsam gegenüber Gott und dem Mutterhaus wirklich leben wolle und sich dem Grundsatz der Sendung in eine vielleicht unangenehme Arbeit unterordnen könne. Sie müsse sich darüber im Klaren sein: Unbedingte Voraussetzung für den Eintritt ins Mutterhaus sei die Bereitschaft zum Verzicht auf die Pflege des eigenen Ich mit seinen vielfältigen Wünschen und Vorstellungen, mit seinen Absichten und Zielen und die bedingungslose Eingliederung in die Mutterhausgemeinschaft, und das alles im Glauben und in der Hingabe an den Herrn Jesus Christus, so wie es im Wahlspruch der Hensoltshöhe ausgedrückt sei.

* * *

Nach der Begegnung mit der Hausmutter zog sich Eva-Maria für eine Weile in den Bethelsaal zurück, den großen, hellen zentralen Gottesdienstraum der Hensoltshöhe, um innerlich zur Ruhe zu kommen, ehe sie sich auf den Rückweg nach Nürnberg begab. In ihrem Kopf rotierten eine Menge Gedanken: Ehelosigkeit, Gehaltsverzicht, gehorsame Unterwerfung, Glauben und Hingabe an den Herrn Jesus Christus ... die alle nach einer eigenen Stellungnahme verlangten. Die junge Frau musste das alles für sich selbst noch einmal ordnen und ausrichten.

In der Stille des Raumes ging sie ihren Gedanken nach. Dabei hielt sie die bunte Karte mit dem als hübsche Rosette dargestellten Wahrzeichen und dem in konzentrischen Kreisen angeordneten Wahlspruch der Hensoltshöhe gemäß 1. Korinther 1,30 in den Händen. Sie las den Text mehrmals und versuchte ihn zu verstehen. Eine schöne Grafik, ging es ihr dabei durch den Sinn, aber ein schwieriger Text:

„Aus ihm aber seid ihr in Christo Jesu, der uns geworden ist von Gott zur Weisheit – Gerechtigkeit – Heiligkeit – Erlösung."

Eva-Maria Mönnig verstand diesen Paulus-Text nicht. Sie verstand auch die Erklärung des früheren technischen Direktors der Augsburger Kammgarnspinnerei und Begründer einer evangelischen Gemeinschaftsarbeit in seiner Stadt am Lech nicht. Ernest Mehl hatte der Mann geheißen. Dieser Ernest

Mehl hatte aus seiner Gartenwirtschaft „Hensoltshöhe" im Jahr 1905 ein christliches Erholungsheim gemacht, in dem sich einige Diakonissen aus dem Mutterhaus Vandsburg in Westpreußen um die Gäste kümmerten. Vandsburg? Hatte die Mama nicht in diesem Ort während des Krieges ihr Pflichtjahr geleistet? Holte die Geschichte ihrer Mutter die Tochter jetzt etwa ein? 1909 hatte Ernest Mehl seine Arbeit einmünden lassen in die des Diakonissen-Mutterhauses Hensoltshöhe. Zur Gründung der Einrichtung hatte er die inhaltsschwere Rosette entworfen und ihre Aussage beschrieben, wie es auf der Rückseite der Karte abgedruckt war. Eva-Maria Mönnig musste den Text regelrecht buchstabieren:

„Zwölf Tore – es könnten deren mehr sein, so viel es aufrichtige Jesussuchende, Jesusliebende gibt – führen jeden Eintretenden auf die Straße der göttlichen *Weisheit,* welche den, der unverwandt auf das vor ihm liegende Ziel, *Jesus Christus*, den Gekreuzigten, blickt, in das Wesen der göttlichen *Gerechtigkeit* und, wenn er geradeaus weiterpilgert, durch die Heiligung in die göttliche *Heiligkeit* führt und aus dieser als sieghaften Überwinder in die göttliche *Erlösung.*

Zwei kreisförmige Straßen – es könnten deren mehr sein, so viel es von der geraden Linie abgeirrte Seelen gibt – verbinden sämtliche zu Jesus führenden direkten Straßen. Wer von Jesus wegsieht, gerät unversehens in einen vergeblichen Kreislauf, der den Pilger nur ermüdet, ohne ihn dem Ziel näherzubringen. Pilger, welche zu den entgegengesetzten Toren eingehen, kommen in dem Maße, in dem sie sich dem gemeinsamen Ziel nähern, auch einander näher und werden alle in Jesus völlig eins.

Dies sei Wahrzeichen und Wahlspruch derer, die auf der *Hensoltshöhe* ein und ausgehen, im Blick auf das Wort des Apostels 1. Korinther 1,30: ‚Von ihm kommt auch ihr her in Christus Jesus, welcher uns gemacht ist von Gott zur Weisheit und zur Gerechtigkeit und zur Heiligung und Erlösung.‘"[4]

Während die junge Frau noch mit dem komplizierten Text befasst war, wurde sie plötzlich von der Seite angesprochen. Eva-Maria Mönnig drehte sich erschrocken der Stimme zu. Sie war so in ihre Gedanken vertieft gewesen, dass sie nicht bemerkt hatte, dass jemand hereingekommen war. Neben ihr stand ein stattlicher Mann im dunklen Anzug und mit freundlichem Gesicht, der sich für die Störung entschuldigte und sich als Pfarrer Günther Carqueville vorstellte. Ob er sich einen Moment zu ihr setzen dürfe, fragte er. Selbstverständlich durfte er. Eva-Maria rückte dazu zwei Plätze in die Reihe.

„Sie sind der Hausvater der Hensoltshöhe!?", vermutete die junge Frau, die sich erinnerte, ein Foto des Mannes gesehen zu haben.

„Und Sie sind die Kinderkrankenschwester aus Köln bzw. aus Nürnberg, die sich für ein Leben in unserer Mutterhausgemeinschaft interessiert", gab der Mann zurück. „Die Hausmutter hat mich darüber informiert." Pfarrer Carqueville machte eine kurze Pause und fragte dann seine Sitznachbarin sehr direkt: „Und, sehen Sie für sich eine Berufung, zu uns zu kommen?"

Berufung? Von so etwas war im Gespräch mit der Hausmutter nicht die Rede gewesen. Eva-Maria suchte nach einer

---

[4] Zitiert aus „Ich will der Gnade des Herrn gedenken" – 50 Jahre Diakonissen-Mutterhaus Hensoltshöhe, S. 20 f.

Antwort und sagte dann: „Berufung? Ich weiß nicht recht. Ich weiß nur von der Diakonissen-Weihe meiner Mutter an meiner Wiege und von meinem eigenen Gelübde auf der Intensivstation der Uniklinik Köln neulich nach meiner Herzattacke."

„Und wegen dieser Weihe Ihrer Frau Mutter und wegen des eigenen Gelübdes wollen Sie Diakonisse werden?", wollte der Pfarrer es genauer wissen.

„Ich denke, ich muss es", antwortete die Frau. „Von der Mutter vor fünfundzwanzig Jahren Gott versprochen und von mir selbst vor ein paar Wochen in großer Not noch einmal, ohne von dem ersten Versprechen etwas zu wissen. Wegen dieser beiden Versprechen muss ich doch wohl ..."

„Sie müssen nicht deshalb, liebes Fräulein Mönnig. Sie müssen, wenn Sie eine eindeutige Berufung haben. Nicht wenn Sie es so wollen, sondern wenn Sie sollen, weil Gott es will – weil Gott Sie will. Denken Sie darüber nach und beten Sie um Klarheit; bitten Sie Jesus um seine Weisung."

Diese Worte bereiteten Eva-Maria spontanes Unbehagen. Um davon abzulenken, verwies sie auf die schmiedeeiserne Plastik an der Stirnwand des Bethelsaales und fragte nach der Bedeutung der fünf Symbole: „Grafisch sehr schön!"

„... und sehr aussagekräftig, wenn man sich hineinvertieft", gab Pfarrer Carqueville gerne Auskunft. „Schauen Sie, Fräulein Mönnig, drei gleichschenklige Dreiecke für die göttliche Dreieinigkeit. Mitten darin das Auge Gottes, das sagt: ‚Ich, Gott Vater, Sohn und Heiliger Geist hab dich im Blick; schau mich an und meine Gnade soll nicht von dir weichen' – nach Jesaja 54,10 zum Beispiel."

„Dann meint der Stern wohl Bethlehem, und die drei Kreuze meinen Golgatha", wagte Eva-Maria die Vermutung. Sie wollte doch nicht offen zeigen, dass sie von biblischen Dingen und geistlichen Deutungen sehr wenig Ahnung hatte. ‚Ob ich so unbedarft, wie ich bin, überhaupt Diakonisse werden kann?', ging es ihr für einen Moment durch den Kopf, um dann aber wieder dem Pfarrer zuzuhören.

„Das vierte Bild ist vielleicht nicht sofort erkennbar", stellte Pfarrer Carqueville fest. „Es symbolisiert Ostern, das Grab mit dem abgewälzten Stein, die Auferstehung Christi in Verbindung mit seiner Himmelfahrt."

„Das ist wohl das aufgesetzte Symbol aus X und P?"

„Richtig!", kam die Bestätigung. „Das ist das sogenannte Christusmonogramm, das aus den beiden griechischen Buchstaben Chi und Rho gebildet wird. Es sagt aus: Christus ist der Sieger über den Tod, der Herrscher des Lebens. Ich denke, Sie kennen das Lied: ‚Jesus Christus herrscht als König …'"

„Dann bleibt für das fünfte Zeichen ja nur Pfingsten übrig", erkannte Eva-Maria richtig, wobei sie den Hinweis auf das Lied überging.

„Und der Missionsauftrag an die zwölf Jünger Jesu; na ja, der zwölfte, Matthias, war inzwischen wieder dazugekommen. Das zeigen die Taube von oben her und von unten her die zwölf flammenden Lichter", bekräftigte der Mann diese Aussage. „Beides weist auf die Erdkugel, auf den Ort, an dem Gottes Auftrag zum Dienst umgesetzt und gelebt werden will und soll, und es lädt ein zur dienenden Nachfolge. ‚Wer mir dienen will, der folge mir nach', sagt Jesus in Johannes 12,26."

„Eine wirklich schöne Grafik", bestätigte Eva-Maria noch einmal, musste dann aber doch noch auf eine Bemerkung des Mannes neben ihr reagieren. Der fragte nämlich und kam damit auf seine Eingangsfrage nach der Berufung zurück: „Und, stehen Sie in der Nachfolge, Fräulein Mönnig, und möchten Sie Jesus dienen?"

Die junge Frau zögerte mit ihrer Antwort. Sie wusste es ja

selbst nicht richtig. Schließlich sagte sie: „Ich werde in mich gehen, Herr Pfarrer, und prüfen, wie es um mich steht und wohin ich gehöre."

Mit den Worten „Tun Sie das, Fräulein Mönnig!" erhob sich der Hausvater und reichte der jungen Frau die Hand. „Gott schenke Ihnen Klarheit für die richtige Entscheidung. Es hat mich gefreut, Sie getroffen zu haben. Ich denke, wir sehen uns wieder. Übrigens, nehmen Sie sich noch Informationsmaterial über uns mit. Die Pfortenschwester hat sicher einiges für Sie. Es gibt da ein ganz neues Heft aus dem Verlag der Francke-Buchhandlung über die Mutterhausdiakonie. Und noch eins: Die Erklärung zu unserem Wahlspruch werden Sie sicher auch noch verstehen. Leben Sie wohl!"

Eva-Maria Mönnig bedankte sich für den Hinweis und das Gespräch. ‚Ich denke, eher nicht. Und ob wir uns sehen, erscheint mir sehr fraglich', ging es ihr dabei durch den Sinn. Da war einfach zu vieles unklar und unwägbar; da blieben zu viele offene Fragen ohne verbindliche Antworten. Sie und „in Christo Jesu", wie sie es noch einmal auf der Karte las? Sie wusste ja gar nicht, was das bedeutete. Christus für die Menschen, also auch für sie, gemacht „von Gott zur Weisheit – Gerechtigkeit – Heiligkeit – Erlösung"? Böhmische Dörfer, musste sie sich selbst eingestehen. Sie nahm sich allerdings vor, sich wirklich um Antworten, Lösungen und Wegweisungen zu bemühen. Ohne Klarheit in diesen Dingen würde aus ihrer Zukunft an diesem Ort wohl wirklich nichts werden.

* * *

Eva-Maria Mönnig nutzte die folgenden Wochen, um Antworten auf ihre vielen Fragen zu finden. Sie las das Material, das sie sich von ihrem Besuch in Gunzenhausen mitgenommen hatte, und stellte dabei fest, dass darin nicht viel Neues stand, was sie nicht aus ihrem Haushaltsjahr schon gewusst und was sie jetzt besonders angesprochen hätte. Neu war aber, dass sie nun begann, die Bibel zu lesen und in Kommentaren und Auslegungen zu forschen, was sie ihr denn zu sagen hatte. Dabei hatte sie auch immer wieder die Frage vor Augen, die ihr als Wandspruch in der Pforte des Mutterhauses begegnet war: „Wen suchest du?" Die Frage musste original im Johannesevangelium stehen. Diese Frage an jenem Ort meinte sicher keinen Menschen, diese oder jene Diakonisse zum Beispiel oder irgendeinen möglichen Lebenspartner. Die Frage ging ja wohl tiefer und beinhaltete zugleich ein „Was suchest du?" Ja, wen oder was suchte sie denn? Eva-Maria wusste es selbst nicht so genau. Vielleicht diesen Christus, wegen des In-Christo-Jesu-Sein? Jedenfalls suchte sie Ruhe und Frieden für ihr unruhiges Herz, Perspektive für ihr junges Leben, Ziele, auf die hin sich zu leben lohnte. Konnte dieser Jesus Christus ihr das alles geben?

Eva-Maria erinnerte sich auch an Sr. Annemarie Vetter, die Tochter ihres Berliner Künstlerkollegen, mit der sie schon einmal einen Briefwechsel hatte. Sie knüpfte den Kontakt neu und fand dadurch jemanden, der sich ihrer Fragen auch in der Fürbitte annahm. Dass ein Mensch intensiv für einen anderen betete und dass sie selbst der andere war, war für Eva-Maria etwas Neues. Dass ihre Mutter ihren Weg im Gebet begleitete, war ihr schon bewusst, weil die ihr das immer wieder einmal sagte. Aber dass ein anderer Mensch, der doch eigentlich ein fremder war, ihr diesen Gebetsdienst anbot ...? Eva-Maria war dankbar dafür, auch wenn sie nicht so recht an irgendeinen Erfolg glauben konnte.

Sie suchte bald auch Kontakt zu Christen, mit denen sie sich unmittelbar austauschen konnte. Es gab solche Leute auch in Köln, und es gab sie sogar in ihrer eigenen Kollegenschaft. Eva-Maria Mönnig hatte den frommen Bibel- und Gebetskreis der Mitarbeiterschaft in der Kinderklinik bisher nicht beachtet. Jetzt suchte sie Verbindung und besuchte seine Zusammenkünfte, wenn sie eben Zeit dazu hatte. Dass durch ihre neue geistliche Orientierung die Freundschaft mit Marianne und Christel zu bröckeln begann und auch wirklich bald zerbrach, nahm Eva-Maria mit großem Bedauern hin. Das war wohl ein erster Preis, den sie für ihren Weg ins Mutterhaus zahlen musste.

Der zweite Preis, den sie zahlen musste, war wesentlich höher: Mit ihrer Entscheidung, ins Mutterhaus zu gehen, verscherzte sie sich die Gunst ihres Vaters. Der konnte sich seine älteste Tochter überhaupt nicht im Diakonissenkleid, mit dunklen Strümpfen an den Beinen, die Füße in langweiligen schwarzen Schuhen und einer Haube auf dem Kopf vorstellen. Nein, doch das nicht! Ihm war es viel lieber, sie würde als Krankenschwester Karriere machen, da trüge sie doch auch eine Haube. Und auf die sprichwörtliche Haube, unter die sie durch eine Heirat käme, wolle sie doch wohl nicht verzichten. Er wolle schließlich auch einmal Enkelkinder auf den Knien halten können.

Nein, Vater Oskar Mönnig, inzwischen auf der Karriereleiter bei Siemens ein paar Stufen nach oben gestiegen und noch häufiger in der weiten Welt unterwegs als zuvor, wäre sogar damit einverstanden, wenn sich seine Tochter als Künstlerin selbständig machen würde. Das war ihm lieber, als sie im Mutterhaus eingesperrt und vergraben zu wissen.

Für Eva-Maria wurden die Gespräche mit ihrem Vater immer wieder zu einer Art Anfechtung, die die Fragen jedes Mal neu hochkommen ließ, ob sie wirklich der Weihe der Mutter und dem eigenen Gelübde folgen sollte. Die Mutter musste dann jeweils die Tochter gegen den Vater in Schutz nehmen, sie trösten und für neue innere Ruhe und für den Blick nach vorn sorgen. Sie selbst war ja glücklich bei der Aussicht, die Tochter in dem Stand zu sehen, in dem sie nie hatte sein dürfen.

* * *

Noch wichtiger als der Beistand der Mutter aber waren die Signale, die Gott selbst dadurch setzte, dass er Eva-Maria Worte der Bibel vor Augen stellte, die für sie eindeutige Wegweiser in Richtung Mutterhaus waren. Zum Beispiel bekam sie eine Spruchkarte in die Hand mit dem Text von Jesaja 43,1b: „Fürchte dich nicht, denn ich habe dich erlöst; ich habe dich bei deinem Namen gerufen; du bist mein!" Oder im Losungsbuch der Herrnhuter Brüdergemeine, in dem sie neuerdings täglich las, sprach sie ein Wort aus dem Propheten Sacharja 8,13b an: „Ich will euch erlösen, dass ihr ein Segen sein sollt. Fürchtet euch nur nicht und stärket eure Hände!" Dann wieder fiel ihr ein Poster ins Auge, das in einem Schaukasten hing: „Seid Täter des Wortes und nicht Hörer allein; sonst betrügt ihr euch selbst" (Jakobus 1,22).

Einen letzten Ausschlag, die Bewerbung um den Eintritt ins Mutterhaus wirklich auf den Weg zu bringen, gab ein kleiner handgeschriebener Zettel, den die Tochter in einem Brief ihrer Mutter vorfand. Auf diesen Zettel hatte Gisela Mönnig am 22. Juli 1946 die Herrnhuter Tagessprüche und die zugehörigen beiden Liedstrophen aufgeschrieben. Sie hatte diesen Zettel kürzlich beim Ordnen von Papieren gefunden und umgehend nach Köln geschickt.

Mit großem Erstaunen und mit innerer Bewegung las Eva-Maria, was ihre Mama seinerzeit notiert hatte und was ja unmittelbar mit ihrer Weihe zum Diakonissendienst zu tun hatte:

„Geburtslosung 22.7.1946

Ich will meinen Bund nicht entheiligen und nicht ändern,
was aus meinem Mund gegangen ist (Ps. 89,35).
Reich und groß von Rat und Tat wird er seinen Gnadenrat
selbst mit starker Hand vollziehn. Amen, ja, wir traun auf ihn.
So denke nun daran, wie du empfangen und gehört hast,
und halte es fest (Offb. 3,3).
Wir opfern dir mit Hand und Mund Leib, Seel und Geist
aufs Neue, versprechen dir bei unserm Bund unweigerli-
che Treue. Du aber halte deinen Eid und lass dein Werk
nicht liegen. Hilf deiner armen Christenheit auch im Erlie-
gen siegen." [5]

Tief ergriffen las Eva-Maria den Zettel ein zweites und ein drittes Mal. Die Aussagen dieser Texte zu dem Tag ihrer Geburt
und Weihe sprachen sie unmittelbar an, und das genügte, den
Beschluss endgültig festzumachen, nach Gunzenhausen zu
gehen und ins Mutterhaus einzutreten. Die junge Frau setzte
sich sogleich hin und schrieb ihre Bewerbung und adressier-
te sie an Hausmutter Sr. Emma Dennhöfer. Diese Frau wusste
um die Hintergründe der Bewerbung und würde sie sicher positiv beantworten.

Ja, so sollte es jetzt sein: Sie, Eva-Maria Mönnig, im sechs-
undzwanzigsten Lebensjahr, Grafikerin und gelernte Kinderkrankenschwester mit einigen Jahren Berufspraxis, wollte
künftig das Kleid und die Haube einer Diakonisse tragen und
in diesem Stand als Frau fröhlichen Dienst tun für Gott und
für Jesus, den Gottessohn und Heiland der Menschen, von
dem sie freilich immer noch nicht in der Tiefe ihrer Seele er-

---

[5] Die Herkunft der beiden Liedstrophen konnte nicht ermittelt werden.

griffen und überzeugt war. Sie kannte zwar inzwischen vieles, was die Bibel sagte über Bekehrung und Wiedergeburt und über praktisch gelebten Glauben; aber was es bedeutete, eine neue Kreatur zu sein, wie es Paulus in 2. Korinther 5,17 geschrieben hatte, das war ihr letztlich noch immer verborgen. Und in die Tiefen des Hensoltshöher Wahlspruchs war sie auch noch nicht vorgedrungen. Diese Lichter musste Gott ihr noch aufgehen lassen, damit sie wirklich zum geistlichen Dienst fähig wurde.

Unter der Haube

Am späten Vormittag des 30. November 1971, einem Dienstag, klingelten Eva-Maria Mönnig und ihre Mutter an der Pforte des Mutterhauses auf der Gunzenhauser Hensoltshöhe. Gut, dass sie Schirme dabeihatten. Auf dem kurzen Weg vom Parkplatz bis zur Pforte wären sie sonst ganz schön nass geworden. Gut, dass der Eingangsbereich des Mutterhauses überdacht war und die Schirme schon einmal ausgeschüttelt und zugeklappt werden konnten.

„Ich wünsche mir, dass die Zeit, die heute beginnt, für mich regenärmer und sonnenreicher wird als dieser besondere Tag, Mama", meinte Eva-Maria, und sie schien dabei ein wenig nervös.

„Es wird sicher nach außen nicht alle Tage Sonnenschein sein können, Kind", griff Gisela Mönnig den Gedanken auf. „Aber innerlich wird dir ganz bestimmt die Sonne aufgehen, wenn du in deinem neuen Leben erst einmal Fuß gefasst hast."

„Dein Wort in Gottes Ohr, Mama", seufzte die Tochter ein wenig auf. „Ich wünschte, es gäbe einen Knall und die ersten Wochen lägen hinter mir, und der geistliche Knoten, den ich innerlich noch fühle, wäre geplatzt."

„Das ist auch mein tägliches Gebet, Eva-Maria", versuchte die Mutter zu trösten. „Ich bin überzeugt, dass er platzt. Du wirst sehen, dass Gott dich bald aus deiner empfundenen Enge in die Weite führt. ‚Gott der Herr ist Sonne und Schild; der Herr gibt Gnade und Ehre. Er wird kein Gutes mangeln lassen den Frommen.' So steht's im Psalm 84. Du wirst sehen, du wirst Gutes erfahren, Freude daran haben und Freude damit machen."

„Danke, Mama, für den Zuspruch an der Pforte", gab die Tochter ihrer Mutter zurück. „Ich glaub, jetzt tut sich was."

Einen Moment später öffnete die Pfortenschwester die Tür und bat die beiden Frauen ins Haus. „Herzlich willkommen im Mutterhaus, Frau Mönnig und Fräulein Mönnig! Legen Sie Ihre nassen Sachen bitte in der Garderobe ab. Da gibt es auch einen Schirmständer. Die Hausmutter ist bereits unterwegs. Sie wird gleich hier sein und ihr neues Schäfchen in Empfang nehmen." Das klang schon einmal fröhlich und nahm ein wenig die Spannung, die besonders Eva-Maria zu schaffen machte.

Momente später kam Hausmutter Sr. Emma Dennhöfer mit einem breiten Lächeln auf dem Gesicht und mit ausgestreckten Händen auf Eva-Maria zu und begrüßte ihre Neue mit herzlichen Worten. Dann wandte sie sich an die Mutter und reichte auch ihr die Hand: „Verzeihen Sie, Frau Mönnig, dass ich entgegen der Etikette Ihre Tochter zuerst begrüßt habe. Aber dieser Tag ist für sie einfach so wichtig, dass ich es tun musste."

Gisela Mönnig musste lächeln: „Ist schon recht, Schwester Emma. Aber auch für mich ist der Tag ein besonderer."

„Ich kann es mir denken", gab die Hausmutter zurück, „erfüllt sich doch, wie ich weiß, mit diesem Tag einer Ihrer lange gehegten Herzenswünsche."

„So ist es", kam die Bestätigung. „Ich bin Gott sehr dankbar, dass er die Dinge so geführt hat, dass ich Ihnen und Ihrer Schwesternschaft meine Tochter abgeben kann. Sie darf, was ich nicht durfte. Ist das nicht wunderbar?"

Inzwischen hatten die drei Frauen das Besprechungszimmer erreicht. Die Hausmutter wies auf die Sitzecke: „Nehmen Sie gerne Platz, Sie beide. Kaffee und Gebäck sind unterwegs. Ein wenig Zeit zum gemeinsamen Plaudern und zum Abschiednehmen für Sie beide haben wir noch, bis es dann Mittag wird."

Als dann eine junge Diakonisse das gefüllte Tablett auf den Tisch gestellt, die Gedecke verteilt und den duftenden Kaffee ausgeschenkt hatte, ergriff die Hausmutter wieder das Wort. „Zu Ihrem Einstieg bei uns im Mutterhaus bekommen Sie, liebes Fräulein Mönnig, von uns den besonderen Spruch aus Psalm 63,9 in der Übersetzung von Hans Bruns: ‚Deine Rechte hält mich fest.' Ein gutes Wort, Schwester Eva-Maria; ab jetzt: Schwester Eva-Maria, auch wenn Sie zunächst erst einmal Probeschwester sind! Gottes Rechte hält fest; sie bewahrt vor Straucheln und Fallen. Und wenn es doch einmal zum Straucheln und Fallen gekommen ist, dann hebt Gottes Rechte wieder auf. Fallen kann nie das Schlimmste sein, das Liegenbleiben wäre die Katastrophe. Die Erfahrung wünsche ich Ihnen für jeden Tag Ihres Hierseins: Gottes Rechte hält Sie fest."

„Ein gutes Wort für dich, Kind", bestätigte Gisela Mönnig und erinnerte an den Losungsvers des Tages: „Ist das nicht auch ein gutes Wort für diesen besonderen Tag aus Sacharja 6,15: ‚Es werden kommen von ferne, die am Tempel des Herrn bauen werden'?"

„Das ist es sicher, Sie beide", bestätigte Sr. Emma und fuhr fort, an ihre neue Probeschwester gewandt: „Ich bin mir darin sicher, dass Sie in diese Aufgabe hineinwachsen, am Tempel des Herrn mitzubauen, wohin immer Sie eines Tages gesandt werden. Zunächst aber kommt die Zeit der Probeschwesternschaft, die Sie ja hier im Haus in den verschiedenen Bereichen unserer Hauswirtschaft verbringen. Dann gibt es den biblischen Unterricht, in dem Sie den Heilsplan unseres Gottes für seine Schöpfung und besonders für seine Menschen im großen Zusammenhang kennenlernen und manches andere, das dazu dient, sich in den Diakonissenstand einzuleben und in die Mutterhausgemeinschaft einzufügen. Ich bin sicher, Schwester Eva-Maria und liebe Frau Mönnig, das wird alles einen guten Weg nehmen. Und jetzt haben Sie noch ein Schlusswort für unsere kleine Runde, liebe Schwester Eva-Maria. Sie haben bisher noch gar nichts gesagt."

Der neuen Probeschwester zog eine leichte Röte über ihr Gesicht. Sie holte ein paarmal tief Luft, streckte sich dann und wagte ihren Beitrag zur besonderen Situation: „Danke für die freundliche Begrüßung, Schwester Oberin …"

„Entschuldigen Sie, Schwester Eva-Maria, wenn ich Sie schon gleich unterbreche. Nicht ‚Schwester Oberin' oder gar ‚Schwester Hausmutter' oder so; einfach nur ‚Schwester Emma'", korrigierte die Hausmutter. „Ich bin auch nur Schwester unter Schwestern."

„Danke, Schwester Emma", nahm Eva-Maria die Korrektur auf und fuhr fort: „Ich werde mich bald an die neuen Anredeformen gewöhnt haben. Danke auch für das gute Geleitwort zu meinem Einstieg als Probeschwester. Dass ich hier einen guten Weg gehen kann, dazu muss mir Gott helfen. Und ich will darauf vertrauen, dass seine Hand mich tatsächlich festhält. Und ich danke dir, Mama, dass du mich hierher begleitet hast und dass du meinen Weg auch weiter im Gebet begleitest. Mein Wunsch ist, dass Papa bald ein Ja zu meinem Weg finden kann."

„Das nehmen wir jetzt mit in das Abschlussgebet unserer kurzen Begegnung", schlug Sr. Emma vor, faltete die Hände und sprach ein Gebet, das den Dank, die Bitte und die Fürbitte einschloss für die Dinge und die Menschen, die mit dieser denkwürdigen Begegnung zu tun hatten.

* * *

Wenige Minuten später befand sich jede der drei Frauen am anderen Ort: Sr. Emma Dennhöfer saß wieder an ihrem Schreibtisch, Gisela Mönnig war auf dem Weg zum Bahnhof – das Auto der Tochter blieb auf dem Mutterhaus-Parkplatz stehen, um seiner Besitzerin noch eine Weile zur Verfügung zu stehen –, und die neue Probeschwester trug ihr Gepäck nach oben in ihr Zimmer, das sie für zunächst ein Jahr mit drei weiteren Probeschwestern zu teilen hatte. Dort räumte sie schon einmal ihre Habseligkeiten aus und richtete sich ihre eigene Wohnecke ein wenig ein und gestaltete sie mit ein paar Kleinigkeiten. ‚Welch ein bescheidener Lebensraum!', ging es ihr dabei durch den Kopf: kaum Platz für wirklich Persönliches wie ein paar Fotos, ein paar Bücher, ein paar lieb gewordene Nippsachen. Ein sehr überschaubarer Platz an der Fensterseite des Mansardenzimmers.

Probeschwester Eva-Maria setzte sich dann an ihren winzigen Schreibtisch, stützte den Kopf in die Hände und schaute durch das Fenster hinunter auf die Stadt mit ihren Türmen, Giebeln und Dächern, die freilich an diesem grauen Novembertag keinen fröhlichen Eindruck machte, auch wenn der Regen aufgehört hatte. Der Rauch aus den Kaminen der Häuser quälte sich in der feuchten Luft über den Dächern und wollte gar nicht recht aufsteigen. Bäume und Sträucher standen kahl. In ihren Zweigen zeigten sich gerade einmal ein paar schwarz-weiße Elstern und ein paar Krähen oder Raben. Nur wenige Menschen bewegten sich in den einsehbaren Straßen.

Aber gut: Wenigstens diesen schönen Blick über die Stadt und über das weite Tal der Altmühl bot ihr neues Zuhause. Der Ausblick war sicher schöner und lieblicher, wenn die Jahreszeit eine andere war, wenn die Sonne schien und die Tage hell waren. Solche Zeiten würden ja wohl auch kommen.

Sr. Eva-Maria kam plötzlich ein Lied des Dichters Hans Baumann in den Sinn, das wohl ihre momentane innere Traurigkeit aus dem Gedächtnis hervorgeholt hatte. Sie hatte dieses Winterlied damals in Erlangen mit den Kindern gesungen. Jetzt summte sie die Melodie vor sich hin, bekam dabei aber den Text nicht mehr richtig auf die Reihe:

„Nur noch die Elstern, nur noch die Krähen,
nur die Struppigen, ...“
    Ob das Wort für diese Stelle richtig war? Es passte zumindest sprachrhythmisch zur Melodie.
„... nur die Zähen sind noch an Bord. Ach wo sind die lieben Sängerlein blieben? Sind alle fort!“

Ja, für den Moment waren alle weit fort, die ihr „liebe Sängerlein“ hätten sein können, die ein wenig Helligkeit in ihr bekümmertes Gemüt bringen konnten: Die Mama war mit der Bahn auf dem Heimweg; die Geschwister, die die Nachricht vom Eintritt ihrer Schwester ins Mutterhaus relativ gelassen hingenommen hatten, waren an ihren Lebensorten in Berlin und in Rothenburg an der Fulda; die Freunde lebten und arbeiteten im fernen Köln; Diakonisse Sr. Annemarie Vetter, mit der sie seit dem Besuch bei ihrem Vater in Berlin eine enge Verbindung geknüpft hatte, befand sich an ihrem auswärtigen Arbeitsplatz.

Ob ihre drei Mitbewohnerinnen sie ein wenig aufmuntern konnten, wenn sie denn gleich kamen? Dieser fragende Gedanke wurde durch die Beobachtung genährt, dass der Vormittagsunterricht im Schulhaus unten am Saum des Geländes offenbar zu Ende war. Eine große Schar Schwestern in dunklen Kleidern und weißer Haube befand sich auf dem Weg herauf zum Mutterhausgebäude.

Im Herzen der Probeschwester nistete sich wieder eine gewisse Bangigkeit ein: Wie würde sie wohl begrüßt von den dreien, mit denen sie zumindest für ein Jahr den Raum und das Leben teilen sollte? Was waren das für Frauen? Wie waren sie geprägt, gestrickt, eingestellt? Wie intensiv lebten sie ihren Glauben? Konnten sie vielleicht von spektakulären Bekehrungen und gründlichen Wiedergeburten, von speziellen Berufungen und besonderen Glaubenserfahrungen erzählen? Wie sollte sie antworten, wenn sie nach solchen Ereignissen in ihrem Leben gefragt würde? Konnte sie darauf überhaupt antworten? Sie hatte doch immer noch keine Klarheit über ihre eigene Beziehung zu Jesus Christus, und ihr Glaube war höchstens ein winziges Pflänzchen.

Momente später bekam Eva-Maria einen kleinen Eindruck von den drei Probeschwestern, die fröhlich lachend das gemeinsame Zimmer betraten. Sie bemerkten ihre neue Mitbewohnerin natürlich sofort, blieben wie auf ein stilles Kommando noch an der Tür stehen und stimmten ein Lied an, dessen Text sie wohl speziell in Vorbereitung auf diesen Moment umgedichtet hatten. Eva-Maria hatte das Lied neulich in Nürnberg in der Füll kennengelernt, und deshalb erkannte sie das Origi-

nal „Jugend für Christus, Jugend voll Freud ..." hinter der Text-
variation sofort wieder:

„Eva-Maria, Schwester voll Freud,
Schwester dem Heiland geweiht.
Eva-Maria, Wonne und Glück,
leuchtend und strahlend dein Blick.

Eva-Maria, was braucht die Zeit?
Dein Herz, das jung und dem Heiland geweiht;
dein Herz, das brennt auch in dunkler Nacht,
Schwester, die betet und wacht.

Eva-Maria, jede Nation
glückliche Generation.
Eva-Maria, bist du bereit?
Dein ist die Zukunft, das Heut.

Eva-Maria, was braucht die Zeit?
Dein Herz, das jung und dem Heiland geweiht;
dein Herz, das brennt auch in dunkler Nacht,
Schwester, die betet und wacht.

Eva-Maria, reich uns die Hand,
schmiede der Einigkeit Band;
Eva-Maria, treu in der Not,
treu unserm Heiland und Gott.

Eva-Maria, was braucht die Zeit?
Dein Herz, das jung und dem Heiland geweiht;
dein Herz, das brennt auch in dunkler Nacht,
Schwester, die betet und wacht.

Die Probeschwester Eva-Maria Mönnig war von dieser Begrüßung ihrer drei Mitschwestern Gisela, Erika und Beate so gerührt, dass ihr doch tatsächlich ein paar Tränen über die Wangen rollten. Darüber, dass alle drei Sängerinnen ihr gleichzeitig ein Taschentuch reichten, mussten dann alle vier herzlich lachen. Als dann eine nach der anderen die Neue mit einer Umarmung begrüßte, war die Spannung endgültig gelöst und es begann eine lebhafte gegenseitige Vorstellung und ein reger Austausch über die Fragen: Wer ist wer? Wo kommt jede her? Was hat jede bisher gemacht? Und: Wie geht es zu viert weiter?

Am Schluss dieser kurzen, aber sehr intensiven Kennenlernrunde bedankte sich die Neue noch einmal herzlich für den fröhlichen Empfang. „Wisst ihr, dass ihr mir zu drei ‚lieben Sängerlein' geworden seid?", fragte sie und erregte damit natürlich die Neugier der drei anderen.

„Merkwürdige Formulierung: ‚liebe Sängerlein'", meinte Sr. Beate und forderte damit eine Klärung der Frage.

Daraufhin antwortete Eva-Maria mit der ersten Strophe des Hans-Baumann-Liedes und schloss an: „Ich hatte die Frage noch nicht lange gesungen, da wart ihr schon hier. Liebe Sängerlein! Wunderbar! – Und jetzt geht es mir wieder gut. Jetzt kann mein neuer Lebensabschnitt beginnen."

„Aber nicht in der Aufmachung, meine Liebe", tat Sr. Beate ein wenig entrüstet. „In deinem Minikleid mit dem engen Oberteil und mit den hellen Nylons an den Beinen ertragen wir dich nur noch wenige Stunden."

„Und die Schuhe mit dem hohen Absatz gehören leider auch in den Schrank und eingetauscht gegen solche wie unsere. Schau dir meine an, Mitschwester", fügte Sr. Gisela mit ähnlich gespielter Entrüstung an.

„Dann muss ich auch noch etwas anmerken", fügte Sr. Erika

an. „Wir werden dir wohl deine Haare noch ein wenig in die Länge ziehen müssen, damit du sie zum Knoten fassen kannst. Sonst hält nicht das Häubchen auf dem Haupt vom Täubchen."

„Nicht schlecht gereimt", gab Eva-Maria lachend zurück und griff dann die Kritik an ihrer dunklen Haarpracht auf. „Dabei habe ich meine Haare doch schon seit einem halben Jahr wachsen lassen. Aber das wird sich wohl alles bis heute Abend geklärt haben. Ich werde mich noch heute Nachmittag standesgemäß kleiden und die Haube schon irgendwie befestigen. Dann werde ich eure geschätzte Gunst hoffentlich zurückbekommen."

„Wir werden es abhängig machen vom Augenschein, liebe Mitschwester, und es uns dann überlegen", grinste Sr. Beate und wies auf den Gong hin, der zum gemeinsamen Mittagessen gerufen hatte. „Und jetzt müssen wir dich leider in deinem weltlichen Aufzug mitnehmen. Na, ja, der Schwesternschar wird es den Appetit schon nicht verderben. Sie wird es ertragen, ohne Sehnsucht zu erleiden nach vergangenen Zeiten. Auf, ihr drei, und guten Appetit!"

* * *

Vor dem gemeinsamen Weg zur Dienstbesprechung nach der Mittagspause erschien Probeschwester Eva-Maria dann tatsächlich in ihrer neuen Diensttracht. „Na, wie sehe ich aus, ihr drei?", fragte sie und wirkte dabei ein wenig verlegen.

„Schaust gut aus, Schwester Eva-Maria", stellte Sr. Gisela fest, und Sr. Erika bemerkte trocken: „Mutation gelungen."

„Wieso Mutation?", kam die erstaunte Rückfrage. „Ich hab mich doch nicht plötzlich von der Frau zum Mann verändert oder vom Sopran zum Tenor."

„Nein, hast du sicher nicht", klärte Sr. Beate lachend auf.

„Die Frau sieht man dir immer noch an, und der Schwesternchor wird deinen Sopran freudig begrüßen. Aber du bist zum hübschen Pinguin mutiert. So nennen uns nun mal manche Leute auf der Straße."

„Pinguin?!" Sr. Eva-Maria schloss für einen Moment die Augen, als müsse sie den Begriff besonders in sich aufnehmen. Dann stellte sie mit einem raschen Rundblick auf ihre drei Mitbewohnerinnen fest: „Pinguine sind schön! Ich liebe diese besonderen Vögel. Ich habe diese possierlichen Tierchen bei jedem Zoobesuch in Köln und Nürnberg und anderswo immer besucht und mich über ihre Lauftechnik amüsiert und ihre Schwimmkünste bestaunt. Nur ihren Fisch mag ich weniger gerne. Und zudem ist ein friedlicher Pinguin wesentlich angenehmer als eine stechende Hornisse."

„Stechende Hornisse?", kam es erstaunt fragend von den andern dreien. „Wieso Hornisse?"

Sr. Eva-Maria schaute wieder in die Runde und meinte dann: „Ihr drei scheint mir nicht zu dieser Art Diakonissen zu gehören, die von den Leuten auf der Straße als Hornissen beschrieben werden." Die junge Frau in ihrer neuen Kleidung seufzte kurz auf: „Ich habe ein paar von dieser Sorte Schwestern kennengelernt, die mit lautem Gesumme unterwegs waren und zum Leidwesen der Menschen um sie herum ihren Stachel zu bedienen wussten. Ich ziehe den Watschelgang der Pinguine vor und den Blick in die Sonne, wenn sie denn mal scheint."

„Also beten wir immer wieder darum, dass wir allesamt nie in die Gefahr geraten, als Hornissen umherzuschwirren, ihr Lieben", schloss Sr. Beate diese kleine Gesprächsrunde. „Übrigens, Schwester Eva-Maria, dein Scheitel macht sich schon recht gut. Hinten rum werden sich deine Haare auch noch auf die Haube einrichten. Gut, dass die Schleife und die Haarklammern das edle Falten-Ding halten. Und jetzt wird es Zeit, dass wir vier hübschen Pinguine abwatscheln. Sr. Emma liebt es nicht, wenn jemand unpünktlich ist und die Ordnungen des Mutterhauses zu leicht nimmt."

* * *

Die junge Probeschwester Eva-Maria Mönnig gab sich alle Mühe, die Ordnungen des Mutterhauses ernst zu nehmen und sie peinlich genau zu beachten. Ihre drei Mitbewohnerinnen waren ihr dabei gute Vorbilder und immer wieder willkommene Hilfen. Die enge Vierer-Wohngemeinschaft tat ihr gut und half ihr, sich auch in größeren Schwesterngruppen zurechtzufinden und mit den unterschiedlichen Charakteren auszukommen, die sich da jeweils zusammenfanden. Es wurde viel erzählt, gescherzt und gelacht im Mansardenstübchen des Mutterhauses. Es wurde aber auch viel Geistliches bedacht und erörtert und dabei häufig gesungen, zumeist mit Gitarrenbegleitung, und es wurde mehrmals am Tag auf Knien gebetet.

Bei den Gesprächen und den Gebeten war Sr. Eva-Maria freilich eher die Passive, die aufmerksam zuhörte und alles in sich aufnahm. Was hätte sie denn auch aus eigenem Wissen und eigener Glaubenserfahrung beitragen können, wenn sich an das gemeinsame Bibellesen der Gedankenaustausch über den Text und seine Konsequenzen für das Leben anschloss? Sie hatte doch kaum Wissen über biblische Inhalte aus dem Alten und Neuen Testament und noch weniger solches über die großen und kleinen heilsgeschichtlichen Zusammenhänge. Was sie wusste, das hatte sie sich doch nur angelesen. Ihr Zugewinn an wirklichen geistlichen Einsichten war sehr gering, seit sie damit begonnen hatte, die Bibel zu studieren und sie mit Hilfe von Auslegungen zu verstehen. Sie konnte auch noch keine Erfahrungen im Umsetzen geistlicher Wahrheiten vorweisen. Wann hatte sie denn wirklich schon Glauben gelebt? Außerdem spukte immer wieder einmal anthroposophisches Gedankengut in ihrem Kopf herum, das sie bisher nicht wirklich losgeworden war. Die Lehre des Rudolf Steiner saß offenbar wie eine Blockade vor den Eingängen ihres Gemüts und ließ die aufgenommenen geistlichen Wahrheiten nicht eindringen und erst recht nicht zur Entfaltung kommen.

Nachdem Sr. Eva-Maria zu Weihnachten 1971 nach Sitte des Mutterhauses ihren besonderen Fest-Zuspruch aus Psalm 89,22 erhalten und gelesen hatte – der Vers stand in der Übertragung von Hans Bruns auf dem Kärtchen: „Ich halte meine Hand immer über dich. Ich verleihe dir durch meinen Arm Stärke!" –, gab sie sich für eine Weile mit ihrem inneren Zustand zufrieden. Der Vers bestätigte ja den Zuspruch vom Tag ihres Einzugs ins Mutterhaus. Es konnte also nichts schiefgehen mit ihr; Gott selbst hielt sie ja mit seiner Rechten.

Die Ruhe hielt allerdings nur wenige Tage an, denn das persönliche Jahreslos für 1972, das ihr in der Silvesternacht zuteilwurde, machte ihr dann doch erhebliche Unruhe. Auf ihrem Kärtchen las die junge Frau den Vers aus Lukas 12,36: „Seid gleich den Menschen, die auf ihren Herrn warten." Was sollte ihr das zu sagen haben? Sr. Eva-Maria wurde es heiß und wieder kalt beim Lesen und Nachdenken über die Aufforderung Jesu an seine Hörer, und sie war erleichtert darüber, dass sie nicht aufgerufen wurde, ihr persönliches Jahreslos vorzulesen und zu kommentieren.

Ihr wurde noch einmal heiß und kalt, als sie später den Textzusammenhang des Lukasevangeliums las. Da war vom Kommen des Herrn die Rede, der seine Knechte wachend finden wollte und bereit, mit ihm zu gehen. Der jungen Probeschwester wurde wieder einmal schmerzlich bewusst, dass sie noch gar nicht bereit war, den Bräutigam zu empfangen und mitzugehen zu der Hochzeit, von der Jesus in seinem Gleichnis gesprochen hatte. Sie nahm sich vor, bei nächster Gelegenheit eine ihrer drei Mitschwestern auf ihr Problem anzusprechen und um Hilfe zu bitten, damit sie endlich aus ihrer Ungewissheit herauskam.

Das freilich brauchte sie nicht zu tun, denn Sr. Gisela kam von sich aus auf Sr. Eva-Maria zu und fragte sehr direkt nach: „Sag mir, Schwester, was mit dir los ist. Irgendetwas blockiert deinen Glauben. Irgendetwas verstellt deinen Zugang zu Jesus. Wenn wir über Tagesgeschäfte reden und wenn wir singen, dann bist du frei und offen, und dann schaust du auch fröhlich drein. Sobald es um Fragen des Glaubens geht und um Antworten aus dem Wort Gottes, machst du dein Gesicht zu. Ich habe den Eindruck, du trägst immer wieder eine Maske, die dein wirkliches Antlitz verbirgt."

Sr. Eva-Maria erschrak bei dieser direkten Anrede ihrer Zimmergenossin. Spontan schnürte es ihr den Hals zu, als wolle jemand oder etwas verhindern, dass sie antwortete. Sie griff an den kleinen Kragen ihres Kleides, um diese Enge zu lösen. Sie atmete ein paarmal schwer und tief ein und wieder aus. Dann brachte sie mit fast tonloser Stimme hervor, wobei sie ihre Hände so ineinanderpresste, dass die Knöchel weiß hervorschauten: „Du hast recht, Schwester Gisela. Da ist etwas, das meinen Glauben blockiert, das mich hindert, ganz für Jesus offen zu sein. Du hast recht, ich spiele euch und auch anderen oft etwas vor. Ich trage tatsächlich immer wieder eine Maske, hinter der ich die wahre Eva-Maria verberge. Die möchte gerne glauben wie ihr. Die möchte gerne Jesus lieben und ihm dienen wie ihr. Die möchte gerne ... aber sie kann nicht."

Für ein paar Momente blieb es still zwischen den beiden Frauen auf ihren gegenüberliegenden Bettkanten. Dann schaute Sr. Gisela in die vertränten Augen ihres sichtbar leidenden Gegenübers, brach das Schweigen und fragte wieder sehr direkt: „Hast du in deinem Leben irgendwann mit widergöttlichen, vielleicht sogar okkulten Dingen zu tun gehabt?"

Wieder musste sich Sr. Eva-Maria an den Hals greifen, weil sie erneut das Empfinden hatte, etwas oder jemand schnüre ihr die Luft ab. Dann brachte sie es mit rauer Stimme heraus: „Meine Mutter war bis zu ihrer Bekehrung Anthroposophin; meine Großeltern und ihre Verwandtschaft waren und sind in die Lehre Rudolf Steiners verstrickt und gehörten und gehören noch zu der Versammlung der Christengemeinschaft."

„Und du selbst?", hakte Sr. Gisela nach.

Sr. Eva-Maria seufzte wieder auf und wischte sich mit einem Taschentuch über ihre feuchten Augen. „Ich selbst habe diese Dinge vor allem von meiner Großmutter und von zwei Tanten gelernt. Ich habe vieles von dem, was die mich gelehrt haben, geglaubt und gelebt."

„Und glaubst du immer noch an das anthroposophische Zeug?", hakte Sr. Gisela noch einmal nach.

„Nein, das tue ich nicht, schon lange nicht mehr. Aber ich bin das alles noch nicht wirklich losgeworden. Immer wieder spuken solche blöden Steiner-Gedanken in meinem Kopf. Vor allem, wenn wir ..."

„... von Jesus, dem Heiland und Retter, reden, stimmt's?", mischte sich die Mitschwester in Sr. Eva-Marias Worte ein.

„Stimmt!", bestätigte Sr. Eva-Maria. „Den Heiland Jesus mag die Anthroposophie nicht kennen. Und dieses Gedankenzeug hindert mich, Jesus wirklich in mein Herz zu lassen ..."

„... was du aber liebend gerne möchtest?!"

„Was ich liebend gerne möchte", wiederholte die deutlich leidende junge Schwester leise und eher vor sich hin, wobei sie das Taschentuch in ihren Händen knetete. Dann blickte sie auf, schaute ihrer Mitschwester bittend in die Augen und fragte vorsichtig: „Kannst du mir dabei helfen, die Blockade zu lösen?"

Sr. Gisela zögerte einen Moment mit ihrer Antwort auf diese doch ein wenig schwierige Frage. Dann antwortete sie und legte dabei die Hände ineinander: „Ich kann dich nicht von deiner Blockade befreien, Schwester Eva-Maria. Aber ich weiß: Jesus kann es! Er ist der Sieger über Hölle, Tod und Teufel. Und wen der Sohn frei macht, der ist wirklich frei! So sagt er es selbst nach Johannes 8,36. Kannst du das glauben, Schwester Eva-Maria?"

Jetzt war es die Angesprochene, die mit ihrer Antwort ein paar Momente zögerte. Dann sagte sie nach einem leichten Seufzer: „Ich muss es wohl sagen wie der Vater von dem besessenen Knaben in Markus 9: ‚Herr, ich glaube, hilf meinem Unglauben!'"

„Dann lass uns jetzt hier auf die Knie gehen, meine Liebe", schlug Sr. Gisela vor, „und Jesus bitten, dass er an dir tut, was er an dem besessenen Knaben getan hat. Jesus hat dessen teuflische Blockade gelöst, er wird auch deine Blockade lösen. Einverstanden? Bitten wir Jesus darum?"

„Bitten wir Jesus darum!", erklärte Sr. Eva-Maria sich einver- standen und begab sich an ihrem Bett bereits auf ihre Knie. „Ja, bitten wir Jesus darum!"

Sr. Gisela tat es ihr gleich, und dann waren die beiden Frauen bald in einem langen intensiven und drängenden Wechselgebet um Vergebung für das Festhalten an sündhaften Bindungen; um Befreiung und Lösung von allen Besetzungen und Belastungen, die den Glauben hinderten; um neue biblische Orientierung und Ausrichtung allein auf Christus, den Heiland und Erlöser; um Bestätigung seiner Berufung für das Leben und den Dienst als Diakonisse.

Wie lange die beiden Frauen auf ihren Knien gewesen waren, wussten sie danach nicht zu sagen; auch nicht, wann die beiden anderen Mitschwestern das Zimmer betreten hatten. Die hatten die besondere Situation sofort erkannt und sich still auf ihre Betten gesetzt und innerlich mitgebetet.

Nach dem letzten „Amen!" hatten alle vier den starken Eindruck, dass Jesus ihre Gebete erhört hatte. Vor allem Sr. Eva-Maria empfand eine tiefe Erleichterung, die sie sogar körperlich zu spüren glaubte. Sie sprang aus der Kniehaltung auf ihre Füße und griff zur Gitarre, die zur Benutzung immer ausgepackt in einem Ständer in der Zimmerecke stand. Spontan sang die Schwester einen Chorus, den sie so noch nie gesungen hatte. Dabei strahlte sie über ihr Gesicht, das nun gar nichts Maskenhaftes mehr an sich hatte:

„Ich singe von Jesus, sein ist Gewalt und Macht,
er hat auf Golgatha für mich das Heil vollbracht.
Der große Gott ist er, nun ist er auch mein Herr!
Jetzt sing ich von Jesus mehr und mehr!

Ich glaube an Jesus, er ist der Siegesheld,
er hat des Teufels Macht und List dahingefällt.
Der große Gott ist er und ist nun auch mein Herr!
Ich glaube an Jesus mehr und mehr!"[6]

Nach dieser zweiten Strophe legte Sr. Eva-Maria die Gitarre vorsichtig auf ihr Bett. Mit leuchtenden Augen und einem breiten Lächeln auf ihrem Gesicht fragte sie: „War das gut so?

---

[6] Nach dem Lied „Wir singen von Jesus." Text: Paul Nadolny und Wolfgang Behnk. Melodie: Herbert Buffum. Eigentum des Hänssler-Verlags, heute Holzgerlingen; zu finden z. B. in „Singt von Jesus", Born-Verlag, Kassel, 1971, Nr. 1.

Wen der Sohn frei macht, der ist wirklich frei! Ich bin frei, ihr drei! Jesus hat mich frei gemacht von der Blockade, die mich bisher behindert hat und die ich vor allen Leuten versteckt hatte. Mir ist so leicht, wie ich es noch nie gefühlt habe. Ich spüre es förmlich, dass mir ein schwerer Rucksack von den Schultern genommen ist ..."

„... den du auch nie wieder aufsetzen wirst, meine Liebe", freute sich Sr. Gisela mit ihr und nahm sie herzlich in die Arme. „Ich glaube, jetzt bist du wirklich in deiner Diakonissentracht und im Mutterhaus angekommen."

„Ja, das bin ich wirklich!", bestätigte Sr. Eva-Maria und tat einen Freudenhopser, um dann nacheinander auch Sr. Erika und Sr. Beate um den Hals zu fallen. „Danke für eure Geduld mit mir! Danke für eure Gebete! Danke für eure Freundschaft und eure Geschwisterliebe und für euren Glauben!" Nach einem kurzen Nachdenken sagte sie: „Und jetzt muss ich als Erstes zu den Hauseltern."

„Zu Pfarrer Carqueville und zu Schwester Emma?", kam es erstaunt und wie aus einem Mund von den drei Mitschwestern.

„Ja, zu beiden, wenn sie beide im Haus sind", bestätigte Sr. Eva-Maria. „Die sollen als Erste wissen, was sich in unserem Stübchen soeben ereignet hat."

„Und warum ist das so wichtig für dich und für die beiden Hauseltern?", wollte Sr. Beate wissen.

„Das kann ich euch gerne sagen", begann Sr. Eva-Maria ihre Antwort. „Die beiden haben mich in die Schwesternschaft aufgenommen, obwohl sie wussten, dass ich keine Bekehrung erlebt hatte und von einer wirklichen Berufung in den Diakonissenstand nichts wusste. Sie haben mich aufgenommen nur auf das Gelübde meiner Mutter hin und auf mein eigenes, das ich nach meiner Herzattacke damals in Köln abgegeben hatte. Das hat den beiden gereicht."

„Eine Aufnahme auf Hoffnung also?! Alle Achtung!", stellte Sr. Erika erstaunt fest.

„Auf eine Hoffnung, die nicht zuschanden wurde, ihr drei Lieben", bestätigte Sr. Eva-Maria noch einmal. „Wie bin ich den beiden so dankbar, dass sie mich an- und aufgenommen hatten, so unbedarft, wie ich nun einmal war! Und jetzt eile ich, damit ich zum Abendessen pünktlich im Speisesaal bin." Mit einem noch angehängten „Bis nachher! Und noch einmal danke für eure Hilfe!" war sie auch schon draußen, um dem Rektor und der Oberin die frohe Botschaft ihrer Lösung von den unseligen Bindungen an die Restbestände ihrer geistigen Verfangenheit im Netz der Anthroposophie zu bringen.

* * *

Sr. Eva-Maria Mönnig traf leider nur den Rektor ihres Mutterhauses an. Die Freude über das berichtete Befreiungserlebnis seiner jungen Probeschwester war bei Pfarrer Günther Carqueville natürlich groß. Dennoch blieb seine Begeisterung verhalten und seine anerkennenden Worte klangen ernst: „Diese gewonnene Freiheit ist etwas ganz Wunderbares, Schwester Eva-Maria", sagte er, „aber diese Freiheit muss nun auch gelebt werden." Er machte eine Pause, wohl um seinen Worten besonderen Nachdruck zu verleihen. Dann fuhr er fort: „Die Bibel und die Vorgaben des Mutterhauses liefern Ihnen die Maßstäbe für dieses Leben."

Die Diakonisse schaute ihren Vorgesetzten an, als wolle sie fragen, was er denn damit meine. Sie erfuhr es sofort.

„Mehrere Dinge sind für Sie jetzt wichtig, Schwester Eva-Maria."

„Und welche sind das?", kam natürlich die Nachfrage.

„Nun", antwortete der Hausvater, „ich zähle sie Ihnen auf:

Erstens fordert Ihr neues Leben ein intensives Studium der Heiligen Schrift und der Bekenntnisschriften der Kirche. Zweitens braucht es eine gute Pflege der neuen Freiheit durch ein enges geistliches Miteinander in Andacht und Gebet mit Ihren drei Mitschwestern auf der Stube, mit den anderen Probeschwestern bei Ihren Treffen und mit der übrigen Schwesternschaft und der gesamten Mutterhausgemeinschaft, wann und wo immer es gemeinsame Zusammenkünfte und Unternehmungen gibt. Alte mit den Jungen ... Sie wissen schon."

„Ich weiß", bestätigte die Probeschwester, „... sollen loben den Namen des Herrn. So steht es in einem Psalm." Dann fragte sie weiter, weil Pfarrer Carqueville offenbar eine Pause machte: „Und drittens?"

„Drittens?" Der Hausvater schaute Sr. Eva-Maria ernst in die Augen. „Ja, es gibt ein Drittes, Schwester. Sie sollten sich bei allem, was nun kommt, immer vor Augen halten, was der Kirchenvater Aurelius Augustinus, Bischof von Hippo Regio, bereits vor mehr als anderthalb Jahrtausenden den Nachfolgern und Dienern Christi seiner Zeit mit auf den Weg gegeben hat. Ich gebe Ihnen den Text auf einer Karte mit. Lesen Sie ihn aufmerksam, Schwester Eva-Maria, und denken Sie über die Worte nach."

„Und dann? Was noch?" Die Diakonisse schien ein wenig verunsichert durch die Aufgabenliste, die sie erhalten hatte.

„Gut, dann noch ein Letztes, liebe Schwester." Pfarrer Carqueville schaute nun aber gar nicht mehr so ernst drein. Mit einem eher aufmunternden Blick sagte er: „Und dann gehen Sie fröhlich den Weg einer ancilla domini, einer Magd des Herrn Jesus Christus, und das unter dem Segen des allmächtigen und dreieinigen Gottes. – Und jetzt entschuldigen Sie mich bitte, Schwester Eva-Maria. Ich habe noch anderes zu tun."

Ein wenig enttäuscht stand Sr. Eva-Maria nach dem Zehn-Minuten-Gespräch mit dem Hausvater auf dem Flur vor der Tür seines Arbeitszimmers und las die kalligrafisch hübsch gestaltete Karte mit schwarzer Schrift auf hell-marmornem Untergrund, die Pfarrer Carqueville ihr in die Hand gedrückt hatte:

„Wer zum Dienste Gottes hinzutritt, der wisse, dass er zur Kelter gekommen ist. Er wird bedrängt, zerstampft, niedergetreten, aber nicht, um in dieser Welt zugrunde zu gehen, sondern um hinüberzufließen in die Weinkammern unseres Gottes."

Was für ein Wort des berühmten Kirchenvaters!, ging es Sr. Eva-Maria durch den Sinn, und ihre Hochstimmung verlor deutlich an Schwung. Hätte der Hausvater ihr nicht einen angenehmeren Zuspruch mitgeben können? Die junge Frau, der ihre Diakonissentracht eigentlich mit der Gebetserhörung von vorhin erst wirklich lieb geworden war, beschloss bei sich selbst, sich von dem ernsten und schweren Augustinuswort nicht wieder herunterziehen zu lassen, das Wort also nicht von vorne und von dem Begriff „Kelter" her zu verstehen. Der Kirchenmann von damals mochte ja recht haben. Wenn man das Wort aber von hinten her verstand, von den „Weinkammern unseres Gottes" her, dann verlor es seine Schärfe und wurde so eher zum Mutmacher: Hinüberfließen in die Weinkammern Gottes – das bedeutete verheißungsvolle Zukunft. Das sollte ihr in allem, was demnächst in der Schwesternschule, in den verschiedenen Arbeitsbereichen des Mutterhauses und an den Orten unterschiedlicher Praktika auf sie zukam, vor Augen stehen und Orientierung geben.

Berufen und gesandt

Der 4. Dezember 1973 wurde für Sr. Eva-Maria Mönnig wieder zu einem besonderen Tag. An diesem Dienstag nach dem ersten Adventssonntag endete für sie die zweijährige Zeit der Probeschwesternschaft. Die inzwischen siebenundzwanzigjährige junge Frau wurde gemeinsam mit etlichen Mitschwestern – ihre bisherigen drei Stubengenossinnen Sr. Beate, Sr. Erika und Sr. Gisela gehörten auch dazu – feierlich als Jungdiakonisse neu eingekleidet und damit offiziell in die Schwesternschaft der Hensoltshöhe aufgenommen. Nach der vorgegebenen Ordnung des Mutterhauses begann für sie nach der erfolgreichen Beendigung der Schwesternschule – sie hatte damit jetzt einen Abschluss, der der sogenannten mittleren Reife gleich war – jetzt eine achtjährige Zeit des Wachsens und Reifens im Diakonissenstand, eine Zeit der weiteren Fachausbildung und eine Zeit der ersten Berufserfahrungen.

Sr. Eva-Maria begann diese neue Lebensphase mit dem persönlichen Zuspruch aus Markus 6,50: „Seid getrost, ich bin's; fürchtet euch nicht!" ‚Welch ein Wort!', musste sie denken, als sie an ihrem Schreibtisch in ihrer Stube diesen Zuspruch Jesu im Textzusammenhang des Markusevangeliums las. Da waren die zwölf Jünger ohne ihren Meister auf dem See unterwegs gewesen und in einen nächtlichen Sturm geraten, der ihnen Mühe machte. Mitten hinein in ihre Not war Jesus auf dem Wasser zu ihnen gekommen, einem Gespenst gleich, und hatte mit diesen Worten seine Jünger beruhigt und gleichzeitig die wüsten Wellen geglättet.

Sr. Eva-Maria atmete tief durch, als sie den Text wiederholt gelesen hatte. War die Lage der Jünger nicht genau ihre eigene? Umgab sie nicht seit einiger Zeit wieder mehr Nacht als Licht in ihrem Glauben und ihrem Bemühen, Nachfolge zu leben? Saß ihr da nicht doch wieder dieser Alb im Nacken, den sie damals in ihrem Gebet mit Sr. Gisela wie einen lästigen Rucksack abgeschüttelt hatte? Griffen jene gottfeindlichen Mächte aus dem Umfeld der Anthroposophie doch wieder nach ihr und machten sie unsicher und vermiesten ihr Freude und Fröhlichkeit? Hatte sie nicht zuletzt auch wieder ihre alte Maske von damals aufgesetzt und ihrer Umgebung ein Schauspiel fröhlichen Christseins gegeben?

Und jetzt am Tage ihrer Neueinkleidung dieser Zuspruch! Kam Jesus damit in ihre ganz persönliche Nacht? Kam er selbst in ihr mühevolles Rudern und gebot dem Gegenwind zu schweigen? War das zu begreifen? Oder war ihr Herz inzwischen doch schon wieder verhärtet wie das der Jünger nach der Erzählung des Markus?

Sr. Eva-Maria barg ihr Gesicht in den Händen: Was war nur los mit ihr? Ein paar Tränen liefen ihr wieder einmal über die Wangen und ein inbrünstiges Gebet stieg hinauf zum Himmel: „Herr Jesus, nimm dich meiner an! Gebiete dem Wind! Löse mein Herz! Mach es hell für mich!"

Stimmen auf dem Flur ließen die Betende aufhorchen. Rasch erhob sie sich, stellte sich mit dem Rücken zur Tür vor

das Fenster und schaute hinunter auf die in der Abenddäm-
merung liegende verschneite Stadt. Ihre drei Mitschwestern
mussten ihre Tränen nicht sehen. Sie würden Fragen stellen,
und sie könnte doch nicht antworten. Die Frau im neuen Dia-
konissengewand wischte sich mit dem Taschentuch über die
Augen, schnäuzte sich heftig die Nase und setzte ihre „Maske" auf. Dadurch konnte sie ihre Mitschwestern doch fröhlich
begrüßen und sie glauben machen, sie sei über den besonderen Tag auch besonders glücklich. Irgendwie war sie es ja
auch. Aber der Alb in ihrem Nacken ließ ihr doch keine Ruhe.

Er wich auch nicht nach dem Weihnachtswort aus Matthäus
14,27, das Sr. Eva-Maria zugesprochen wurde und merkwür-
digerweise aus demselben Zusammenhang stammte wie das
Wort zur Einkleidung. Die Jungdiakonisse schöpfte Hoffnung,
dass Jesus sie bald aus den Wellen zog wie damals den Petrus.
Den bitteren Vorwurf des Kleinglaubens musste sie sich dann
wohl anhören, wenn Jesus ihr die Hand reichen musste, um
sie aus dem Wasser zu ziehen.

Dennoch: Ihre merkwürdige geistliche Befindlichkeit nahm
die Jungdiakonisse mit nach Oberhausen, die Stadt am Rhein-
Herne-Kanal, wohin sie nach Weihnachten gemäß dem Sen-
dungsprinzip des Mutterhauses zur weiteren Ausbildung in
der allgemeinen Krankenpflege geschickt wurde. In der Ruhr-
gebietsstadt gab es das EKO, das Evangelische Krankenhaus
Oberhausen, eine große und weitläufige Einrichtung, in der
etwa hundert Hensoltshöher Diakonissen arbeiteten oder
für die Arbeit im Pflegedienst ausgebildet wurden. Die Fahrt
ins westliche Ruhrgebiet musste Sr. Eva-Maria mit der Bahn
machen, denn ihren VW-Käfer hatte sie bereits im Dezember
1972 verkauft. Das Auto hatte zuletzt doch mehr auf dem
Parkplatz gestanden, als dass es bewegt worden wäre. Die
Besitzerin hatte dabei nach einer biblischen Weisung gehan-

delt, die nach Markus 10,21 der sogenannte reiche Jüngling bekommen hatte: „Geh hin, verkaufe alles, was du hast, und gib's den Armen, so wirst du einen Schatz im Himmel haben, und komm und folge mir nach."

* * *

Ihre frühere Ausbildung zur Kinderkrankenschwester kam Sr. Eva Maria hier im EKO natürlich sehr zugute und half, ihre Ausbildungszeit auf lediglich anderthalb Jahre zu verkürzen. In ihrer insgesamt dreijährigen Zeit in der Stadt am Rhein-Herne-Kanal gelang es ihr, ihre Glaubensprobleme und ihre wechselnden inneren Stimmungen weitgehend zu verbergen und durch ihre Art, Fröhlichkeit zu zeigen und Aktionismus zu leben, zu überspielen. Wo sie war, gab es immer etwas zu lachen; da war es immer spannend, weil der lebhaften und fantasievollen Jungdiakonisse und Schwesternschülerin auch immer irgendein Blödsinn einfiel, mit dem sie ihre Umgebung zu überraschen verstand, ob in der Schule oder auf ihrer jeweiligen Station, ob im Schwesternheim oder auch in der Andreas-Gemeinde in der Straßburger Straße, der sie sich angeschlossen hatte wie viele Mitarbeiter und Mitarbeiterinnen des EKO vor ihr. Diese Gemeinde war 1929 von einigen Diakonissen des Evangelischen Krankenhauses Oberhausen als Landeskirchliche Gemeinschaft gegründet worden. Sie war in ihrer Arbeit EC-orientiert und gehörte zum Westdeutschen Gemeinschaftsverband mit Sitz und Tagungszentrum beim Diakonissen-Mutterhaus Bleibergquelle in Velbert.

Von daher waren die Jahre in und um das EKO in Oberhausen für Sr. Eva-Maria alles in allem eine gute und erfolgreiche Zeit. Wenn da nur nicht immer wieder diese Zweifelattacken gewesen wären, ob ihr christlicher Glaube denn auch wirklich echt und ob sie als Jungdiakonisse tatsächlich am richtigen Platz war. Woher kam nur die immer wieder einmal plötzlich aus dem Nichts auftauchende unerklärliche Sehnsucht nach der doch bereits 1961 verstorbenen Großmutter Berta? Und wieso tauchten in letzter Zeit auch immer wieder die Gesichter der beiden Tanten Paula und Helene vor ihren Augen auf, als befänden sie sich mit ihr am selben Ort und sie könne sich mit ihnen direkt unterhalten? Eine merkwürdige Sache, ärgerlich, bedrängend, gar beängstigend.

Sr. Eva-Maria versuchte, durch Selbstbeobachtung dieser Sache auf den Grund zu kommen. Dabei stellte sie fest, dass die merkwürdigen Erscheinungen immer dann auftraten, wenn sie sich intensiv mit einem biblischen Text beschäftigte oder wenn sie das Empfinden hatte, in der Gemeinde einen besonderen Segen empfangen zu haben. Ihr war dann jedes Mal, als wollten die finsteren Mächte ihres früheren anthroposophischen Denkens ihr den geistlichen Boden unter den Füßen wegziehen. Der felsige Grund unter ihren Glaubensfüßen wurde dann zum tückischen Flugsand, auf dem sie einfach keinen Halt mehr hatte.

Die Jungdiakonisse geriet zunehmend in innere Panik, die sie dann auch kaum noch durch ihr eigentliches lockeres und fröhliches Wesen überspielen konnte. Das konnte so aber nicht bleiben! Aus diesen Zwängen musste sie raus! Sie nahm sich vor, möglichst bald nach ihrer Rückkehr nach Gunzenhausen – die vorgesehenen drei Jahre in Oberhausen gingen ihrem Ende zu – mit Sr. Barbara zu sprechen, die in ihren ersten Hensoltshöher Jahren ihre Betreuungsschwester gewesen war und die um diese Dinge der Vergangenheit wusste. Schriftlich bereitete sie die Diakonisse schon einmal auf das Gespräch vor. Sie bekam auch noch nach Oberhausen eine Antwort: Sr. Barbara sei gerne bereit, sich für ihre frühere Anvertraute Zeit zu nehmen und ihr zu helfen. Sie möge bitte alle Gegenstände zum Gespräch mitbringen, die sie an die Großmutter und die beiden Tanten erinnerten. Aber bitte auch wirklich alle!

Einige Zeit später saßen sich die beiden Schwestern gegenüber, um dem Erscheinungsspuk zu gebieten, dass er endgültig aufhöre. Auf dem Tisch zwischen den beiden Frauen lagen verschiedene Fotos der Trichinsky- und Mallin-Verwandtschaft, einige vergilbte Schnittmusterbögen von Tante Renate, ein paar anthroposophische Informationsschriften von Tante Paula und etliche kleinere Deckchen, Schälchen und Väschen, die die jüngere der beiden Diakonissen irgendwann einmal geschenkt bekommen und verwahrt hatte.

„Hast du auch wirklich alle Gegenstände mitgebracht, die du mit deinen Verwandten verbindest, Schwester Eva-Maria?", fragte die Ältere. Weil Sr. Eva-Maria mit ihrer Antwort zögerte, drängte sie: „Es ist wichtig, meine Liebe, dass du dich von allem trennst, was dich äußerlich an die Großmutter und die Tanten erinnert. Von diesen Dingen geht ein unguter Geist aus. Also, was fehlt in der Sammlung?"

Sr. Eva-Maria griff nun doch noch einmal in ihre Tasche und kramte noch ein Foto ihrer Großmutter Berta hervor. Dabei wich auch die restliche Farbe aus ihrem ohnehin schon blassen Gesicht und ihre Hand zitterte heftig. Mit einem Seufzer legte sie das Bild zu den anderen Gegenständen. „Mein Lieblingsfoto", stellte sie fest und fragte mit leiser und brüchiger Stimme: „Und jetzt?"

„Jetzt, meine Liebe, legen wir alle diese Dinge Jesus vor die Füße und bitten ihn, ihren Einfluss auf dich, auf deinen Glauben und auf dein Leben zu beenden." Sr. Barbara machte eine kurze Pause und fuhr dann fort: „Danach wirst du die einzelnen Gegenstände nacheinander zerstören, zerreißen, zerschneiden und in den kleinen Karton packen. Den bringen wir nachher unserem Heizungsmann, damit er ihn vor unseren Augen verbrenne."

„Aber ich kann doch nicht ...", reagierte Sr. Eva-Maria deutlich erschrocken auf die Weisung der älteren Diakonisse.

„Du musst aber", gab die zurück in einem Ton, der keinen Widerspruch duldete. Auch Sr. Barbara schien unter großer Spannung zu sein. „Wenn die teuflischen Attacken aufhören sollen, musst du! Lass uns jetzt beten, Schwester Eva-Maria. Jesus hat in seiner Versuchung dem Teufel geboten, dass er weiche. Er, der Herr, muss ihm auch jetzt gebieten, dass er weiche und nie wieder in Erscheinung trete. Lass uns auf die Knie gehen. Ich bete zuerst, dann betest du."

Nachdem gebetet war, worum gebetet werden musste, forderte Sr. Barbara ihre Mitschwester auf, die Gegenstände auf dem Tisch einen nach dem anderen zu zerstören und unbrauchbar zu machen. Sr. Eva-Maria tat es mit und ohne Werkzeug. Mit stark zitternden Händen und Schweißperlen auf der Stirn warf sie alle Kleinteile in den Karton. Das Foto von Großmutter Berta als letzten Gegenstand vermochte sie dann aber nicht zu zerreißen. Ihr war, als raube ihr jemand die Kraft aus den Händen, oder er verlieh dem Fotopapier eine besondere Reißfestigkeit.

„Du musst auch dieses letzte Bild zerstören, Schwester Eva-Maria!", drängte Sr. Barbara sie sehr nachdrücklich. „Du musst, auch wenn es dir wehtut! Widerstehe dem Teufel, so flieht er von dir! Jesus ist Sieger! Vertrau und nimm die Schere!"

„Ja, Jesus ist Sieger!", wiederholte Sr. Eva-Maria mit immer noch zitternder Stimme und nahm die Schere in die Hand. Mit dem Werkzeug gelang es ihr dann ganz leicht, das Foto über dem Karton zu zerschneiden, sodass seine Teile gleich in das Pappbehältnis hineinfielen. Als wolle sie selbst nicht sehen, was sie da tat, hielt sie dabei die Augen geschlossen. Nach dem letzten Schnitt atmete die dreißigjährige Jungdiakonisse tief aus und wiederholte noch einmal den Satz: „Ja, Jesus ist Sieger!"

„Und jetzt den Deckel auf die Schachtel. Das entzieht die Reste unserem Blick. Sie sind zerstört und weg. Der Spuk ist damit endgültig zu Ende! Und dann gehen wir noch einmal auf die Knie und danken unserem Herrn dafür, dass er der Sieger ist über Hölle, Tod und Teufel. Und dafür, dass die unselige Vergangenheit endgültig Vergangenheit ist", befand Sr. Barbara. Ihre Mitschwester kam dem gerne nach und begann auch sogleich ihr Gebet mit Lob und Dank für die große Macht des Heilandes und dafür, dass er gekommen war, die Werke des Teufels zu zerstören. Sie endete ihr Gebet mit einer Liedstrophe von Richard Lörcher, die sie aus dem EC-Liederbuch kannte:

„Jesus Christus, König und Herr,
dein ist das Reich, die Macht, die Ehr.
Gilt kein andrer Namen heut und ewig. Amen."

Sr. Barbara beendete ihr Gebet, das sie anschloss, mit der ein wenig veränderten letzten Strophe eines bekannten Liedes von Christoph Blumhardt:

„Ja, du, Herr, siegst! Wir glauben es gewiss,
und glaubend kämpfen wir.
Wie du uns führst durch alle Finsternis,
wir folgen, Jesus, dir!
Denn alles muss vor dir sich beugen,

bis auch der letzte Feind wird schweigen.
Ja, du, Herr Jesus, siegst. Amen."[7]

* * *

Die Stunde der endgültigen Loslösung von den letzten Erinnerungsstücken an die früheren Zeiten und Bindungen zeigte für Sr. Eva-Maria Wirkung: Die Erinnerung an die Berliner Verwandten wurde zwar nicht ausgelöscht, sie bekam aber fortan eine rein äußerliche Qualität, frei von besonderen Gefühlen; die Erscheinungen der Gesichter und Gestalten von Großmutter und Tanten blieben aus; das Wissen um anthroposophisches Gedankengut versachlichte sich völlig. Nichts war mehr da, was sie belastete oder gar bedrängte. Das biblische Wort aus Psalm 32,7 in der Übersetzung von Hans Bruns, das Sr. Eva-Maria für ihre 1976er Urlaubszeit bekommen hatte, füllte die vermeintlichen Lücken durch den „Verlust" des Vergangenen mehr als völlig aus: „Du umgibst mich, dass ich jubeln kann!"

Der Jubel blieb freilich zunächst immer noch ein wenig verhalten, denn irgendwie blieb Sr. Eva-Marias Glaube immer noch „verknotet", wie sie das selbst empfand und wie sie es auch ihren engsten Freundinnen in der Schwesternschaft anvertraute, damit die es auf ihre betenden Herzen nahmen. Der Knoten musste doch einmal endlich und endgültig platzen! Und dann platzte er tatsächlich endgültig – und zwar in einer Weise, wie die Jungdiakonisse es so gar nicht erwartet hatte.

* * *

---

[7] beide Lieder original in „Singt von Jesus" [s. o.] Nrn. 101 + 102.

Sr. Eva-Maria war von der Mutterhausleitung mitgeteilt worden, dass sie demnächst nach Marburg geschickt würde, um dort im Mutterhaus Hebron, das wie die Hensoltshöhe zum DGD, dem Deutschen Gemeinschafts-Diakonieverband, gehörte, mit vielleicht zwanzig anderen Diakonissen eine einjährige Bibelschule zu absolvieren. Das Ziel war, für den späteren Gemeindedienst zugerüstet zu werden. Diese Aussicht weckte Vorfreude und gespannte Erwartung in das, was es in der Stadt an der Lahn zu lernen, zu erfahren und zu erleben gab. Denn Sr. Eva-Maria fühlte sich in geistlichen Dingen noch immer eher „unbedarft" und wenig gebildet.

In der Vorbereitung auf ihren kommenden Umzug nach Marburg beschäftigte sie sich intensiv mit Psalm 32, dem sogenannten zweiten Bußpsalm, aus dem ihr letztes Urlaubswort genommen war. In allen Aussagen dieser „Unterweisung Davids" fand sie sich selbst wieder. Hier war in den Worten Davids ihre Gegenwart abgebildet wie auch das, was hinter ihr lag, und das, was auf sie zukam. Ihre veränderte Gegenwart stand in den beiden herrlichen Seligpreisungen der Eingangsverse. Sr. Eva-Maria schrieb sie in der ihr geläufigen Schönschrift in das Heft, in das sie immer wieder einmal einen besonderen Spruch, ein ihr wichtiges Zitat oder eine eigene geistliche Erkenntnis eingetragen hatte. Sie kennzeichnete dabei die Abschnitte mit unterschiedlichen Farben und mit großen Lettern wie G für Gegenwart, V für Vergangenheit und Z für Zukunft:

Vom Segen der Sündenvergebung

G: „Wohl dem, dem die Übertretungen vergeben sind, dem die Sünde bedeckt ist. Wohl dem Menschen, dem der Herr die Schuld nicht zurechnet, in dessen Geist kein Trug ist!"

V: „Denn als ich es wollte verschweigen, verschmachteten meine Gebeine durch mein tägliches Klagen. Denn deine Hand lag Tag und Nacht schwer auf mir, dass mein Saft vertrocknete, wie es im Sommer dürre wird. Darum bekannte ich dir meine Sünde, und meine Schuld verhehlte ich nicht. Ich sprach: Ich will dem Herrn meine Übertretungen bekennen. Da vergabst du mir die Schuld meiner Sünde."

Die folgenden Verse 6 bis 11 empfand die angehende Bibelschülerin als einen starken Anspruch an ihren Glauben und als einen noch stärkeren Zuspruch für ihr Leben als Christin. So wollte sie es künftig in ihren Alltag als Dienerin ihres Herrn umsetzen, und auf die damit verbundene Erfahrung war sie bereits sehr gespannt. Sie schrieb weiter und kennzeichnete den Text zusätzlich mit den Lettern A für Anspruch und einem zweiten Z für Zuspruch:

Z/A: „Deshalb werden alle Heiligen zu dir beten zur Zeit der Angst."
Z/Z: „Darum, wenn große Wasserfluten kommen, werden sie nicht an sie gelangen. Du bist mein Schirm, du wirst mich vor Angst behüten, dass ich errettet gar fröhlich rühmen kann."
Z/Z: (Gott spricht:) „Ich will dich unterweisen und dir den Weg zeigen, den du gehen sollst; ich will dich mit meinen Augen leiten."
Z/A: „Seid nicht, wie die Rosse und Maultiere, die ohne Verstand sind, denen man Zaum und Gebiss anlegen muss; sie werden sonst nicht zu dir kommen."
Z/Z: „Der Gottlose hat viel Plage; wer aber auf den Herrn hofft, den wird die Güte umfangen. Freut euch des Herrn

und seid fröhlich, ihr Gerechten, und jauchzet alle ihr Frommen."

Zum Schluss schrieb sie zusätzlich die vollständige Bruns'sche Version des Verses 7 unter den Luthertext, wie sie sie auf dem Spruchkärtchen vorgefunden hatte. Diese neue tiefe Überzeugung, diese Sicherheit sollte künftig einen besonderen Platz in ihrem Bewusstsein haben, und nichts sollte es geben, das ihr diese Gewissheit infrage stellen oder gar wieder nehmen konnte:

„Du bist ja mein Schutz, du bewahrst mich vor Unheil, du umgibst mich, dass ich nur jubeln kann!"

Sr. Eva-Maria legte ihre Feder zurück in ihr Etui, verschraubte ihr kleines Tuscheglas und schloss die Augen. Welch ein seliger Moment! Welch ein heiliger Augenblick! Der Knoten war geplatzt! Nicht sehr geräuschvoll, dafür aber gründlich. Die Tränen, die der Jungdiakonisse über die Wangen liefen, waren nun keine Tränen mehr irgendeiner Not, nein, sie waren Tränen der Freude über einen plötzlichen tiefen inneren Frieden und ein unermessliches Glück. Zu diesem Frieden und zu diesem Glück gesellte sich spontan eine ganz neue Begeisterung für Jesus Christus, den Herrn aller Herren, für den Heiland, den Retter und Seligmacher. Den wollte, nein, den musste sie jetzt gründlichst kennenlernen, damit sie für ihn werbend und einladend unterwegs sein konnte, wohin der Herr ihr den Weg wies und wohin er sie mit seinen Augen leitete. Dabei war ihr das erste Ziel ja bereits bekannt: Marburg an der Lahn, Hebron, Bibelschule. Das sollte eine gute Zeit werden!

* * *

Nach dieser besonderen Stunde an ihrem Schreibtisch machte Sr. Eva-Maria es nun aber nicht wie nach früheren besonderen Momenten. Sie behielt ihre neue Erfahrung und Gewissheit zunächst still für sich. Sie wollte diesmal keine große Sache aus ihrer neuen Begeisterung machen, die später möglicherweise wieder infrage gestellt werden würde, wenn sie vielleicht ... Nein, sie wollte lieber abwarten, ob ihre Mitschwestern an ihr eine Veränderung feststellten und sie darauf ansprachen. Auf Nachfragen würde sie dann wohl gerne antworten und auf Wunsch auch öffentlich vor der Schwesternschaft oder sonst wo Zeugnis von ihrer neuen geistlichen Befindlichkeit ablegen. Die Gelegenheit würde sicher kommen.

Die Gelegenheit kam und sie kam immer wieder, denn Sr. Eva-Maria konnte ihre Veränderung nicht verbergen. Das wollte sie ja auch gar nicht. Es fiel in ihrer Umgebung auf, dass in ihr Neues entstanden war ganz nach dem Pauluswort aus 2. Korinther 5,17: „Ist jemand in Christus, so ist er eine neue Kreatur, das Alte ist vergangen, siehe, Neues ist geworden." In ihrem Verhalten zeigte sie mehr ernste Besonnenheit und weniger Oberflächlichkeit. Nun lenkte sie ihren Humor und ihre lockere fröhliche Art in eher besonnene Bahnen; sie schaltete vor dem Reden doch lieber das Denken ein, wie man so sagt. Das vermied Fettnäpfchen, in die sie bisher noch gerne hineingetappt war. Die Wortbeiträge der Jungdiakonisse in den Bibelstunden und großen und kleinen Gesprächsrunden der Mutterhausgemeinschaft bekamen seit jenem Tag ebenfalls deutlich mehr Tiefgang. Die Andachten und Bibelarbeiten, die sie selbst bei den unterschiedlichsten Gelegenheiten zu halten hatte, blieben nicht mehr am Vordergründigen des jeweiligen Textes hängen, sondern loteten ihn in ganz neuer Weise aus. Es wurde in allen Lebensbereichen deutlich, dass Sr. Eva-

Maria nach ihrer besonderen Psalmbetrachtung nun wirklich in ihrem Diakonissen-Dasein angekommen war.

Die in der Vergangenheit immer wieder gestellte Frage, ob sie ihre Tracht mit Berechtigung trug und ob sie eigentlich am richtigen Ort war, war für die Zukunft mit einem deutlichen Ja beantwortet. Das machte den Hauseltern des Mutterhauses die Überlegungen wesentlich leichter, wohin sie denn die Schwester zum Dienst senden könnten, wenn sie ihr bevorstehendes Bibelschuljahr in Marburg hinter sich gebracht hatte. Sendungsziel würde wohl die Gemeinschaftsarbeit sein, in der sich die inzwischen vielseitig ausgebildete und mehrfach begabte Jungdiakonisse einsetzen ließe und in der sie im Segen Gottes an Alten und Jungen, Gesunden und Kranken arbeiten könnte.

Am Ende des Bibelschuljahres im Mutterhaus Hebron war Sr. Eva-Maria um einiges reicher an theologischem und gemeinde-pädagogischem Wissen. Studienrat Karl-Heinz Bormuth und seine Mitarbeiter und Mitarbeiterinnen mit und ohne Haube hatten es verstanden, den Schülerinnen im Diakonissenkleid das Lernen interessant und leicht zu machen und unvermeidliche Durststrecken im Lern- und Arbeitsprozess pädagogisch geschickt so zu gestalten, dass die Motivation zum Weitermachen immer wieder aufgefrischt wurde.

Sr. Eva-Maria war auch um einiges reicher geworden an praktischer Lebenserfahrung. Mit zwei Dutzend Schwestern unterschiedlichen Alters und sehr verschiedenen Charakters gemeinsam auf der Schulbank zu sitzen und Theologie, Gemeindepädagogik und manches Lebenspraktische zu lernen und in der weiteren Zeit ständig miteinander umgehen zu müssen, war schon anders, als mit wenigen Kolleginnen unter der Haube auf Station oder sonst wo zu arbeiten und nach dem gemeinsamen Dienst auseinanderzugehen. Von daher war das Jahr in Hebron ein gutes Jahr dafür, das eigene Ich mit seinem Denken und Wollen, seinem Planen und Handeln der Gemeinschaft unterzuordnen und hinzugeben.

Und noch eins brachte Sr. Eva-Maria vom hessischen Marburg für ihr eigenes Leben mit in ihr mittelfränkisches Zuhause im Mutterhaus: eine Begeisterung für die Blättermission, wie sie sie bisher nicht gekannt hatte. Dieser Art, das Evangelium durch Traktate und Verteilschriften unter die Leute zu bringen, war sie vor Jahren schon in Nürnberg begegnet. Damals hatte sie als Kind und Jugendliche es eher abstoßend empfunden, Leute auf der Straße anzusprechen und ihnen ein frommes Blättchen in die Hand zu drücken. Die mussten das doch als lästig empfinden, von fremden Menschen aufgehalten und womöglich auch noch in ein Gespräch über Gott, Jesus und den Glauben verwickelt zu werden. Die jüngere Eva-Maria Mönnig hatte sich selten an solchen Aktionen beteiligt, auch in den Jahren ihrer Ausbildung nicht und auch nicht als Probeschwester und Jungdiakonisse.

Die Mitarbeiter der Marburger Blättermission, die aus der Hensoltshöher Initiative von 1924 in Nürnberg hervorgegangen war, hatten in ihren Veranstaltungen gute Überzeugungsarbeit geleistet und in Sr. Eva-Maria für die Zukunft eine begeisterte Mitstreiterin gewonnen.

Diese neue Begeisterung sollte im weiteren Leben der Diakonisse noch größere Bedeutung bekommen, als sie sie jetzt am Ende des Bibelschuljahres schon hatte. Das hatte dann wohl auch etwas zu tun mit dem geistlichen Wort, wie es jede Schülerin am Ende ihrer Marburger Zeit mit auf den weiteren Weg bekam. Für Jungdiakonisse Sr. Eva-Maria war das ein verheißungsvoller Zuspruch für den nächsten Streckenabschnitt, dessen Ziel am Dienstag, dem 22. März 1977 mitgeteilt werden sollte:

*„Wer an mich glaubt, wie die Schrift sagt, von dessen Leib
werden Ströme lebendigen Wassers fließen."*
(Johannes 7,38)

Bis zu dem genannten Termin gab es dann einige Gespräche
mit den Hauseltern, um auch die Sicht der Diakonissen zur Art
und zum Ort ihres künftigen Einsatzes zu erfahren, die neu
oder zum ersten Mal an einen längerfristigen Arbeitsplatz gesandt werden sollten. Danach stand es für Sr. Eva-Maria fest:
Der Ort ihres Einsatzes war die Hensoltshöher LKG in der Ri-
chard-Wagner-Stadt Bayreuth. Sie wurde also Gemeinschaftsschwester und war an ihrem Dienstort eine unter mehreren.
In Bayreuth gab es nämlich auch eine große Zahl Hensoltshöher Krankenschwestern an der dortigen Klinik. Das spezielle
Arbeitsfeld für Sr. Eva-Maria hieß Kinder-, Jugend- und Frauenarbeit mit dem Schwerpunkt Frauenarbeit.

Die Arbeit, in die sie rasch hineinwuchs, machte ihr viel
Freude und ließ sie den Segen Gottes spüren, mit dem er das
Bemühen um kleine und große Leute begleitete und bestätigte. Sr. Eva-Maria musste allerdings auch an diesem Ort die
Erfahrung machen, dass Diakonissen keine unfehlbaren Heiligen sind und dass es da, wo unterschiedliche Menschen miteinander umgehen müssen, zuweilen auch sehr menschlich
zugeht. Mit einer der Mitschwestern kam sie überhaupt nicht
zurecht. Mit der kam allerdings kaum jemand zurecht. Ein un-
zufriedener und undankbarer und dabei herrischer Mensch!

Diese bereits ältere Diakonisse lag im Dauerstreit mit dem
Mutterhaus, weil sie die Abberufung aus ihrer vorigen Arbeit
und ihre Sendung in die Pflegearbeit im Krankenhaus Bayreuth
nicht akzeptieren wollte. Die Grundhaltung dieser Frau war
dadurch eine widerspenstige und sogar zornige, die sie ihre
Mitschwestern bei jeder passenden und unpassenden Gele-

genheit spüren ließ und die das gemeinsame Leben sehr erschwerte und zuweilen gar unmöglich machte. Es schien diese Schwester nicht zu stören, dass sie sich mit ihrer Haltung in der Gruppe der Bayreuther Diakonissen des Krankenhauses und der Gemeinschaft weitgehend isolierte. Dass sie durch ihr Verhalten der Sache Jesu und dem Stand der Diakonissen keine Ehre machte und dass ihr deshalb viele Menschen aus dem Weg gingen, schien sie auch nicht zu berühren. Wenn sich Begegnungen gar nicht vermeiden ließen, hatten die in der Regel ein nachhaltig negatives Ergebnis, und es blieb bei ihren „Kontrahentinnen" zumeist ein sehr schaler Geschmack zurück.

Sr. Eva-Maria, die wie die meisten anderen Mitschwestern sehr auf Harmonie bedacht war, machte das zunehmend Mühe, und ihre Erinnerung an jene Schwester aus ihrer früheren Zeit als „Höhen-Kind" stand ihr schließlich wieder so deutlich vor Augen, dass sie sich mehr und mehr am falschen Platz glaubte, genauso wie sie sich damals am falschen Platz geglaubt hatte. Nur ging ihre Zeit hier so bald nicht zu Ende. Hier musste ertragen werden, hier sollte angenommen und gar geliebt werden, wie es in der „Lebensordnung für Diakonissen" hieß.

Oder war das hier wieder einmal eine Methode des Teufels, diesmal nur eine ganz andere, um ihren Glauben zu prüfen und ihre Standhaftigkeit im Bekenntnis auf die Probe zu stellen und ihren missionarischen Eifer zu untergraben? Das konnte aber doch wohl nicht sein. Das konnte Jesus doch nicht zulassen! Hatte die „Schwester Zornika", wie sie hinter vorgehaltener Hand genannt wurde, Jesus nicht in ihrem Herzen? Und wenn doch, wo blieb dann bei dieser Frau die Liebe? Wo blieb bei ihr die Umsetzung der „Lebensordnung für Diakonissen", die doch die erwartete Liebe zu ihren Mitschwestern eindeutig beschrieb:

„Liebe ereignet sich im Zuhören, in Hilfsbereitschaft, im Tragen und Ertragen, in Zuspruch und Ermutigen, Ermahnen und Raten. Die Liebe nimmt die andere in ihrer persönlichen Prägung ernst; sie vertraut ihr und gibt ihr Freiraum zur Entfaltung ihrer Gaben. Die Liebe wird darin sichtbar, dass wir die Schwester höher achten als uns selbst."

Ein durchaus hoher Anspruch! Dennoch war er zu leben. Das klappte ja auch in den meisten Fällen und zwischen all den anderen Diakonissen an diesem Ort. Warum klappte das nicht im Miteinander mit dieser besonderen Schwester?

Ein mutiger Anlauf von Sr. Eva-Maria, die ältere Mitschwester auf ihr unmögliches Verhalten anzusprechen, endete schlimm. So schlimm, dass intensive beruhigende, tröstende und mutmachende Zuwendung von anderen Mitschwestern nötig war, um die Diakonisse davon abzuhalten, ihre Tracht auszuziehen und ins zivile Leben zurückzukehren. Es sei schon möglich, dass der Widersacher, die listige Schlange oder auch der brüllende Löwe, hier sein hinterhältiges Spiel treibe, um die Sache Jesu in Misskredit zu bringen. Das anzuerkennen, gestehe dem Teufel allerdings zu viel Ehre zu. Nein, das könne und dürfe nicht sein! Es sei aber wohl eher so, dass sie als Jungdiakonisse hier in der Festspielstadt am Roten Main in eine besondere Schule Gottes gestellt sei, quasi in eine Hochschule für anspruchsvolles menschliches und geistliches Miteinander, wurde ihr gesagt. Aus diesem schwierigen Lernprozess könne sie eigentlich nur bereichert herauskommen, wenn sie denn durchhielte. Ein solches Wesen, wie es diese Schwester an den Tag lege, könne nur im geduldigen Tragen und Ertragen und durch beständige Liebe korrigiert oder gar überwunden werden. Eine der Klinikschwestern tröstete Sr. Eva-Maria damit, dass das Ende der verworrenen Wegstre-

201

cke abzusehen sei. Das Mutterhaus wisse von der Misere und werde die Schwester demnächst ins Mutterhaus zurückrufen.

* * *

Sr. Eva-Maria erinnerte sich in dieser persönlichen Krise an den Lehrtext aus dem Herrnhuter Losungsbuch für ihren ersten Arbeitstag in Bayreuth, der ihr zum Einstieg am neuen Ort viel Mut gemacht hatte und den sie deshalb aus dem Herrnhuter Losungsbuch ausgeschnitten und in ihr Heft mit der besonderen Sprüchesammlung eingeklebt hatte. Da stand für das Datum 29.03.1977 aus Lukas 9,60: „Du aber geh hin und verkündige das Reich Gottes!" Für sie hieß das nun, von Menschen absehen und auf Gott sehen, von dem es im Losungsvers desselben Tages aus Psalm 48,11 hieß: „Gott, wie dein Name, so ist auch dein Ruhm bis an der Welt Enden."

Nein, es gab kein Kapitulieren vor den Schwierigkeiten des Auftrags! Sr. Eva-Maria hielt durch und war mit anderen später erleichtert über die Hensoltshöher „Lösung" des Problems. Sie konnte sich doch auch freuen über so manchen „Erfolg" ihrer Arbeit als „frische" Gemeindeschwester: Die Frauen der Gemeinschaft akzeptierten ihren Dienst, bei Kindern und Jugendlichen kam sie gut an, und mancher Mensch auf der Straße freute sich über eine Begegnung mit ihr und über das Traktat, das sie ihm mit ein paar freundlichen Worten in die Hand drückte. Es gab sogar Menschen, die ihre Schwellenangst überwanden und sich in die Veranstaltungen der LKG Bayreuth einladen ließen. Und es gab solche, die aufgrund des fröhlichen Zeugnisses der freundlichen Diakonisse und wegen ihres treuen Nachgehens erste Schritte des Glaubens wagten, um später selbst Zeugnis von der Liebe Gottes in Jesus Christus abzulegen – zur Freude „vor den Engeln Gottes" gemäß Lukas 15,10 und natürlich auch zur Freude der missionarischen Trägerin der Diakonissenhaube.

Sr. Eva-Maria durfte bei allen Schwierigkeiten, die mit der Arbeit verbunden waren, zur eigenen stillen inneren und zuweilen auch äußeren Begeisterung erleben, dass es stimmte, was ihr in Marburg mit auf den Weg gegeben worden war: „Wer an mich glaubt, wie die Schrift sagt, von dessen Leib werden Ströme lebendigen Wassers fließen." Ströme waren zwar noch nicht geflossen, stellte sie für sich selbst bescheiden und demütig fest, aber Rinnsale waren doch auch schon gesegnete Wässerchen. Und Rinnsale mochten an Breite und Tiefe und Fließgeschwindigkeit mit Gottes weiterer Hilfe ja auch zunehmen ...

* * *

Die beiden Jahre 1981 und 1982 brachten für Sr. Eva-Maria gleich drei Ortswechsel. Nach fünfjähriger Arbeit in Bayreuth wurde sie nach Zirndorf westlich von Fürth gesandt, wo in der Hensoltshöher Gemeinschaft dringend eine zweite Mitarbeiterin gebraucht wurde. Schwerpunkt der Arbeit für die Neue war hier die Kinderarbeit, in die sie sich gerne und mit großem Elan und mit bald erfreulichem Echo aus dem zahlreichen Kleinvolk einbrachte. Jungen und Mädchen im Kinder- und Jungscharalter durch Singen, Spielen, Erzählen, Basteln und andere Aktivitäten mit Jesus bekannt zu machen, das lag der Diakonisse. Das schaffte Zufriedenheit, ließ die Seele aufleben und förderte die Freude darüber, dass sie seit dem 16.10.1981 die große Haube trug.

In einer feierlichen Stunde mit den Hauseltern und der im Mutterhaus anwesenden Schwesternschaft, zu der auch ihre Mutter als Gast dabei war, hatte sie sich mit einigen anderen

Jungdiakonissen noch einmal verbindlich dazu bekannt, der Lebensführung Jesu treu zu bleiben und seinen Auftrag umzusetzen. Das Wort des Mutterhauses für sie zum Beginn ihres nun endgültigen Diakonissenstandes aus Psalm 62,2 sollte Sr. Eva-Maria Anspruch und Zuspruch zugleich sein:

„Meine Seele ist stille zu Gott, der mir hilft."

* * *

Freilich, wo Licht ist, ist bekanntlich auch Schatten. Der zeigte sich bald auch in Zirndorf in der Person der hier bereits seit einiger Zeit arbeitenden Gemeindeschwester. Diese Diakonisse tat sich in ihrer Arbeit eher schwer; die Arbeit in und mit den Gemeinschaftskreisen ging ihr nicht gerade leicht von der Hand, und jetzt zu sehen, dass ihre Kollegin offenbar bessere Talente hatte, machte ihr zusätzlich Mühe. Die Frau reagierte zunächst nur verschnupft, als der Frauenkreis darum bat, der neuen Schwester doch auch einmal die Gestaltung und Leitung der Zusammenkunft zu übertragen. Als diese Bitte dann häufiger geäußert wurde, reagierte die ältere der beiden Schwestern tief beleidigt.

So entstand bald eine offenkundige Rivalität zwischen den beiden Frauen. Sr. Eva-Maria war das mehr als peinlich. Was konnte sie dazu, dass ihr Talent für die missionarische Arbeit unter Kleinen und Großen offenbar größer war als das der Kollegin, dass sie besser Gitarre spielen konnte und dass ihre Sopranstimme schöner, heller und klarer war? Sie hatte schließlich in Bayreuth über etliche Monate Gesangsunterricht genommen.

Inszenierte der Teufel hier denn schon wieder seine verwerflichen Attacken gegen ihr Glaubensleben und -handeln?

So ging es der Diakonisse Sr. Eva-Maria immer häufiger durch den Sinn. Gab die Finsternis immer noch keine Ruhe mit ihren Angriffen auf ihre Arbeit, ihren Glauben, ihren Missionseifer, zu dem sie sich doch neu verpflichtet hatte? Oder gab es da vielleicht sogar einen Zusammenhang zwischen dem einen und dem anderen?

Alle Vermittlungsgespräche mit dem Gemeinschaftsprediger brachten keine Lösung dieses im Grunde genommen menschlichen Problems von Neid und Missgunst. Sie als die Jüngere müsse sich um mehr Verständnis für die Ältere bemühen, wurde ihr gesagt; sie müsse sich selbst mehr zurücknehmen. Aber was sollte das heißen? Sollte sie denn ihre Arbeit mit Vorsatz nachlässig und oberflächlich gestalten? Das konnte doch wohl nicht Sinn der Sache sein. Dann hätte der Teufel ja nun wirklich sein Frohlocken. Außerdem ging das gar nicht, vorsätzlich das Arbeitsniveau zu senken und bewusst nachlässig zu arbeiten.

Sr. Eva-Maria wünschte sich weg von hier, damit in Zirndorf wieder Frieden einkehrte, der durch ihre Versetzung an diesen Ort hier offenbar verloren gegangen war. Sie schrieb einen Brief an die Mutterhausleitung und berief sich in ihrem Wunsch um erneute Versetzung beziehungsweise Sendung auf den Textabschnitt Jakobus 3,13-18, in dem es um die Weisheit von oben ging und in dem es unter anderem hieß:

„... Denn wo Neid und Streit ist, da sind Unordnung und lauter böse Dinge. Die Weisheit aber von oben her ist zuerst lauter, dann friedfertig, gütig, lässt sich etwas sagen, ist reich an Barmherzigkeit und guten Früchten, unparteiisch, ohne Heuchelei. Die Frucht der Gerechtigkeit aber wird gesät in Frieden für die, die Frieden stiften."

Der Brief war erst wenige Tage zuvor abgeschickt, als bereits die telefonische Weisung von der Hensoltshöhe kam, sie möge ihre Arbeit in Zirndorf beenden, ihre Sachen packen und ins Mutterhaus kommen. Über einen neuen Einsatzort werde nachgedacht. Interimsweise solle sie den Fahrdienst für das Feierabendhaus Büchelberg übernehmen.

Das war nun eine Aufgabe mit besonderem Reiz. Diakonissen im Ruhestand an die unterschiedlichsten Orte und Plätze zu chauffieren machte erstens Spaß, weil Sr. Eva-Maria liebend gern Auto fuhr, und es brachte großen inneren Gewinn durch die Teilhabe an der reichen Lebens- und Glaubenserfahrung der Feierabendschwestern. Dennoch, in ihrem Denken und Wünschen zog es die Diakonisse in den Gemeindedienst. Am Steuer ihres Dienstwagens konnte sie ja wohl kaum als Zeugin Jesu unterwegs sein, hatte sie doch immer fromme Mitfahrerinnen, die selbst über die Schriften der Marburger Blättermission verfügten und nicht missioniert zu werden brauchten.

Sr. Eva-Maria betete darum, dass Rektor Günther Carqueville und Oberin Sr. Emma Dennhöfer, die als Hausmutter demnächst von Sr. Barbara Oehmichen abgelöst werden sollte, doch bald eine neue Sendung aussprachen. Sie betete auch darum, dass dieser Ort dann einer war, wo der Teufel nicht schon wieder eine Angriffsfläche für sein böses zerstörerisches Wirken fand. Eine starke Gebetshilfe war ihr das persönliche Jahreswort für 1982, das sie als verkürzten Text aus Psalm 143,10 auf dem Büchelberg erhalten hatte:

„Du bist mein Gott, dein guter Geist führe mich."

* * *

„Wir beide, Bruder Carqueville und ich, kennen dich nun schon sehr lange, Schwester Eva-Maria", begann die Hausmutter das Sendungsgespräch, zu dem sie und der Rektor ihre Mitarbeiterin eingeladen hatten, „und wir haben deinen Weg aufmerksam verfolgt. Das war von Beginn an kein leichter Weg, zugegeben." Die Frau schaute ihre untergebene Mitschwester an, als erwarte sie eine Reaktion auf ihre Bemerkung.

„Dem kann und will ich nicht widersprechen, Schwester Emma", bestätigte die vergleichsweise junge Frau. „Ich habe es dir und Ihnen, Herr Rektor, aber auch nicht leicht gemacht durch meinen langen Kampf gegen mich selbst und meine geistige Vergangenheit. Es war mir wirklich eine Befreiung, als der leidige Knoten endlich geplatzt war und ich Jesus tatsächlich erkannt habe."

„Und du fühlst dich nach wie vor wohl unter der Haube und im Diakonissenkleid? Und deine Arbeit macht dir weiterhin Freude?", forschte der Rektor mit einem aufmunternden Blick.

„Darf ich mit zwei Liedstrophen antworten?", fragte Sr. Eva-Maria zurück.

„Gerne", gestanden die beiden Gesprächspartner ihr zu.

„Ich zitiere die Strophen 4 und 5 aus einem Lob- und Anbetungslied von Arno Pötsch, das mir sehr lieb ist:

‚Wie sollt ich je vergessen, was Gott an mir getan,
mir freundlich zugemessen von allem Anfang an!
Ich kann nur staunend schauen die göttlich große Huld
und ihr mich anvertrauen mit Los und Leid und Schuld.

Dem Herren will ich singen, solang mein Mund sich regt,
solang, ihm Lob zu bringen, in mir mein Herz noch schlägt.

Und sind's nur arme Weisen, ach, zu gering für Gott,
ich will ihn dennoch preisen im Leben und im Tod.'"[8]

„Sehr schön, Schwester Eva-Maria", freute sich die Hausmutter. „Damit das künftig auch so bleiben kann, solltest du
möglichst bald wieder an eine Arbeit gehen, die dich mis-
sionarisch tätig sein lässt. Der Fahrdienst für unsere lieben
Feierabendschwestern kann gerne wieder anders organisiert
werden."

„Und wohin soll ich ...?", kam die vorsichtige Frage.

Jetzt ergriff Rektor Carqueville wieder das Wort: „Wir haben beobachtet, Schwester Eva-Maria, dass die Probleme
deiner Arbeit trotz mancher guter Ergebnisse und deutlicher
Zeichen des Segens Gottes ihre Ursachen im menschlichen
Miteinander hatten, was nicht an dir gelegen hat, na ja, zumindest nicht nur. Wie sagt man doch?: Ein Hund beißt sich
nicht allein. Wir haben ja häufig über diese Dinge gesprochen."

Der Angesprochenen erschien die letzte Feststellung ein
wenig ärgerlich. Sie seufzte einmal leicht auf. Aber der Aussage zu widersprechen wäre wohl falsch gewesen. Also erwartete sie die Fortsetzung der Rede ihres verehrten Herrn Rektors.
Der sprach auch gleich weiter: „Ich bin mit Schwester Emma
darin einig, dass wir dich an einen Platz stellen, der dir viel
Freiraum bietet für alle möglichen Arbeiten in der Gemeinschaft, ohne dass es zu einer Konkurrenzsituation mit einer
zweiten Schwester käme."

„Ich wäre an dem Platz allein?", fragte Sr. Eva-Maria ein wenig ungläubig zurück.

„Du bist an dem Platz allein!", bestätigte die Hausmutter.

---

[8] zitiert aus „Singt von Jesus" [s. o.] Nr. 23.

„Die Gemeinschaft in Fellbach östlich von Stuttgart hat wegen der Sendung einer Gemeindeschwester bei uns angefragt. Die Fellbacher versprechen sich eine Belebung ihrer Arbeit durch eine junge, begeisterungsfähige und flexible Mitarbeiterin."

Erstaunt über diese Aussage blickte Sr. Eva-Maria zwischen den Hauseltern hin und her. „Aber Fellbach gehört doch gar nicht zu unserem Verband und ist doch gar keine HGV-Gemeinschaft."

„Das ist richtig", bestätigte der Hausvater. „Fellbach gehört zur Süddeutschen Vereinigung, die ihren zentralen Sitz in Bad Cannstadt hat. Wir haben seit Langem gute gegenseitige Kontakte. Und wir behalten dich trotzdem im Auge, Schwester Eva-Maria."

„Das sind wir dir schuldig, und das bist du uns wert", unterstrich die Hausmutter diesen Gedanken und fuhr fort: „Du findest dort alle Arbeiten, die dir lieb sind, Schwester Eva-Maria: Jungschar- und Jugendarbeit des EC, die Blättermission, das Blaue Kreuz. Du findest ein weites Arbeitsfeld, das wohl zuletzt ein wenig vernachlässigt worden ist, aus welchen Gründen auch immer. Du magst gerne frischen Wind in die Arbeit bringen und neue Spuren legen."

„Und wann soll ich ...?"

„Nach deinem Urlaub in Riederau am Ammersee, Schwester", antwortete Rektor Carqueville. „Drei Wochen Erholung am See in der reizvollen Voralpenlandschaft tun dir gut und bereiten dich bestens für den neuen Wirkungsbereich vor."

Sr. Eva-Maria hätte bei dieser Botschaft am liebsten laut gejubelt. Drei Wochen Riederau am Ammersee! Herrlich! Aber ihre Freude zu zeigen, wäre jetzt wohl unschicklich gewesen. Deshalb bezwang sie sich und bedankte sich lediglich höflich für die gute Wendung der Entscheidungen und Ereignisse in ihrer Sache. Die wurde schließlich noch einmal im gemeinsamen Gebet bedacht, ehe sich die Dreier-Gesprächsrunde auflöste, weil für jetzt alles gesagt war und jeder das Seine zu tun hatte.

... du sollst ein Segen sein

Sr. Eva-Maria Mönnig war inzwischen sechsunddreißig Jahre alt, als sie das Feld betrat, auf dem sie in den nächsten Jahren als missionarische Mitarbeiterin in den Gruppen und Kreisen der städtisch geprägten SV-Gemeinschaft Fellbach mit Saatschürze, Häckchen, Krätzchen und Gießkännchen unterwegs sein sollte – und gerne auch wollte. Ihre Wohnung bekam sie im Haus der Gemeinschaft in der Schwabstraße 54. Sie hatte also einen kurzen Weg in die Versammlungsräume, wo sie Kindern und Jugendlichen, jungen Erwachsenen, jungen Müttern und Frauen jeden Alters das Evangelium verkündigen und den Glauben stärken sollte. Vorhandene Mitarbeiter zu schulen und neue dazuzugewinnen gehörte natürlich auch zu ihren Aufgaben.

Diese Aufgaben zu erfüllen auf alle möglichen Weisen und mit allen ihr zur Verfügung stehenden Mitteln und Möglichkeiten war das vornehmste Anliegen der Diakonisse. Dass der SV-Verband mit dem Freizeitzentrum Haus Saron in Wildberg im Schwarzwald und dem EC-Freizeitzentrum in Althütte-Sechselberg im Naturpark Schwäbisch-Fränkischer Wald seine eigenen Freizeithäuser besaß, kam ihrem Anliegen sehr entgegen. Diese Häuser wollte sie gerne immer wieder mit den Gruppen und Kreisen der Gemeinschaft aufsuchen.

Nachdem sie selbst in die relativ große SV-Gemeinschaft hineingewachsen war und sich in ihre Arbeitsbereiche hineingefunden hatte, gab Sr. Eva-Maria sich nicht mehr damit zufrieden, dass junge und ältere und alte Menschen ins Haus kamen, weil sie schon lange ihre Plätze in der Gemeinde hatten. Die Diakonisse hielt nicht viel von der Ansicht, die sie leider auch bei einigen SV-Leuten in Fellbach vorfand, Gemeinschaftsarbeit eines Traditions-Verbandes habe in erster Linie die im Blick zu haben, die schon immer dazugehörten, und funktioniere ansonsten nach dem „Komm"-Prinzip. Nein, Sr. Eva-Maria vertrat vehement die Meinung, Leute Jesu hätten als Einzelne und als Gemeinde einen „Geh!"-Auftrag. Dabei berief sie sich mit guter Berechtigung auf den Missionsbefehl Jesu aus Matthäus 28: „Gehet hin und ...!" Anderswo in den Evangelien stand es ähnlich.

Sie selbst machte sich fortan immer wieder auf den Weg, um Leute auf der Straße, in Geschäften, auf Spazierwegen, an Kinderspielplätzen und wo sich's gerade ergab, anzusprechen, ihnen eine gute Verteilschrift anzubieten und sie dazu einzuladen, ihre Selbstbeschreibung als Christen auch wirklich zu leben und sich nicht darauf zu verlassen, dass sie getauft und konfirmiert oder als junge Menschen zur Kommunion gegangen seien. Bloße Zugehörigkeit zu einer Kirche oder Gemeinde bringe nicht in den Himmel. Das brauche schon eine persönliche Beziehung zum Heiland und Erlöser Jesus Christus. Bei ihren Straßeneinsätzen staunte Sr. Eva-Maria immer wieder darüber, welch guten Zugang sie zu den Menschen schon dadurch hatte, dass sie die Tracht einer Diakonisse trug. Ihre „zivilen" Mitarbeiterinnen und Mitarbeiter erfuhren im „Außendienst" wesentlich mehr Skepsis und Ablehnung als sie. Welch segensreiche Erfindung waren doch das schlichte Kleid und die weiße Haube!

Die von Sr. Eva-Maria ausgestreute Saat ging auf, langsam, aber stetig, sodass sich der Besuch der Gemeinschaftsstunden verbesserte und die Gemeinschaftskreise wuchsen. Eine erfreuliche Geschichte! Gott bekannte sich spürbar und sichtbar zur Arbeit seiner Dienerin. Sie erlebte, dass das Wort aus Johannes 7,38 Wirklichkeit wurde:

> *„Wer an mich glaubt, wie die Schrift sagt, von dessen Leib werden Ströme lebendigen Wassers fließen."*

Aber auch in Fellbach galt die Regel: Wo Licht leuchtet, entstehen Schatten: Sr. Eva-Maria begegnete mancher Dunkelheit unter den Frommen durch Unversöhnlichkeit, Neid und Missgunst. Das machte Mühe und stimmte traurig und sorgte immer wieder für Kampf um Orientierung und um Frieden und Eintracht. Sie bekam es auch zu tun mit den Dunkelheiten okkult belasteter Menschen, mit den Nöten des Alkoholismus und der Drogensucht und ihren jeweiligen traurigen Begleiterscheinungen bei den betreffenden Menschen und deren Angehörigen. Gut, dass es Einrichtungen wie das Blaue und das Weiße Kreuz gab, deren Angehörige und Mitarbeiter sich in der Liebe Christi fachkundig um suchtabhängige Menschen kümmerten und denen die emsige Diakonisse manche Frau und manchen Mann „weiterreichen" konnte, damit ihnen geholfen würde. Auch in diesen Bereichen durfte Sr. Eva-Maria die Erfahrung machen, dass Menschen frei wurden von ihren Bindungen, weil Johannes 8,36 nach wie vor galt: „Wenn euch nun der Sohn frei macht, so seid ihr wirklich frei."

So nahm die Gemeinschaftsarbeit von Sr. Eva-Maria im württembergischen Fellbach eine überwiegend positive und im Ganzen deutlich gesegnete Entwicklung. 1989 ergab sich dann zu den üblichen Arbeiten im Haus Schwabstraße 54 und den Aktivitäten, die von hier aus andernorts stattfanden, eine neue Arbeit, die die Diakonisse in dieser Weise bisher noch nicht in Angriff genommen hatte.

* * *

Die SV-Gemeinschaft Fellbach hatte wie alljährlich eine Missionswoche veranstaltet, in der diesmal der Thailand-Missionar Helmut Dietsch, der gerade auf Heimaturlaub war, einige Bibelabende gehalten und in mehreren Veranstaltungen von seiner Arbeit in dem früheren Siam berichtet hatte. Dort war er seit vielen Jahren für die Marburger Mission tätig, und seine mit zahlreichen Dias unterstützten Berichte hatten ein fantastisches Land in Hinterindien gezeigt und von einer gesegneten Arbeit unter den vielen zumeist buddhistisch orientierten und geprägten Völkern dieses exotischen Reichs des legendären Königs Bhumibol und seiner Gattin Sirikit berichtet. Faszinierend!

Seitdem Missionar Dietsch während eines seiner Vorträge zu einem Besuch seines Dienstlandes eingeladen hatte, saß der Wunschgedanke, tatsächlich einmal dorthin zu reisen und dieses Missionsfeld kennenzulernen, tief in Sr. Eva-Marias Bewusstsein. Die Diakonisse recherchierte zunächst für sich selbst, wie eine solche besondere Fernreise zu bewerkstelligen sei. Mehrere Mitarbeiter in der Zentrale der Marburger Mission machten ihr Mut, die Reise als Freizeit zu organisieren und durchzuführen. Interessenten für die Missionsfreizeit würden sich bei entsprechender Werbung sicher finden, trotz des möglichen Preises von ca. 3500,- DM.

Sie fanden sich tatsächlich in genügender Zahl. Einer der Teilnehmer war sogar Oskar Mönnig, Sr. Eva-Marias Vater. Der Mann kannte durch seine umfangreiche Auslandsarbeit bei seinem international aufgestellten Arbeitgeber beinahe die ganze Welt, aber dieses Land am Golf von Thailand fehlte noch in seiner Sammlung. Da er mit seinen 68 Jahren inzwischen berentet war, wollte er gerne seine Tochter bei diesem Vorhaben begleiten.

Das Herz der Tochter machte Freudensprünge, als sie die Anmeldung ihres Vaters in den Händen hielt. Welch eine Überraschung! Sie mit ihrem Papa drei Wochen lang gemeinsam unterwegs! Das war doch was!

Die beiden hatten sich bereits ein paar Jahre zuvor versöhnt. Oskar Mönnig hatte den besonderen Weg seiner Tochter inzwischen begriffen und akzeptiert, wenngleich ihm ihre Art, Glauben zu leben und umzusetzen, weiterhin fremd war. Zumindest schämte er sich nicht mehr, mit „seiner" Diakonisse gemeinsam in der Öffentlichkeit aufzutreten. Im Gegenteil, dem Mann imponierte die Standhaftigkeit und Zielstrebigkeit seiner Ältesten und ihr Mut, sich als „Pinguin" in der Welt zu bewegen.

Als die Organisation und das Programm für die Thailandreise standen, kam leider die andere Überraschung: Das Mutterhaus gab aus werksinternen Gründen seine Diakonisse für die besondere Unternehmung nicht frei! Oskar Mönnig musste also unter anderer Freizeitleitung und ohne seine Tochter reisen. Für Sr. Eva-Maria war die Enttäuschung riesig, und sie war eine Weile richtig böse auf die Hensoltshöhe. Schließlich schickte sie sich in die Gegebenheit und tröstete sich damit, dass ihr signalisiert worden war, sie könne später erneut eine ähnliche Reise planen und durchführen. Jetzt sei sie halt nicht abkömmlich. Ein deutlich schmerzender Punkt hinter einer hart empfundenen Einforderung der Gehorsamspflicht!

Die Sache wirkte noch einmal schmerzhaft nach, als die Freizeitgruppe aus Thailand zurückgekehrt war und Vater Oskar Mönnig sich wenig zufrieden zu dem Ablauf der Reise äußerte. Von Land und Leuten war er sehr begeistert, nicht aber von dem frommen Beiprogramm. Das sei für ihn zu massiv und drängend gewesen und zuweilen zu respektlos gegenüber den Glaubensweisen der einheimischen Bevölkerung. Gut sei wenigstens seine Beziehung zu Helmut Dietsch gewesen. Dieser Mann Gottes habe sich sehr um ihn und um seine Probleme mit der Frömmigkeit anderer Leute gekümmert. Schade, ging es der Tochter durch den Sinn, und ihr wurde wieder einmal bewusst, dass Frömmigkeitsstile in der missionarischen Arbeit eine große Rolle spielten und für manchen persönlichen Glaubensweg wesentliche Bedeutung hatten.

* * *

Zwei Jahre später unternahm Sr. Eva-Maria dann ihre erste Reisefreizeit nach Hinterindien. Diesmal reiste sie mit der Genehmigung des Mutterhauses, aber leider ohne den Vater. Der wollte nicht noch einmal mitreisen.

Es wurde eine tolle Freizeit mit herrlichen Erlebnissen im Land und wunderbaren Begegnungen mit den Missionsmitarbeitern auf den verschiedenen Stationen, mit thailändischen Christen in ihren Gemeinden und mit Menschen des Landes, die ihren Buddha offenbar mehr liebten und verehrten als mancher Christ seinen Herrn Jesus Christus, nach dem er sich nannte!

Diese bedauerliche Erkenntnis löste bei der Reiseleiterin eine nachhaltige Kümmernis aus, die sie noch auf der Reise und später auch in ihren Gemeinschaftskreisen immer wieder einmal thematisierte: Warum nahmen Christen ihr Christsein häufig so wenig ernst? An Jesus mit seinem allgemeinen Anspruch an die Welt und dem besonderen an seine Nachfolger konnte das nicht liegen; an seinen Zusprüchen für gläubige Menschen wohl noch weniger. Da musste sich wohl das irdische Fußvolk gründlich hinterfragen, weshalb es den Glauben an seinen himmlischen Herrn so wenig konsequent lebte und dadurch für die sogenannte Welt so wenig einladend wirkte ...

Sr. Eva-Marias erste Missionsfreizeit machte Geschmack auf mehr! Nur konnten seit 1991 solche Unternehmungen nicht mehr von Fellbach aus organisiert werden. Die Gemeindeschwester wurde zurückgerufen in den Hensoltshöher Gemeinschaftsverband und bekam in Burgfarrnbach, dem ländlich geprägten Stadtteil im Westen von Fürth, einen höchst brisanten neuen Wirkungsort: Sie sollte dort helfen, eine „sterbende" Gemeinschaftsarbeit zu „retten" und zu verhindern, dass das Versammlungshaus an der Würzburger Straße wegen seiner zu geringen Nutzung tatsächlich verkauft wurde.

Die Diakonisse zog also zunächst einmal selbst in dieses Haus ein. Dabei hatte sie die feste Absicht, hier nicht eher auszuziehen, bis sie an diesem Ort nicht mehr gebraucht wurde oder bis sie vom Mutterhaus in eine andere Arbeit weitergeschickt würde, was ja irgendwann kommen mochte. Sr. Eva-Maria war zutiefst davon überzeugt, dass der allmächtige Gott für diesen Ort und seine „kleine Herde" eine Zukunft bereithielt. Also krempelte sie die Ärmel hoch und ging an die

Arbeit. Die gestaltete sich freilich hier im ländlichen mittelfränkischen Bereich völlig anders als im württembergischen
städtischen Fellbach.

Die neue Gemeindeschwester sammelte zunächst einmal,
was an Leuten noch da war, und motivierte zum Durchhalten
und zum Bleiben und dazu, intensiv darum zu beten, dass die
alte Gemeinschaftsarbeit einen neuen Aufbruch erlebe. Dann
bemühte sie sich darum, die überwiegend älteren Gemeinschaftsleute zum „Gehen" zu bewegen, es ihr nachzutun und
„Klinken zu putzen", Kontakte zu knüpfen, den Leuten Gottes
Wort in Form von Schriften der Marburger Blättermission in
die Häuser zu bringen und sie einzuladen, die „Stunden" und
Kreise im Gemeinschaftshaus zu besuchen.

Einen besonderen Anlass, das Gemeinschaftshaus zu besuchen, hatte Sr. Eva-Maria bald parat: Sie lud ein zu einer
Informationsveranstaltung über ihre Thailandreise mit einem
landestypischen Essen, einem Reise- und Missionsbericht und
natürlich einem geistlichen Wort zum Abschluss. „Thailand
life" stand in grellen Farben auf dem Handzettel, den die wenigen verbliebenen Gemeinschaftsmänner und -frauen in ihre
Nachbarschaften trugen.

Der Gedanke erwies sich als klug: Die Veranstaltung wurde
ein großer Erfolg. Die Gemeinschaft war seit langer Zeit einmal wieder Ortsgespräch mit der Folge, dass die ersten früheren Gemeinschaftsleute sich „reaktivieren" ließen und ihre
Plätze wieder einnahmen, die sie aus irgendwelchen Gründen
verlassen hatten. Nach dem Motto „Der eine sagt's dem andern" kamen Leute dazu, die dafür offen waren, mit der neuen
Schwester eine Reise nach Berlin zu machen: Berlin – das war
doch was! Die Großstadt an Havel und Spree und neue Haupt-
stadt des endlich wiedervereinigten Deutschlands. Berlin – da
wollten viele schon immer einmal hin, seit im November 1989

die Mauer gefallen war und die zuvor geteilte Stadt wieder eine Stadt war. Hier gab es ein entsprechendes Angebot.

Sr. Eva-Maria begann zu planen und zu organisieren und zu werben und widerstand damit allen Warnungen und Unkenrufen, aus der Aktion könne nie und nimmer etwas werden. Den Bus bekäme sie nicht voll, und günstige Quartiere für eine große Reisegruppe seien in der Bundeshauptstadt nicht zu bekommen.

O diese Bedenkenträger! Die hatten freilich ihre findige Gemeindeschwester gründlich unterschätzt: Als die Fahrt nach einigen Wochen der Vorbereitung schließlich losging, saßen mehr als siebzig Personen in einem Doppeldecker-Bus und freuten sich in großer Spannung auf das Gemeinschaftserlebnis dieser Reise durch drei der neuen Bundesländer, ohne dass es noch Grenzübertritte zu erleiden gab. Sie freuten sich auf Quartiere, die die Berliner Stadtmission in einem ihrer Häuser zur Verfügung stellte, und nicht zuletzt darauf, die Heimatstadt ihrer Diakonisse zu erleben. Die meisten der etwa siebzig Frauen und Männer hörten unterwegs und am Zielort zum ersten Mal an mehreren Tagen hintereinander biblisch begründetes Evangelium und sangen zur Gitarre ihrer Reiseleiterin fromme Lieder aus dem neuen, handlichen Liederbuch „Sing mit", das der zum EC gehörige Born-Verlag in Kassel gemeinsam mit dem Hänssler-Verlag in Neuhausen-Stuttgart für den Gebrauch bei Freizeiten erst vor Kurzem herausgegeben hatte. Insgesamt erlebte die Reisegesellschaft spannende, abwechslungsreiche, sehr informative Berliner Tage, die zumeist weit in die Abende reichten.

Sr. Eva-Maria konnte nach der Rückkehr von dieser Reise Gott nur danken für den nachhaltigen Segen, mit dem er dieses Unternehmen begleitet hatte. Die Überlegungen zum Hausverkauf in Burgfarrnbach durften gerne zu den Akten gelegt werden. Die Idee der Diakonisse, Reisefreizeiten für missionarischen Gemeindebau zu nutzen, hatte sich als effektiv erwiesen. Und daran änderte sich auch nichts in den weiteren Jahren, in denen die Gemeinschaftsschwester in dem mittelfränkischen Ort arbeitete. Dabei wechselten die interessanten Reiseziele jährlich, sie fanden sich bald im Inland wie im Ausland. Die Leute wollten gerne Neues sehen und erleben. Das konnten sie zum Beispiel in zwei Sommerwochen in Binz auf Rügen, in den Schweizer Bergen, auf den Spuren Jesu in Israel, während der Tulpenblüte in Holland mit dem Quartier im Freizeitheim Bethanien in Amerongen und dann auch wieder einmal in Thailand. Diese Missions- und Freizeitreise sollte für alle Beteiligten und besonders für die Organisatorin und Leiterin zu einem äußerst dramatischen Ereignis werden.

* * *

Im Januar/Februar des Jahres 1996 waren sechsundvierzig Personen mit einem inländischen Bus auf abenteuerlichen Pisten und Straßen in diesem Land unterwegs, um zunächst Chiang Rai im Norden und dann das etwas südlicher gelegene Chiang Mai mit seiner christlichen Payap University zu besuchen. Man besuchte in den weiten Umgebungen dieser Städte Missionsstationen und ihre Missionare und Gemeinden, bestaunte die gewaltige buddhistische Tempelarchitektur, ritt auf riesigen Elefanten, besuchte Orchideengärten und nahm an Folkloreveranstaltungen teil, ging auf Tag-und-Nachtmärkten Andenken kaufen und genoss überall die schier überwältigende Blumen- und Blütenpracht des Landes. Alles einfach nur fantastisch!

Dass sich manche der Reisenden in diesem Umfeld für das

Wort Gottes und für den persönlichen Glauben an den Schöpfer-Gott und seinen Erlöser-Sohn öffneten, bei dem diese Pracht ihren Ursprung hatte, der den menschlichen Geist zum Vollbringen höchster Leistungen befähigte und der die Antwort war auf alles Suchen der Menschen nach ewigem Heil, ließ die ganze Gruppe in einer Art Hochstimmung unterwegs sein.

Die lange Bahnfahrt mit dem Nachtzug von Chiang Mai gen Süden in die Landeshauptstadt Bangkok nervte dann allerdings ein wenig, und der Aufenthalt in der chaotisch überfüllten, stickigen, brodelnden, exotischen „Stadt der Engel" mit ihrem Verkehrslärm rund um die Uhr – hupende Autos und knatternde Tuk Tuks und lärmende Menschen – stellte auch nicht jeden Teilnehmer zufrieden. Einigen älteren Freizeitlern machte zudem die Programmdichte zu schaffen, ging es doch von einer Besichtigung zur nächsten: kleine und große Tempelanlagen mit Scharen buddhistischer Mönche in ihren safrangelben Gewändern, die alle irgendwie gleich aussahen. Wurden die Gebäude und Szenen sich nicht immer ähnlicher, je mehr man davon zu sehen bekam, und boten die bunten Märkte eigentlich noch etwas Neues? Auch das tropische Monsunklima setzte einzelnen zu, und hier und da rebellierte zudem der Magen; die thailändische Küche forderte ihre Opfer.

Wohl beinahe jeder Teilnehmer sehnte sich nach den verbleibenden Badetagen am wunderbaren Strand von Chaweng im Osten der Insel Koh Samui im südlichen Golf von Thailand. Nach fast dreiwöchigem Unterwegssein im „Land des Lächelns" freute sich jeder auf Sonne und Meer, auf Palmen und Strand und auf Ruhe und Erholung.

Das galt auch für die drei Leiter der Reisegruppe: für Helmut Dietsch, der in diesem Land ja zu Hause war, für den Holländer Marten van Staveren, der als ehemaliger Thailand-Missionar schon früher mit Sr. Eva-Maria zusammengearbeitet hatte, und für die Diakonisse selbst. Die Zeit am Meer sollte ein paar Tage Ruhe, Entspannung und Erholung für Leib und Seele sein. Aber es kam anders.

* * *

Freitag, der 2. Februar 1996, Ankunftstag auf Koh Samui, war für alle Freizeitteilnehmer ein freier Tag zum Einleben an diesem schönen ruhigen Ort und zum persönlichen Ausspannen. Jeweils zu zweit wohnten sie in geräumigen Pavillons, die sich eingebettet in einen farbenprächtigen Garten und lichten Palmenhain um einen großen Pool scharten. Ein verschwenderisch herrliches Ambiente!

Eine Gruppe der Teilnehmer verabredete sich zum Baden im Korallenmeer. Sr. Eva-Maria war natürlich dabei. Sie liebte das Wasser. Für Marten van Staveren galt das ebenso. Er, der Kenner des Landes und der Tücken, die das Meer haben konnte, wies darauf hin, im Wasser vorsichtig zu sein, denn Korallen könnten sehr scharfkantig sein. Man möge doch bitte möglichst die Beine oben halten, das hieß, sich schwimmend bewegen. Nach dieser mahnenden Belehrung ging es ab ins herrlich frische klare Nass ...

Aber es waren nur wenige Minuten vergangen, als Sr. Eva-Maria einen spitzen Schrei ausstieß, der weit über das Wasser scholl, wie durch einen plötzlichen Riesenschmerz ausgelöst. Die Diakonisse im ungewohnten Badedress schwamm hastig ans Ufer zurück, wo sie auf dem Sand von ein paar Teilnehmern der Freizeit in Empfang genommen wurde. Was passiert sei, was sie gemacht habe, was los sei? So schwirrten die Fragen durcheinander. Sr. Eva-Maria schleppte sich auf den

Sand, lag dann kreidebleich auf dem Boden und zitterte wie Espenlaub. Antworten konnte sie nicht. Sie zeigte nur auf den bereits geschwollenen großen Zeh ihres rechten Fußes. Aus einer kleinen Schnittstelle auf der Ballenseite trat Blut aus. Die Stelle verfärbte sich rasch rot und dann blau und schwoll dabei sichtbar immer mehr an. Was mochte da passiert sein?

„Ich habe in irgendetwas Spitzes getreten", vermochte die offenbar schwer angeschlagene Frau unter Stöhnen und mit schmerzverzerrtem Gesicht nur zu sagen, wobei sie den weiter anschwellenden Fuß mit zitternden Händen umkrampft hielt. Ein fremder Urlauber, dunkelhäutig und wohl eher kein Europäer, der die Szene beobachtet und das Stöhnen und Wimmern der Verunglückten gehört hatte, kam eilend dazu und bemerkte in etwas merkwürdigem Deutsch-Englisch in das Stimmengewirr der Umstehenden hinein, die freilich sofort still waren: „Excuse me. I'm coral-diver. Taucher! I think, I know what happened. The Lady must have touched a stonefish. Stonefish, versteh'n? It's a poisonous fish! Giftig! Das sein very dangerous. Sie mussen call for ein ambulance, to take her to the hospital. Gibt problems mit Herz und Luft. Lady is in danger of her life; kann soon sein exit!" Dabei machte der Mann eine entsprechende Handbewegung und zog sich auch schon wieder an seinen Platz zurück.

Ob der Mann Buddhist war?, mochte es einem Kenner dieser Religion durch den Kopf gehen. Buddhistische Mentalität ergreift in der Regel keine Maßnahmen der Hilfe. Buddhismus ist unbarmherziger Glaube an ein unabänderliches Schicksal! Unglück gilt als Strafe für böse Taten, und praktizierte Nächstenliebe birgt die Gefahr, selbst schuldig zu werden.

Inzwischen überschlugen sich die weiteren Ereignisse. Marten van Staveren war vom Wasser her an den Strand gekommen; jemand hatte Helmut Dietsch aus seinem Quartier geholt; eine der Frauen war unterwegs zum nächsten Telefon, um die Ambulanz zu rufen; ein paar Freizeitler hatten sich wenige Schritte seitwärts zum Beten in den Sand gesetzt. Die Betroffene selbst bekam von dem allen nichts mehr mit, sie war inzwischen ohne Bewusstsein. Die beiden Missionare blieben erstaunlich ruhig. Sie legten der Verunglückten die Hände auf und beteten laut um Gottes Erbarmen und Hilfe. Sie kannten sich aus wie jener Taucher, der die Szene inzwischen nur noch aus sicherer Entfernung beobachtete.

Den beiden Thailand-Missionaren war durchaus bewusst, dass Verletzungen durch einen Steinfisch, einen Synanceia verrucosa, in der Regel tödlich ausgingen. Hier auf der Insel würde es auch in der Klinik kein Gegenmittel gegen das scharfe Gift dieses Fisches geben. Eine geringe Chance, die Vergiftung des Körpers zu verzögern oder gar aufzuhalten, hatte die grausame weil schmerzhafte Methode, die Wunde auszubrennen, um dadurch wenigstens einen Teil des Giftes zu zerstören. Jemand rannte davon und kam bald mit einem Gasfeuerzeug und Verbandszeug zurück. Marten van Staveren übernahm unter Seufzen die Behandlung mit der heißen Flamme, als spüre er den Schmerz am eigenen Leib, um danach den Fuß notdürftig zu verbinden. Währenddessen saßen die anderen im Sand und beteten erneut oder immer noch. Jemand zitierte dabei halblaut die Verheißung aus Jesaja 43,1-3a:

„Nun spricht der Herr, der dich geschaffen hat, Jakob und dich gemacht hat, Israel: Fürchte dich nicht, denn ich habe dich erlöst; ich habe dich bei deinem Namen gerufen; du bist mein! Wenn du durch Wasser gehst, will ich bei dir sein, dass dich die Ströme nicht ersäufen sollen; und wenn du ins Feuer gehst, sollst du nicht brennen, und die Flamme

soll dich nicht versengen. Denn ich bin der Herr, dein Gott, der Heilige Israels, dein Heiland."

Eine dramatische Situation im weißen Sand von Chaweng Beach! Ob die Verletzte von der Feuerbehandlung etwas mitbekommen hatte? Aus ihrer Ohnmacht hatte die Prozedur sie jedenfalls nicht aufgeweckt. Bis endlich die Ambulanz kam und die immer noch bewusstlose Diakonisse abholte, schienen Stunden vergangen zu sein. So, wie die Verletzte auf dem Boden lag, wurde sie schließlich abtransportiert. Caren, ihre Zimmergenossin im Urlaubspavillon und selbst Krankenschwester, hatte inzwischen Sr. Eva-Marias Kleider geholt und fuhr mit Marten van Staveren und einer anderen Frau mit in die Klinik, die sich etwa sechs Kilometer entfernt im Fährhafen an der gegenüberliegenden Küste der Insel befand. „Es muss ständig jemand an ihrem Bett sein und wachen und beten und sich kümmern", hatte der Missionar quasi angeordnet. „Wenn es da nur inländisches Personal gibt, wird es schwierig." Die Sache um die geistliche Freundin ging dem Holländer offenbar sehr nah.

Aber nicht nur ihm. Eine starke Betroffenheit hatte sich in der Reisegruppe, die inzwischen vollständig am Strand versammelt war, breitgemacht und vertiefte sich weiter. Missionar Helmut Dietsch lud die Leute ein: „Bildet weiter Gebetsgruppen, Freunde. Hier hilft nur Gebet gegen die Gesetze der Natur! Wir dürfen Jesus bedrängen, dass er eingreift. Wir müssen ihn bedrängen! Ich werde derweil die Geschwister auf unseren Stationen im Norden und in den Gemeinden informieren und auch Nachricht nach Deutschland geben. Wir brauchen eine weltweite Rund-um-die-Uhr-Gebetskette. So rasch geben wir die Schwester nicht aus den Händen!"

Sr. Eva-Maria Mönnig überlebte die kritischen zwei ersten Stunden nach der Steinfisch-Attacke, und sie überlebte zum Erstaunen aller auch die nächsten drei Tage. Die großen Mengen Kortison, die sie in der Klinik bekam – ein anderes Mittel oder andere helfende Behandlungsmöglichkeiten gab es in dieser Einrichtung wohl nicht –, zeigten Wirkung. Oder waren es eher die vielen Gebete, die Menschen zum Himmel schickten? Nach drei Tagen konnte die Patientin in ihr Urlaubsquartier entlassen werden, um dort von ihren Freunden weiter versorgt zu werden. Dabei befand sie sich in einem elenden Zustand mit rasenden Schmerzen im rechten Bein, das nach Farbe und Format dem eines jungen Elefanten vergleichbar war. Aber sie lebte! Ein medizinisches Wunder! Caren versorgte die Patientin mit den Schmerzmitteln, die sie selbst im Gepäck hatte, und mit Mitteln, die andere bei sich hatten, vor allem mit dem Cortison, das die Klinik ihr mitgegeben hatte. Und alle kümmerten sich weiter durch intensives Beten. – Später sollte sich herausstellen, dass Sr. Eva-Maria von diesem Ereignis an für den Rest ihres Lebens auf Cortison angewiesen sein würde.

Die restlichen Tage der Reisegruppe auf Koh Samui bekamen durch das Steinfisch-Ereignis ein Gesicht, wie es sich zuvor niemand vorgestellt hatte: Die Bibelarbeiten der beiden Missionare gewannen an Tiefgang und trafen auf eine ganz neue Offenheit und Aufnahmebereitschaft. Die häufigen Gebetstreffen gaben der Gemeinschaft der Reisenden eine ganz neue und tiefe Qualität. Gott benutzte offenbar die besondere Situation dazu, den einen ihren Glauben zu stärken und bei anderen Glauben zu wecken. Die Freizeitgruppe rückte geistlich sehr eng zusammen. Jeder Einzelne spürte die besondere

Nähe Gottes und den Segen, der seit dem tragischen Vorfall auf ihrer Freizeitgemeinschaft lag.

Dieses Empfinden wurde noch dadurch verstärkt, dass Sr. Eva-Maria sich tatsächlich so weit stabilisierte, dass sie transportfähig wurde und mit ihrer Gruppe die Heimreise antreten konnte, was als besondere Gebetserhörung registriert wurde.

Zu Hause angekommen, wurde die Diakonisse mit dem „Elefantenbein" umgehend zur weiteren Behandlung ins Klinikum Fürth eingeliefert. Ihr Zustand war nun einigermaßen stabil. Auch eine Gebetserhörung! Dort wurde Sr. Eva-Maria, die in den Klinikgesprächen nur „der Steinfisch" war, rasch zur Sensation, denn in der Fachliteratur fand sich kein Fall beschrieben, dass ein betroffener Mensch einen Steinfisch-Unfall überlebt hatte. Die Burgfarrnbacher Gemeindeschwester war der erste Fall, den die Schulmedizin dokumentieren konnte und der Eingang fand in die einschlägige Literatur. Eine Erklärung für den denkwürdigen Verlauf der Folgen der Steinfisch-Attacke konnte freilich aus medizinischer Sicht nicht festgehalten werden. Ein Wunder Gottes als solches in die Berichtsbögen zu schreiben, dagegen sträubte sich die medizinische Feder. Dass es sich in der Geschichte der Diakonisse nur um ein Wunder Gottes handeln konnte, war den Frommen dagegen kein Problem. An vielen Orten stimmten die Menschen, die um die Sache Bescheid wussten, in das Lob Gottes mit Psalm 72,18+19 ein:

„Gelobt sei Gott, der Herr, der Gott Israels, der allein Wunder tut! Gelobt sei sein herrlicher Name ewiglich, und alle Lande sollen seiner Ehre voll werden! Amen! Amen!"

* * *

Als Sr. Eva-Maria nach einer längeren Zwangspause ihren Dienst wieder aufnahm – sie blieb dabei wegen der latenten Thrombosegefahr unter strenger ärztlicher Kontrolle und musste eine Zeit lang auch noch Gehhilfen benutzen –, war die Steinfisch-Geschichte ein häufig benutzter Aufhänger für Bibelarbeiten und Andachten in den verschiedensten Kreisen an allen möglichen Orten und wurde dadurch immer wieder einmal zum „Türöffner" bei Menschen mit Fragen für ihr Leben und Sterben und für das Danach.

Diesem Wunder gesellte sich später ein anderes dazu: Sr. Eva-Maria stürzte während der Vorbereitung einer Reisefreizeit nach Kalifornien die Treppe hinunter. Nach der ersten Diagnose im Klinikum galt ihr gesundes Bein als gebrochen. Das kranke war immer noch krank und musste ständig behandelt werden; es würde auch wohl für immer krank bleiben, aber es war inzwischen ohne besondere Einschränkungen benutzbar, was die Diakonisse als „Anschlusswunder" bezeichnete. Mit einem gebrochenen Bein in die USA zu reisen und dort eine Freizeit zu leiten, war aber kaum möglich. Vielleicht mit einem Gehgips? Nein, auch das nicht! Kein Arzt war bereit, dazu seine Zustimmung zu geben. Die Freizeitleitung müsse wohl jemand anderes übernehmen, wurde der Diakonisse deutlich gemacht.

Das wiederum wollte Sr. Eva-Maria nicht in ihren Kopf gehen, fand sie doch auf die Schnelle niemanden, der diese Aufgabe übernommen hätte. Die Diakonisse geriet in eine Art Depression und fühlte sich nach einer langen Zeit des inneren Friedens wieder einmal umgeben und gefesselt von dunklen Mächten, die unbedingt verhindern wollten, dass sie mit dem besonderen Ziel Kalifornien für Jesus unterwegs war. Sie begann mit Gott zu hadern und gar mit ihm zu zanken und ihm vorzuhalten, warum er diesen Mächten nicht gebiete. Er könne es doch wohl nicht zulassen oder gar wollen, dass diese Reise so kurzfristig abgesagt werden müsse. Da seien immerhin dreißig Menschen, die sich auf das Erlebnis Amerika freuten und die zwei Wochen lang täglich die frohe Botschaft hören sollten und wollten.

Gegen Ende der letzten durchhaderten Nacht vor einer weiteren Untersuchung in der Fürther Chirurgie kam der leidenden Frau plötzlich in einer Art Traumbild vor Augen: Jesus als Arzt, wie er Blinde, Gehörlose und Lahme anrührte und ihnen ihre körperlichen Einschränkungen und Behinderungen nahm. Sofort schoss ihr durch den Kopf: Was Jesus damals konnte, das kann er auch heute! Er ist nach Hebräer 13,8 gestern, heute und in Ewigkeit derselbe! Er kann dafür sorgen, dass sich die ärztliche Diagnose nach den ersten Röntgenaufnahmen als falsch herausstellt und es sich erweist, dass das Bein gar nicht gebrochen ist.

Nachdem sie intensiv um diese besondere Lösung ihres Problems gebetet hatte, schlief Sr. Eva-Maria tatsächlich noch einen kurzen und tiefen Schlaf. Nach dem Aufwachen fand sie in der Tageslosung eine erste Bestätigung ihrer Zuversicht. Da stand für diesen Tag aus der Geschichte um die Tochter des Jairus in Markus 5,36 der Vers: „Fürchte dich nicht, glaube nur!"

Mit dieser besonderen Glaubensstärkung unterzog sich die Diakonisse der neuen Röntgenuntersuchung ihres vermeintlich gebrochenen Beins und durfte erfahren, dass es sich bei der Verletzung lediglich um einen Bänderriss handelte, was wegen der Schwellung und des Blutergusses zunächst nicht sichtbar gewesen sei. Sie möge den vergleichsweise geringen Schaden nach Anweisung behandeln. Das Bein solle sie schonen und mittels Gehhilfen entlasten und dann in Gottes Namen in die USA reisen.

Das tat Sr. Eva-Maria dann auch mit großer Dankbarkeit und Begeisterung, und auch in dieser Freizeit durfte sie erleben, dass Gott ihre Arbeit im äußeren Gelingen bestätigte und ihr Bemühen um die Seelen der Menschen segnete. Auch auf dieser Reise kamen Teilnehmer zum Glauben an den Heiland Jesus Christus und schlossen sich später daheim einer Gemeinde an, um ihren Glauben dann auch zu leben und mit anderen zu teilen.

* * *

Die Zahl zwölf ist für Menschen, die mit der Bibel leben, eine besondere Zahl, eine sogenannte Vollzahl, die in den unterschiedlichsten Zusammenhängen auftaucht und ja auch im Alltag ihre Bedeutung hat: zwölf Monate im Jahr, zwölf Stunden Tag, zwölf Stunden Nacht, zwölf Stämme Israels, zwölf Jünger Jesu und so weiter.

Nach zwölf Jahren Dienst als Gemeindeschwester in Burgfarrnbach hatte Sr. Eva-Maria Mönnig den Eindruck, die Zeit sei „voll" und ihre Aufgabe an diesem Ort sei erfüllt. Die Gemeinschaft hatte zu neuem Leben gefunden, war erfreulich gewachsen und hatte sich stabilisiert. Ob jetzt nicht der Zeitpunkt gekommen war, an dem die Mutterhausleitung sie an einen neuen Ort und in eine neue Arbeit senden sollte? Entgegen der üblichen Praxis wandte sich die Diakonisse im Juli 2003 an Oberin Sr. Erna Utz und Rektor Hermann Findeisen, die seit einigen Jahren ihre besonderen Ämter innehatten, um bei den Hauseltern vorsichtig nachzufragen, ob vielleicht ein Wechsel an einen anderen Ort denkbar sei.

Zu ihrer eigenen Verwunderung bekam die Fragestellerin eine positive Antwort mit gleich zwei Angeboten: Sie möge über die Angebote nachdenken und sie gründlich vor Gott prüfen und dann entscheiden zwischen der Rückkehr nach Fellbach und der Übernahme der Aufgaben einer Gebietsrepräsentantin – welch ein Wort! – der Stiftung Marburger Medien, die bis zum 12. November 2002 den Namen Marburger Blättermission getragen hatte.

Sr. Eva-Maria entschied sich nach intensiver Prüfung sowohl allein als auch mit geschwisterlichen Freunden im Gebet und im Gespräch für die Herausforderung der neuen Aufgabe, künftig im Reisedienst des Evangeliums unterwegs zu sein und die Methode der Missionsarbeit durch christliches Verteilmaterial dort den Christen lieb zu machen, wohin man sie einlud.

An einem heißen Augustsonntag wurde ein großes Abschiedsfest mit einem fröhlichen Gottesdienst in der Johanneskirche in Burgfarrnbach gefeiert. Die Predigt hielt Jürgen Mette, Tabor-Bruder und Direktor der SMM, ihr künftiger Chef. Anschließend wurde auf dem Gelände der Gemeinschaft gegrillt und es war Gelegenheit zur Begegnung und zum Abschiednehmen.

Voller Tatendrang trat Sr. Eva-Maria ihren neuen Dienst im hessischen Marburg an. Ihre Einarbeitungsphase war spannend, ging es doch um einen ganz neuen Umgang mit Präsentationsmedien wie Laptop und Beamer. Der Diaprojektor und das OHP-Gerät hatten ausgedient. PowerPoint war jetzt dran und modernste Computertechnik. Gut, dass die Diakonisse von ihrem Vater her ein wenig technisches Verständnis und Einfühlungsvermögen mitbekommen hatte. Schon nach wenigen Wochen der Einführung durch Mitarbeiter der SMM war Sr. Eva-Maria so fit in den Dingen, dass sie allein zurechtkam und sich mit ihrem Dienstfahrzeug und der aktuellen Vorführtechnik auf den Weg zu den Gemeinden machen konnte, die ihren Dienst anforderten und eingewiesen werden wollten, wie mit den unterschiedlichen Verteilmaterialien umgegangen werden konnte.

Nun war Sr. Eva-Maria Mönnig fortan mit der guten Botschaft des biblischen Evangeliums jährlich einige Zehntausend Kilometer deutschlandweit unterwegs und mit ihren Medien präsent bei Menschen beinahe jeden Alters in allen möglichen Kirchen, Gemeinden und Gemeinschaften, in unterschiedlichsten Gruppen und Kreisen, bei Freizeiten in Gäste- und Tagungshäusern, bei Kirchentagen und anderen Großveranstaltungen, in großen Hallen wie auch in schlichten Hauskreis-Stuben.

„Wenn du gut bist, wirst du viele Termine haben", hatte ihr ein Marburger Mitarbeiter nach ihrem Einstieg gesagt. So ergab es sich bereits nach wenigen Monaten des Dienstes am neuen Platz, dass die Diakonisse mit ihren Terminen haushalten musste, um sie auch in erträglicher Weise hintereinanderzukriegen. Nach dem Motto „Ein Ort sagt's dem andern" mehrten sich die Anfragen stetig; und sie kamen aus Kirchen und Freikirchen beinahe aller Denominationen, sodass „Schwester Euphoria" oder auch „Schwester Rasiata", wie sie wegen ihrer Begeisterung für die Sache, die sie vertrat, und wegen ihres flotten Fahrstils an manchen Orten bald genannt wurde, nach und nach alle alten und neuen Bundesländer bereist und kennengelernt hatte. Dabei hat sie reichlich säen können und immer wieder auch ernten dürfen – nicht nur quasi irdisch in Form von Geldern zur Finanzierung der Arbeit der SMM, sondern auch himmlisch in Form von Seelen für die Ewigkeit ...

* * *

Aber war das nicht immer ihr Wunsch gewesen, seit damals der Knoten endlich geplatzt war: Menschen zu Jesus zu führen an allerlei Orten auf vielerlei Weisen? Hatte sie nicht letztlich deshalb ihre Zivilkleidung eingetauscht gegen die Tracht einer *ancilla domini*, wie Mutter Eva sich selbst bezeichnet hatte, deren Name ihr bei ihrer Geburt von der Mama gegeben worden war? Ja, als Dienerin ihres Herrn hatte sie unterwegs sein wollen – und sie hatte es sein dürfen.

> „Petrus, leg dein Handwerk nieder,
> du sollst Menschenfischer sein;
> sollst von nun an nur noch ziehen
> für den Herrn die Netze ein."[9]

Seitdem Sr. Eva-Maria dieses Lied kennengelernt hatte, gehörte es zu ihren Lieblingsliedern. Menschenfischer sein, so hatte sie bei allem geistlichen Auf und Ab und Hin und Her, das ihren Lebens-, Glaubens- und Dienstweg begleitet hatte, ihre Aufgabe immer verstanden. So sollte es bleiben, bis ihr irdischer Arbeitgeber ihr eines Tages das Steuer ihres Dienstwagens aus den Händen nahm und sie in die formale Rente geschickt wurde. So sollte es auch noch bleiben, wenn sie denn in ihrem Ruhestand noch eine Weile in ihrer Heimatstadt Berlin unterwegs sein konnte auf ihren beiden ungleichen Beinen, die sie immer wieder dankbar an die Lebensrettung nach der Steinfisch-Attacke von Kho Samui erinnerten. In die Landeshauptstadt wollte sie nämlich wieder hin, um in der Nähe ihrer alten Mutter und ihrer leiblichen Geschwister zu sein.

* * *

---

[9] Liederbuch „Sing mit" [s. o.] Nr. 134.

Wie hatte doch das Pauluswort geheißen, das jener Pastor Dannenberg zu ihrer Taufe am 6. Oktober 1946 ausgewählt und ihr als Täufling auf den Lebensweg mitgegeben hatte? Sr. Eva-Maria erinnerte sich gerne an den Spruch und fragte sich dabei, ob der Mann wohl von dem Gelübde ihrer Mutter gewusst oder ob der Geist Gottes ihn zur Auswahl gerade dieses Verses bewegt hatte:

„Ich bin darin guter Zuversicht, dass der in euch angefangen hat das gute Werk, der wird's auch vollenden bis an den Tag Christi Jesu."

Ein wunderbares Wort, das sich freilich erst nach einigen Jahrzehnten und nach langen, schwierigen inneren Kämpfen gegen ungute Hindernisse sichtbar realisierte. Er, der Herr, würde es auch vollenden an seinem Tag für sie.

An diesem Tag möchte sie dann gerne von ihrem himmlischen Dienstherrn Jesus Christus an den Ort gerufen werden, von dem König David im Psalm 16,11b schon gesungen hat: „Vor dir ist Freude die Fülle und Wonne zu deiner Rechten ewiglich." Sr. Eva-Maria ist schon jetzt gespannt, wen sie dort antrifft, der durch ihr Zeugnis zum Glauben gefunden hat. Einer davon wird ihr Vater Oskar Mönnig sein, der noch kurz vor seinem Tod im Februar des Jahres 2000 den „Weg zum Leben" eingeschlagen hat.

Weitere Biografien von FRANCKE

Hermann Findeisen / Gisela Staib (Hg.)
Leben ungeschminkt
Diakonissen erzählen
ISBN 978-3-86827-048-8
176 Seiten, Paperback

Diakonissen sind selten geworden in der Öffentlichkeit. Wo sie auftauchen, kann man oft mit ihnen und ihrem Lebensstil wenig anfangen. Dieses Buch soll am Beispiel von Frauen unterschiedlichen Alters einen Einblick vermitteln, wie sie dazu kamen, diese Lebensform zu wählen, und welche Erfahrungen sie damit gemacht haben.

Es ist zugleich ein Beitrag zum 100-jährigen Jubiläum des Gemeinschafts-Diakonissenmutterhauses Hensoltshöhe. Was ein Mutterhaus ausmacht, kann wohl kaum anschaulicher vermittelt werden, als wenn Schwestern, die dazugehören, aus ihrem Leben berichten. Und es wird deutlich, dass Gott Geschichte macht mit einzelnen Menschen in ihrer besonderen Eigenart in ganz unterschiedlichen Zeitverhältnissen.

Jürgen Mette
Lebensnotizen
Menschen, die mich geprägt haben
ISBN 978-3-86827-354-0
112 Seiten, gebunden, s/w Fotos

Jürgen Mette hat sein gesamtes berufliches Leben in einem weltweit tätigen Diakonie- und Missionswerk mit Sitz in Marburg zugebracht, dem Deutschen Gemeinschafts-Diakonieverband (DGD). Er hat den DGD mit seinen vielfältigen Berufsgruppen und Arbeitsfeldern lieben und schätzen gelernt und darum die Biografien einiger Menschen dokumentiert, die sein Leben und seinen Dienst geprägt haben.

Die Auswahl der Biografien mag dem Leser nicht ganz stimmig vorkommen. Da fehlen doch viel wichtigere Leute aus dem Marburger Werk. Stimmt. Aber „wichtig" war kein Kriterium für die Auswahl. Jürgen Mette schreibt über Menschen, die ihn geprägt haben. Sie sind in dieser biografischen Kollektion gelandet, weil man sich bei ihnen den Glauben an den Gott Abrahams, Isaaks und Jakobs abschauen kann und weil sie sich an Jesus Christus orientiert haben. Sie zählen allesamt nicht zur Prominenz, das Internet meldet kaum Treffer zu den Namen. Und genau darum sollte man von ihrem „Nachlass" – dem geistlichen Erbe – lernen und sich beschenken lassen.

So treffen wir in diesem „biografischen Biotop" auf Geschichten von leitenden Mitarbeitern aus dem DGD, Diakonissen aus den verschiedenen Mutterhäusern und von Leuten aus der Studien- und Lebensgemeinschaft Tabor, die in Diakonie und Mission, Forschung und Lehre, Seelsorge und Beratung und vor allem im pastoralen Dienst tätig waren.

Lotte Bormuth
Nicht schimpfen, nur freuen!
ISBN 978-3-86827-406-6
112 Seiten, gebunden

– Eine Studentin, die am Boden zerstört ist und zugesprochen bekommt: »Du bist wertvoll«
– Überraschungsbesucher, die von der Herzlichkeit gelebten Glaubens überwältigt werden
– ein kleiner Junge, der von zu Hause wegläuft, aber anstatt dass mit ihm geschimpft wird, geht ein Traum in Erfüllung ...
Wie die ersten Frühlingstage beschwingen die lebensfrohen Geschichten von Lotte Bormuth die Seele, lassen aufatmen und die Welt mit neuen Augen sehen. Mit Augen, deren Blick geschärft ist für die vielen Zeichen der Liebe Gottes in unserem Alltag.

Ilse Roennpagel
Die Urwaldhebamme
Der spannende Alltag einer Missionarin
ISBN 978-3-86122-955-1
160 Seiten, kartoniert

Was tun, wenn nachts der Zauberer an die Tür klopft und um einen Fingerverband bittet? 38 Jahre lang trägt Schwester Ilse Roennpagel das Licht Gottes in die „grüne Hölle" Brasiliens. Als Hebamme ist sie unermüdlich unterwegs in den unendlichen Urwäldern des Riesenlandes. 2000 Kindern verhilft die „Mutter des Volkes", wie die Indianer sie nennen, zum Leben. Sie bringt den Menschen Krankenpflege und Nähkurse, Hygienetipps und Leseunterricht – vor allem aber das Wort und die Liebe Gottes. Ihr mutmachendes und packendes Lebenszeugnis ist ein Lobgesang auf einen mächtigen Gott.

Ilse Roennpagel
Die Urwaldhebamme und ihre Kinder
ISBN 978-3-86827-034-1
176 Seiten, kartoniert

„Man muss sie erlebt haben, die Urwaldhebamme und ihre unvergleichlichen Geschichten zwischen Himmel und Erde. Sie ist ein Backofen voller Wärme und Liebe, ihr strahlendes Gesicht und ihr gewinnendes Wesen erzählen die Höhen und Tiefen eines Lebens unter der Regie Gottes. Schwester Ilse hat sich für ein Leben in einer Schwesterngemeinschaft entschieden, sie hat auf Ehe und Familie verzichtet und ist auf bewegende Weise vielen Menschen in Brasilien zu einer Mutter in Christus geworden. Sie hat als Hebamme nicht nur den Neugeborenen ins Leben geholfen, sie hat auch vielen Erwachsenen geistliche Geburtshilfe geleistet. Vorsicht, die Lektüre dieses Buches ist ansteckend." Jürgen Mette

„Mein Wunsch wäre, dass durch die Bücher von Ilse Roennpagel Menschen den Mut bekommen, sich Gott ebenso zur Verfügung zu stellen und mit ihm Taten zu tun." (aus dem Vorwort von Prof. Dr. Wiesemann)

„Was diese Frau mit ihrer positiven Lebenseinstellung alles geleistet hat, da kann man nur staunen und sich mit seinem alltäglichen allzu „wichtigen" Kleinkram und Ärger nicht mehr so wichtig nehmen." Bettina Stockmayer, Lektorin

Ilse Roennpagel
Neues von der Urwaldhebamme
Aus dem Tagebuch einer Missionarin
ISBN 978-3-86827-192-8
128 Seiten, kartoniert

Wieder öffnet Schwester Ilse Roennpagel ihr Tagebuch und gewährt Einblicke in ungewöhnliche, bewegende und spannende Erlebnisse während ihrer Zeit als Urwaldhebamme und Missionarin in Brasilien.

Ihre Geschichten über geheimnisvolle Kuchenverzierungen und nächtliches Treiben auf dem Dachboden laden zum Schmunzeln ein. Mitzuerleben, wie sie von Räubern überfallen und entführt wird, lässt einem hingegen das Blut in den Adern gefrieren.

Der rote Faden, der sich durch all die unterschiedlichen Erzählungen von Schwester Ilse zieht, ist ihr großes Gottvertrauen. Es ist erstaunlich und zutiefst faszinierend: Selbst in schwierigsten Situationen lässt sie nie den Kopf hängen, sondern schickt ein Gebet gen Himmel. Und so erfährt sie in manch auswegloser Situation Gottes Eingreifen. Ihre Berichte ermutigen zu einem Leben mit Gott.